法を学ぼう

三上威彦 編著

横大道聡・金尾悠香・荒木泰貴・金 安妮

信山社

8622-01021

JN061866

はしがき

1　本書は，法学を初めて学ぶ人のための入門書です。

そこで本書では，誰が読んでも，法学（あるいは法律）の全体像を楽しく学ぶことができるようにという基本的なコンセプトの下に企画しました。法に関する基本的な事項や，将来，本格的にそれぞれの法分野を勉強するために必要な基礎知識を得てもらえるようにと考えました。法学（あるいは法律）って，何となく難しくてとっつきにくいと思っておられる人もいるかもしれません。でも，そんなことはありません。まずは本書を読んでみてください。法律がいかに私たちの生活と密接に結びついており，それを学ぶことは，私たちが日々生活していく上でとても大切なことだということもわかってもらえるでしょう。本書は，法学部の学生だけではなく，他学部の学生や一般社会人の方々にも大いに利用してほしいと思います。

2　本書では，上記の目標を達成するために，具体的に以下のような工夫をしてみました。

第1に，法律の各分野について，それぞれ専門分野の若手の研究者が執筆を担当しました。それによって，専門的な知識を生かすとともに，そのフレッシュな感覚で，読者の皆さんにアピールできる内容になったと思います。

第2に，本書では第Ⅰ部と第Ⅱ部に分けました。第Ⅰ部では，法律や法制度に共通する一般的な内容と，そしてどのような法分野を学ぶにせよ，その基礎として知っておくべきことを説明しています。第Ⅱ部では，いわゆる六法を中心とする基本的な法律について，その内容と，また，それはどのような問題の解決に役立つのかということを念頭において，学んでいきます。そこで，第Ⅱ部では，最初に【トピック】として具体的な事例をあげています。これによって，法律が，より身近な問題を解決するための，実際に役立つツールであることがわかるはずです。

第3に，できるだけやさしい言葉で説明するよう努めたほか，ビジュアルにわかりやすく内容が理解できるように，各所にイラストや図表を入れてみました。さらに，【コラム】では，少し進んで，もっと知っておきたい内容の説明や，関連する興味深いエピソードなどを入れてみました。

第4に，それぞれの章において相互に関連する事項には，いわゆるクロスレファレ

ンスを付しています。これによって，説明がより立体的に理解できるでしょう。

　第5には，各章の最後に，【もっと学ぼう】として，参考文献をあげています。本書で一通り法学を学んで，少しでも興味を持たれた方は，次のステップのために，是非ともチャレンジしてください。法学がますます面白くなることうけあいです。

　3　これらの工夫によって，本書の目標は，ある程度達せられたのではないでしょうか。本書の完成には，その基本的コンセプトを共有して執筆いただいた先生方に心からお礼申し上げます。また，本書の出版については，信山社の稲葉文子氏と今井守氏には，あらゆる場面において貴重なご助言と温かい励ましをいただきました。記して感謝申し上げます。

　　2020 年 9 月 21 日

　　　　　　　　　　　　　　　　　　　　　　　　　　　三 上 威 彦

〈目　次〉

はしがき（*iii*）

◇ 第 I 部　法の基礎知識を学ぼう ◇

◆ 第13章　商法・会社法 ……………………………………………… *196*

■ コラム目次 ■

◆ 執筆者紹介 ◆
編者以下掲載順 *は編者

＊三 上 威 彦（みかみ・たけひこ）── **第 2 章，第 14 章**

1975 年慶應義塾大学法学部卒業，1981 年慶應義塾大学大学院法学研究科博士課程単位取得退学。慶應義塾大学大学院法務研究科（法科大学院）教授を経て，現在，武蔵野大学法学部教授。法学博士（慶應義塾大学）
　〈主要著作〉
『〈概説〉民事訴訟法』（信山社，2019 年），『〈概説〉倒産法』（信山社，2018 年），『倒産法』（信山社，2017 年），『破産法・民事再生法』（共編著，青林書院，2003 年），『比較裁判外紛争解決制度』（共編著，慶應義塾大学出版会，1997 年）

横大道　聡（よこだいどう・さとし）── **第 1 章，第 3 章，第 5 章**（荒木と共著），
　　　　　　　　　　　　　　　　　　　　　　　第 6 章，第 7 章，第 8 章

2002 年青山学院大学法学部卒業，2007 年慶應義塾大学大学院法学研究科博士課程単位取得退学。鹿児島大学教育学部准教授を経て，現在，慶應義塾大学大学院法務研究科（法科大学院）教授。法学（博士）（慶應義塾大学）
　〈主要著作〉
『現代国家における表現の自由 ── 言論市場への国家の積極的関与とその憲法的統制』（弘文堂，2013 年），『憲法判例の射程〔第 2 版〕』（編著，弘文堂，2020 年），『憲法 I 総論・統治〔第 2 版〕』『憲法 II 人権〔第 2 版〕』（共著，日本評論社，2021 年予定），『日常のなかの〈自由と安全〉── 生活安全をめぐる法・政策・実務』（共編著，弘文堂，2020 年）

金 尾 悠 香（かなお・ゆか）── **第 4 章，第 13 章**

2004 年慶應義塾大学法学部卒業，2011 年慶應義塾大学大学院法学研究科博士課程単位取得退学。首都大学東京法曹養成専攻（現東京都立大学法科大学院）助教を経て，現在，武蔵野大学法学部准教授
　〈主要著作〉
宮島司編著『逐条解説保険法』（弘文堂，2019 年），『保険金請求権の現代的課題』（共著，保険毎日新聞社，2020 年），「わが国における近代保険法制の導入」武蔵野法学 9 号（2018 年）65-96 頁，『生命保険・傷害疾病定額保険契約法 実務判例集成』（共著，保険毎日新聞社，2016-17 年）

荒木泰貴（あらき・たいき）── 第5章（横大道と共著），第12章，第15章

2010 年慶應義塾大学法学部卒業，2012 年慶應義塾大学大学院法務研究科（法科大学院）修了。最高裁判所司法研修所（第 66 期司法修習生），慶應義塾大学大学院法務研究科（法科大学院）助教を経て，現在，武蔵野大学法学部准教授。法務博士（専門職）（慶應義塾大学）

〈主要著作〉

「『一連の行為』に関する一考察 ── 早すぎた構成要件実現と量的過剰防衛を素材として」慶應法学 23 号（2012 年）303-375 頁，「詐欺罪における処分行為と財産移転との直接性について」慶應法学 34 号（2016 年）49-75 頁，「詐欺罪における間接的損害について」慶應法学 37 号（2017 年）419-440 頁，井田良＝佐藤拓磨『よくわかる刑法〔第 3 版〕』（ミネルヴァ書房，2018 年），井田良ほか編著『刑法演習サブノート 210 問』（弘文堂，2020 年）

金 安妮（きん・あんに）── 第9章，第10章，第11章

2013 年慶應義塾大学法学部卒業，2018 年慶應義塾大学大学院法学研究科博士課程単位取得退学。現在，武蔵野大学法学部准教授

〈主要著作〉

「中国における民法総則の制定とグリーン原則の導入」片山直也ほか編『民法と金融法の新時代 池田眞朗先生古稀記念論文集』（慶應義塾大学出版会，2020 年）645-673 頁，「中国における電子商取引法の制定 ── 立法過程の概観と日本法への示唆を踏まえて（日中対訳〔仮訳〕付）」武蔵野法学 11 号（2019 年）328-280 頁，「契約譲渡法制における第三者保護の法理 ── 中国における法定契約譲渡からの考察」法学政治学論究 115 号（2017 年）73-113 頁，「中国における契約譲渡の史的展開 ── 日本の契約譲渡法制の構築に向けて」法学政治学論究 111 号（2016 年）135-171 頁，「債務引受および契約譲渡における立法の国際的比較 ── 日本民法典のあるべき姿を求めて」法学政治学論究 101 号（2014 年）291-331 頁

第 I 部
法の基礎知識を学ぼう

◆第 1 章◆
法 の 形 式

　大学では，法学部や経済学部など，「○○学部」がたくさんありますし，社会学や文化人類学など，「○○学」という名前の付いた講義も広く開講されています。そこでは，「経済学における経済とは何か」，「社会学における社会と何か」といった具合にその学問の対象を知ること，「○○学にいう○○とは何か」から始まるのが通例でしょう。

　これからみなさんは，私たちと一緒に「法学」を学んでいきます。そこでまずは，ここで学ぼうとしている「法」とは何かについて考えることから始めていきましょう。

● I 「法」について考えよう

1 「法」という言葉から

　言葉の意味を知りたいときは，辞書を引いてみるのが基本です。小学館の『精選版日本国語大辞典』(2006 年) では，「法」について次のように説明されています。

---

① 事物の一定の秩序を支配するもの。物事の普遍的なありかた。のり。法則。
② ある特定の社会集団のなかで守られるべきとりきめ。おきて。きまり。
③ 国家の強制力を伴う社会規範。法律と同義に用いられるが，法律より広義の概念。成文法と不文法，実体法と手続法，公法と私法，国際法と国内法などに分類される。「法のもとの平等」
④ 中国古代の学問の一派。法を至上価値とする立場にたつ。法家。
⑤ しかた。やりかた。対処法。方法。だんどり。方式。
⑥ 手本。模範。
⑦ 通常の程度。妥当な度合。普通。通例。

---

⑧ 儀式のやりかた。礼儀。礼法。作法。
⑨ 数学で用いる語。
〔用例は省略。以下も省略〕

　「法」という言葉にたくさんの意味があることに驚かされますが，「法学」の対象である「法」は，果たしてどの意味での「法」なのでしょうか。

2　法学における「法」── 規範としての法

　まず，「法学」の対象である「法」が，④や，⑧，⑨の意味ではないことは明らかです。「法学」の講義で，中国古代の学問（④）の勉強をしたり，礼儀作法（⑧）や数学（⑨）を習ったりすることはまったく想像できません。また，しかた，やりかた（⑤），手本，模範（⑥）や通常の程度（⑦）でもないですね。

　ご想像の通り，③の説明で「法律と同義」とありますから，「法学」の「法」は③の意味です。きっと本書も，法律書コーナーに置かれているはずです。他方で，「法学」はなんとなく①，②も関係しそうな気もしませんか。③の意味での「法」は，①，②の意味での「法」とは何が違っているのでしょうか。

　まず，③の法学の対象としての「法」は，①の「物事の普遍的なありかた」，「法則」とは異なり，行動や判断の基準となる**規範**です。法則は，「○○である」，「△△となる」というかたちで，例えば，「犬は動物である」とか「地球は丸い」というように表現されます。別の言い方をすれば，①の「法」は事実の世界に属するために普遍的であるという特徴があります。これに対して規範は，「○○すべきである」「△△してはならない」というかたちで，例えば，「お年寄りには席を譲るべきである」とか「人を殺してはならない」というように表現されます。法学は，「法則」ではなくて「規範」に関する学問なのです。

　規範は時代や場所，環境によって変わるものですから，法則とは異なり普遍的ではありません。例えば，戦前の日本の法律では，女性に選挙権が認められていませんでしたが，今の日本では，そのような差別的な法律は許されません。

3　法と道徳の違い

　他方，③だけでなく②の意味での「法」も，規範としての意味を持っています。②の「法」に該当するものとして，道徳や慣習，宗教などを挙げることができますが，それでは，それらと③の「法」にはどのような違いがあるのでしょうか。以下では，②を**道徳規範**，③を**法規範**と呼びながら，検討してみましょう。

　まず，法規範は，「国家の強制力を伴う社会規範」であるとの説明がされているよ

うに，道徳規範とは異なって，最終的に国家権力によって強制され得るという特徴があります。もっとも，すべての法規範が強制力を伴うわけではないことには注意が必要です。

　また，道徳規範は私たちの内面に「すべきだ」，「してはならない」と働きかけることが多いですが，法規範は必ずしも私たちの内面を問題とせず，外部に現れる行動を規律する規範であるというのが基本です。このことを，**道徳の内面性，法規範の外面性**ということがあります。別の言い方をすれば，法規範は人の行為に対する規範なのであり，人の意思に対する規範ではないのです。

　さらに，法規範は，法に反する行為や紛争が生じた場合に，裁判所が個別具体的に事実を認定し，その事実にその法を適用することで一定の効果を発生させるための基準として，つまり，裁判における規範として用いられるという特徴があります（裁判については第2章で，法の解釈と適用については第3章で詳しく説明します）。このことを「裁判規範としての法」ということがあります。これに対して道徳規範は，裁判において援用されることはありません（ただし，慣習法については本章II 3で後述します）。

　「人を殺してはならない」という規範のように，道徳規範と法規範（刑法199条）とが一致することもあり，両者の違いには相対的な面もありますが，法学の対象である法と道徳とは，ひとまず区別して考えることができるのです。

4　本書における「法」

　本書では，とくに裁判所が判決理由でそれを援用して自らの判断を正当化しうる規範であり，その実現のために国家権力による強制力を伴うもの，という意味で「法」という言葉を用いています。この意味での法のことを**法源**ということがあります。

　しかし，法学の勉強は，必ずしもこの意味での「法」だけに留まるものではないということにあらかじめ注意を喚起しておきたいと思います。

　法学には，特定の時代や社会において通用している個々の法規範を対象に，その解釈や適用のあり方を対象とする**実定法学**ないし**法解釈学**のほかにも，法全体の発展の経緯や特質，共通する基本原理，社会との関連などを対象とした**基礎法学**もあります。法社会学，法哲学，法史学，比較法学などがこれに該当します。例えば法社会学は，③の意味での「法」が，どのようにして②の意味で機能しているかなどを研究したりする学問であり，必ずしも裁判規範としての法だけを対象としていません。しかし，そうした研究も立派な法学です。どこの法学部にも，こうした科目が置かれているのは，その重要性の所以です。

● II 法律以外にも法ってあるの？ ── 法の存在形式

先ほどの辞書では，③の「法」について，「法律と同義に用いられるが，法律より広義の概念」と説明されていました。これは一体どういう意味なのでしょうか。「法」と「法律」とは何が違うのでしょうか。

1 「法」と「法律」の違い

法律とは，正式には国会の議決によって制定される法（**議会制定法**）のみを指す言葉です（⇒第6章）。しかし，裁判で用いることのできる法源は，議会制定法である法律に限定されません。地方公共団体が制定する**条例**，国際社会における国家同士の合意である**条約**，さらには，行政機関が制定する**命令**なども含まれます（⇒第8章II1）。「法」は様々なかたちで存在しており，必ずしも国会の議決によって制定される法である「法律」だけに限定されないのです。

この意味での「法」を総称して**法令**ということがあります。なお，法律と命令を併せて法令という用法も見られます。

2 成文法の種類と特徴

再び先ほどの辞書に目を向けてみると，③の意味での法の分類として，「成文法と不文法」という，法がどのように存在するかに着目した分類が紹介されていました。

成文法とは，文書のかたちで存在する法令で，公的な機関が，一定の手続を経て制定する法規範です。**制定法**，**実定法**と呼ばれることもあります。これに対して**不文法**とは，成文法としての要件を満たさないものの，法源となる法のことです。後述するように，慣習法や条理，判例がこれに該当します。その他にも，実体法と手続法，公法と私法，国際法と国内法という分類も紹介されていましたが，これは法の内容・特徴に基づく分類です。これらについて詳しくは第4章で説明します。

成文法は，制定する主体，制定する方法，所管する事項がそれぞれ異なります。これを整理すれば，次の表のようになります。

◆ 表：成文法の制定主体・制定方法・所管事項など

法令名	制定主体	制定（改正）方法	所管事項など
憲法	国民	両議院の3分の2以上の賛成により国民に発議，国民投票の過半数（憲法96条1項）。	国の組織・活動についての基本的事項を定める法。国家の基本秩序を構成（⇒第7章を参照）。
法律	国会	原則的に両議院の可決（憲法59条1項）。	憲法に矛盾しない限り，ほぼすべての分野に制定可能（⇒第6章を参照）。
命令	国の行政機関	制定権者（政令の場合は内閣，省令は各省大臣）の決定。	法律の委任を受けて制定する委任命令，法律を執行するための細則を定める執行命令のみ制定可能（⇒第8章を参照）。
条例・規則	地方議会	地方公共団体の議会の議決の場合は条例，首長が制定するものは規則という。	「法令に違反しない限り」（地自法14条1項）で，自治事務と法定受諾事務について制定可能。原則として，当該地方公共団体内部でのみ効力を持つ。
議院規則	各議院	それぞれの議院の本会議での議決。	会議その他の手続，内部の規律に関する事項（憲法58条2項）を所管。
最高裁判所規則	最高裁	最高裁判所の裁判官会議。	訴訟に関する手続，弁護士，裁判所の内部規律，司法事務処理事項（憲法77条1項）を所管。
条約	内閣と国会	内閣の締結（批准）と事前または事後の国会の承認。	国政の各分野に及ぶ。「議定書」「協定」「協約」という名称で締結される場合もある。

3　不文法だって法である

　繰り返しになりますが，不文法とは，成文法としての要件を満たさないものの法源となる法のことです。先ほど，②の意味での「法」に該当するものとして慣習を挙げましたが，慣習が強固なものとなり，それに従わなければならないと社会一般が意識し，法であると確信するようになったとき，それは**慣習法**になります。慣習法は，公的な機関が，一定の手続を経て制定したものではありませんが，裁判規範としての効力を持つ法源になります。

　法の適用に関する通則法3条は，「公の秩序又は善良の風俗に反しない慣習は，法令の規定により認められたもの又は法令に規定されていない事項に関するものに限り，法律と同一の効力を有する。」と定め，慣習を裁判規範として認めています。ま

た，商法1条2項は，「商事に関し，この法律に定めがない事項については商慣習に従い，商慣習がないときは，民法……の定めるところによる。」と規定し，商慣習を民法よりも優先させています。

その他の不文法として，物事の筋道，理性的に判断した際の道理といった意味の**条理**もあります。大日本帝国憲法（明治憲法）よりも古い法令である明治8年太政官布告第103号裁判事務心得では，「民事の裁判に成文なきものは習慣により習慣なきものは条理を推考して裁判すべし」と定められていましたが，なんとこの規定は現在も有効であると解されています。

4　判例の位置づけ

法源として，どのように位置づけるのか難しいのが**判例**です。判例とは，最も広い意味では裁判所のした判断，広い意味では最高裁判所のした判断のことであり，狭い意味では最高裁判所のした判断のうち，結論に至る説明にとって不可欠の部分のことをいいます（裁判の詳細については，第2章で扱います）。判例を狭い意味で捉えたとしても，それが直接に裁判規範になるわけではありません。裁判所法4条は「上級審の裁判所の裁判における判断は，その事件について下級審の裁判所を拘束する。」と定めており，その事件以外にまで判例の拘束力が認められていないのです。

しかし，現実には，下級審の裁判所は最高裁判所の判例に従って判断を下しますし，弁護士や検察官など法律の専門家として裁判に関わる人たち（⇒第5章Ⅰ）もそのように判断されることを予想して行動します。その意味で判例は，**事実上の拘束力**を有しているのです。別の言い方をすれば，判例を直接の理由として裁判での判断が行われるわけではありませんが，判例が示した法解釈に基づいて判断がなされるという意味で，判例が重要な意味を持つのです。

個別の法律の勉強を進めてみると，判例がいかに重視されているかがわかります。それは以上に述べた通り，実務において判例が極めて重要な役割を果たしているからなのです。

> ■ **コラム1　判例を読んでみよう**
> 　判例を実際に読んでみたいと思われた方のために，判例の入手方法を紹介しておきましょう（なおここで判例は，最も広い意味で用いています）。
> 　まず，公式の判例集です。最高裁判所判例委員会によって選ばれた判例を収録した最高裁判所の判例集として，『最高裁判所民事判例集』と『最高裁判所刑事判例集』があります。分野ごとの裁判例をまとめた公式の判例集では，『行政事件裁判例集』，『家庭裁判所月報』，『訟務月報』などがあります。かつては公式の下級審の判例集もありましたが，現

在は休刊しています。

　民間の判例雑誌では，『判例時報』と『判例タイムズ』が，全裁判所の全分野の判例を幅広く収録しており便利です。その他，特定の領域に特化した判例を集めた民間判例雑誌として，『判例地方自治』や『金融・商事判例』などがあります。

　インターネットでは，裁判所のホームページから，新しい判例，重要な判例を検索して閲覧することができます。大学図書館がオンラインのデータベースと契約しているかどうかも調べてみてください。LEX ／ DB，Lexis/Nexis jp，D-1 Law などと契約しているようでしたら，そこから多くの判例が簡単に入手できます。

● Ⅲ　法秩序の一貫性を保つには⁉

　以上の通り，一口に「法」といっても，たくさんの種類があることがわかります。それらが総体として，広く社会全体を規律しているわけですから，全体として矛盾なく統一した内容であることが求められます。しかし，人間が作るものである以上，ミスは付きものですから，相互に矛盾・対立・抵触する可能性が常に存在します。

　そこで，法の内容が矛盾・対立・抵触した際に，どのように処理するかについてのルールを決めておく必要があります。

1　成文法の上下関係を決めておく

　そのための方法の一つが，成文法の存在形式によって，上下関係をあらかじめ設定することです。「上位法は下位法を破る」という格言がこの原則を示しています。

　日本の法体系のなかでの最上位に位置するのが憲法です（⇒第7章）。憲法98条は，「この憲法は，国の最高法規であつて，その条規に反する法律，命令，詔勅及び国務に関するその他の行為の全部又は一部は，その効力を有しない。」と定め，それを実効的なものとするための制度として，81条で「最高裁判所は，一切の法律，命令，規則又は処分が憲法に適合するかしないかを決定する権限を有する終審裁判所である。」と定め，**違憲審査権**を裁判所に付与しています。

　憲法の次に来るのが条約です。条約は，国会の承認を必要とする点で法律と同列ともいえそうですが，憲法98条2項が「日本国が締結した条約及び確立された国際法規は，これを誠実に遵守することを必要とする。」と定めていることや，国際社会における国同士の約束を守ることの大切さなどから，法律に優位すると考えられています。

　命令は，法律の根拠があって初めて制定できる法ですから，法律に劣位します。条例は，「法律の範囲内」（憲法94条）で制定することが認められた地方公共団体が制定

する法ですので，法律と矛盾・抵触する場合は法律が優位しますし，法律の根拠に基づき法律を具体化する命令にも劣位すると考えられています。

　なお，特別の所管事項を有している議院規則や最高裁判所規則は，原則としてその所管事項については法律よりも優位するとされています。

2　形式的効力が同じである法形式間の優劣を決めておく

　次に，法律と法律，命令と命令，条例と条例など，形式的効力が同じである法形式間の優劣については，**後法優先の原理**と**特別法優先の原理**によって優劣関係が設定されます。

(1)　後法優先の原理

　まず，後法優先の原理です。これは，時間的に後に制定された法が，先に制定された法の規定に優位するという原理で，「後法は前法を破る」という格言で表現されます。法は，社会的な要請を受けて社会を規律するために制定されますが，社会は刻一刻と変化し続けます。ですから，新たに制定された法が，従来から存在する法と矛盾・抵触する場合には，直近の問題意識を踏まえた後法こそが優先される法であるべきだというのが，後法優先の原理の考え方です。

　なお日本では，新法と矛盾・対立する法が存在する場合，丁寧にこれを改正したり，廃止したりするので，現実問題としてこの原理が問題となることはあまりありません。

(2)　特別法優先の原理

　次に，特別法優先の原理です。**特別法**とは，ある事項について広く一般的に規定する**一般法**に対する概念で，ある事項について特定の場面・人・地域などに限定して，一般法とは異なる内容を定めた法のことです。その部分については一般法よりも特別法を優先するというのが特別法優先の原理であり，「特別法は一般法に優先する」という格言で表現されます。

　例えば，民法は契約一般について定めていますが（⇒第9章），商取引という特別の契約の場合については，商法に定めがありますし（⇒第13章），消費者と事業者との間の契約については，消費者契約法があります。民法と商法の関係や，民法と消費者契約法との関係は，契約に関する事項については民法が一般法であるのに対して，商法や消費者契約法が特別法ということになります。

(3)　特別法優先の原理の優先

　では，特別法と矛盾・抵触するような一般法が，後に制定された場合にはどうすれ

ばよいでしょうか。これは、「『特別法優先の原則』は『後法優先の原則』に優位する」というルールで処理されます。先ほどの例を用いて説明すれば、仮に民法の大改正があり、契約について新たな定めが設けられたとしても、それよりも時間的に前に制定された特別法である消費者契約法が優位するということです。

3　成文法と不文法の関係

不文法もまた法源ですが、成文法との関係では、成文法に特別の定めがない限り、原則として成文法が優位します。このことを**成文法主義**といいます。

成文法は、内容が明確ですから法的な安定性を有しています。そのため、日本を含め、多くの近代国家は成文法を中心に法体系を形成しています。成文法主義を採用する国での不文法の役割は、成文法の規定が欠けているところを補ったり、判例のように成文法の規定に実質的・具体的な意味を与えたりするという役割を果たします。

■ **コラム2　日本国憲法施行前に制定された法令や占領統治下に制定された法令の効力**

明治憲法が施行されたのは 1890 年ですが、それよりも前に制定された法令として、太政官布告や太政官達がありました。それらの法の効力について、明治憲法 76 条 1 項は、「法律規則命令又ハ何等ノ名称ヲ用ヰタルニ拘ラス此ノ憲法ニ矛盾セサル現行ノ法令ハ総テ遵由ノ効力ヲ有ス」と定め、その効力を認めていました。

1947 年に施行された日本国憲法の場合、その施行よりも前に制定されていた法令、つまり、明治憲法前の法令と、明治憲法下で制定された法令の効力について明確に示した条項はありません。それでは、それらの法令の効力はどうなるのでしょうか。最高裁判所は、「新憲法は、第 98 条において「その条規に反する法律、命令、詔勅」等の効力を有しないことを規定している。従つて、その反面解釈として、憲法施行前に適式に制定された法令は、その内容が憲法の条規に反しないかぎり効力を有することを認めているものと解さなければならない」と判断しています（最大判昭和 24 年 4 月 6 日刑集 2 巻 7 号 722 頁）。また、戦後すぐに「日本国憲法施行の際に効力を有する命令の規定の効力等に関する法律」を制定するなどして、旧憲法下の法令の現憲法下での効力についての整理も行われました。

なお、日本国憲法が施行された後も、サンフランシスコ講和条約が発効する 1952 年までの間、占領統治は続きました。占領統治下では、「ポツダム宣言の受諾に伴い発する命令に関する件」、いわゆるポツダム緊急勅令に基づいて、連合国軍最高司令官がポツダム命令を出すことができました。これについて最高裁判所は、「連合国最高司令官は、降伏条項を実施するためには、日本国憲法にかかわりなく法律上全く自由に自ら適当と認める措置をとり、日本官庁の職員に対する指令を発してこれを遵守実施せしめることを得るのである」と判断しました（最大判昭和 28 年 4 月 8 日刑集 7 巻 4 号 775 頁）。つまり、占領統治下では憲法よりもポツダム命令が上位にあったのです。

● Ⅳ　法令の作り方にはルールがある？ ── 法令の構成

　法の具体的な中身を見てみると，ある程度決まったかたちで組まれていることに気が付くでしょう。そのため，その構造的な特徴を知っておくと，法令を読むのに役に立ちます。以下，法律を例に説明していきたいと思いますが，他の成文法についても基本的に妥当します。法律の制定プロセスについては，第6章で詳しく説明します。

1　条文の配置の仕方

　まず法律は，その法律の具体的内容が示されている本体の部分である**本則**と，その法律の施行に伴って必要となる内容（経過規定など）について示されている**附則**から構成されます。

　本則と附則の基本的な構成単位が「**条**」であり，原則的に1つの条には1つの事項が書かれます。条のなかに含まれる内容が複数ある場合には，「**項**」を用いて区分します。また，条文のなかで複数の事項を列挙する場合には「**号**」を用います。

　多くの条文から成る長い法律の場合，内容のまとまりごとに区分するのが通例です。通常は，「**章**」と「**節**」が用いられますが，民法や地方自治法などの大部の法律の場合には，章よりも大きな区分として「**編**」が用いられることがあります。節を細分する場合は「**款**」を，さらに小さい区分には「**目**」が使われます。これらは，条文の整理フォルダのようなもので，最上位のものが「**編**」で，最下位のものが「**目**」ということになります。

　法令を改正して，新たな規定を追加するような場合，これまでと条文番号がずれてしまうと混乱してしまいますので，「〇〇条の2」とか「〇〇条の12の4」といったようにして，新たな規定を組み込んでいきます。これを**枝番号**といいます。言葉で示すのが難しい場合や，表にした方が分かりやすいときには，**別表**や**別記**を設けて，本則の後に掲載する場合もあります。

■ **コラム3　特徴的な別表の例**
　日本の国旗は日の丸（日章旗），国歌は君が代ですが，これは「国旗及び国歌に関する法律」によって定められています。しかし，国旗や国歌を文章で表現するのは困難ですよね。そこでこの法律は，1条1項で「国旗は，日章旗とする」とし，同2項で「日章旗の制式は，別記第一のとおりとする」と定め，2条1項で「国歌は，君が代とする」とし，同2項で「君が代の歌詞及び楽曲は，別記第二のとおりとする。」と定め，日章旗の図と君が代の楽譜を別表に記載しています。ちなみにこの法律は，以上の2条が本則のすべてという，とても短い法律です。

別記第 1　（第 1 条関係）
日章旗の制式

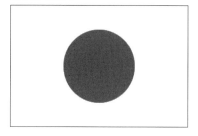

1．寸法の割合及び日章の位置
　　　縦　横の三分の二
　　日章
　　　直径 縦の五分の三
　　　中心 旗の中心
2．彩色
　　地 白色
　　日章 紅色

別記第 2　（第 2 条関係）
　　君が代の歌詞及び楽曲
　　1．歌詞
　　　　君が代は
　　　　千代に八千代に
　　　　さざれ石の
　　　　いわおとなりて
　　　　こけのむすまで

（出典：内閣府 HP：https://www8.cao.go.jp/chosei/kokkikokka/kokkikokka.html）

2　パンデクテン方式

　法律は原則的に，総論的な内容を前のほうに，各論的な内容はそれに続いて置いていくという形式で作られています。このように法令を編纂することを**パンデクテン方式**といいます。パンデクテンとは，ローマ法大全（ユスティニアヌス法典）の中の学説集のドイツ語名のことで，19 世紀のドイツは，これに依拠しながら近代的な法体系を作り上げました。

　具体的には，ある法令のなかの個別の規範の中から共通する部分を**総則**としてくくり出して前に置きます。今度はそれらのなかでの共通部分や，総論的部分を抜き出して前に置き，各論的な規定はその後ろに配置します。この作業を繰り返すと，最初のほうに全体に通用する原理や定義などの「総則」が置かれ，次の段階として，それぞれの分野の「総則」が置かれ，その後に個別的な内容が並ぶという構成になります（⇒パンデクテン方式で編まれた民法の体系については，第 9 章 I の図を参照してください）。

　そのため，個々の条文を解釈する際には，法令の冒頭部分に置かれる総則的な目的規定や趣旨規定，定義規定などもあわせて見ていく必要があります。

■ コラム 4 法令を探してみよう！
　実際の法令はどうやって探せばいいのと思った皆さんのために，ここで法令の探し方について説明しておきましょう。

　まず本屋さんや大学の売店に行けば，タイトルに『六法』という名前が付された辞書のような書籍が販売されていると思います。文字通り 6 つの法だけが収録されているわけではなく，主要な法令（法律が中心）が掲載されています。「司法試験用六法」や「社会福祉六法」など，さまざまなタイプの六法が刊行されているので，自分の目的に合ったものを選ぶとよいでしょう。なお，六法には法律の正式名称（題名）で記載されている場合が多いので，法令名略語（巻末や表紙・裏表紙の裏面にある場合が多いです）を利用して，目当ての法令を探しましょう（⇒第 4 章 I）。

　六法に収録されていない法令（細かな政令・府省令など）や，一部しか収録されていない法令の全文が見たい場合には，全法令を収録した『法令全書』（国立印刷局），『現行日本法規』（法務大臣官房編，ぎょうせい），『現行法規総覧』（衆議院参議院法制局編，第一法規出版）などをご覧ください。大きな図書館にはたいてい入っています。

　インターネットからも便利に法令を閲覧することができます。特に，総務省が提供している e-Gov（イーガブ）というウェブサイトの法令索引が，法令を網羅的に収録しており便利です。法令の制定改廃情報を知りたい場合は，国立国会図書館が提供している「日本法令索引」というデータベースを利用できます。条例については，各地方自治体のホームページで記載されている場合が多いので，そちらを参照してください。

● V　法を学ぶ意義

　ところでみなさんは，どうして本書を手に取って法学を学ぼうとしているのでしょうか。大学で必修科目の教科書として指定されたからでしょうか。それとも，なんとなく面白そうだと思ったからでしょうか。

1　法学に対する批難

　かつて，法学という学問に対して，「立法者が法律の言葉を 3 つ変えれば，図書館のすべてが紙くずとなる」（キルヒマン）という批判が向けられたことがありました。また，法学は「パンのための学問」（ラートブルフ），つまり，お金を稼いでパンを買うためだけのいやしい学問だという皮肉が向けられたこともあります。職業としての法律家についても，「よい法律家は悪しき隣人である（a good lawyer is a bad neighbor）」という格言もあるように，法律家に良い印象を持っていない国や地域も少なくないようです。

2　法が社会で果たしている機能

　法は現実の社会において，様々な機能を果たしています。

国家においては，統治の基本ルールである憲法（⇒第7章）のもとで，法律をはじめとした様々な法令が制定されています。それらの法規範は，公示されることで人々が行動する際の基準となったり，個別具体的な紛争が生じた際にはその法規範を適用して裁判を行い，公的に裁定するという機能を果たします（⇒第2章）。この機能を背景にしながら，例えば，刑法（⇒第12章）や刑事訴訟法（⇒第15章）は，一定の望ましくない行動を抑止して，個人の利益や社会の利益を守るという機能を，民法（⇒第9章〜11章）や商法・会社法（⇒第13章），民事訴訟法（⇒第14章）は，私人相互の自由意思に基づいた契約などを保護する仕組みを整えることで，自由で活発な活動を保障するという機能を，行政法（⇒第8章）は，法律に基づいた適切な行政活動を担保する機能などを果たします。

「社会的動物」である人間は，社会の中で生き，存在しています。そして社会生活を成り立たせるためにはルールの存在が不可欠となりますが，そのルールが法なのです。私たちの社会は，法によって規律され，法に基づいて動いています。「法の不知は許さず」という格言がありますが，法に違反すれば責任を問われ，「知らなかった」では済まされません。法を学ぶことは，私たちの社会を学ぶことにも繋がっているのです。

3　法的な考え方を身につける

勘違いしている人も少なくないと思いますが，法を学ぶということは，法令の条文を暗記することではありません。法的な考え方を学ぶのです。ですから，法律の文言が変わったとしても，法を学ぶ意義は失われません。「法学も技術を含むものであり，その技術は法が変わっても無駄にならない。立法者が法を訂正しても，立法はむしろ新しい法技術の成果に他ならないのである。これは，ちょうど建物がやけ，あるいはその様式が変わっても，従来の建築学が無駄にならないのと同じである」(山田晟『法学〔新版〕』(東京大学出版会，1964年) 6頁) という指摘がこのことをよく示しています。

法学を通じて，法を知り，使いこなすための方法を知ることは，社会に出てからきっと役に立つでしょう。ようこそ，法学の世界へ！

◆ もっと学ぼう ──────────────────────

法学入門の教科書はたくさんあります。その内容を比べてみると，①憲法・民法・刑法など，各実定法の概要を紹介する教科書，②法とは何かといった基礎的・理論的思考を中心と

する教科書，③法や法制度の社会的機能に主に着目する教科書，④法令の基本構造など，法制執務的知識の教授を中心とした教科書，というように分類することができるでしょう。このなかから，自分の興味関心に一番合うものを選ぶとよいでしょうが，本章の参考文献として，そしてさらなる学修のためにお勧めする文献として，ここでは，②の志向の強い田中成明『法学入門』(有斐閣，2005 年) と星野英一『法学入門』(有斐閣，2010 年)，そして，①から④をバランスよく扱う川﨑政司『法律学の基礎技法〔第 2 版〕』(法律文化社，2013 年) の三冊を挙げておきたいと思います。

◆第 2 章◆
裁　判

● I　裁判という言葉の意味を考えてみよう ── 紛争と裁判

　裁判というのは皆さんが日頃よく耳にしている言葉だと思いますが，あらためて，裁判とは何かと問われると，すぐにその意味を答えられる人は少ないのではないでしょうか。そこで，あらためて，裁判とはどういうものかということを考えてみましょう。

　人が集まって生活している場を**社会**といいますが，そこではいろいろな価値観をもった多くの人が集まって共同生活を営んでいます。その結果，お互いの価値観が衝突することは，ある意味で避けられません。例えば，AさんがBさんにお金を貸したが，弁済期を過ぎてもBさんが返さなかったとしましょう。Aさんは，お金を貸してもらった以上，遅くとも弁済期には，いや誠実な人ならその前にでもお金を返すはずだと考えています。これに対して，Bさんは，Aさんの余っているお金を借りてやったのだし，借金を踏み倒すつもりはないのだから，返済が1週間遅れたくらいでいちいち目くじらを立てる必要はないじゃないかと思っています。これが**価値観の衝突**です。

　このような価値観の衝突が当事者の心の中に納まっていれば，社会では何も問題は生じません。しかし，それが心の中に納めておくことができず，AさんはBさんに貸した金を返せ，それに対して，BさんがAさんに，おまえみたいなケチなヤツには返す気がなくなった，などと言いあいが始まって，社会的に明らかになった場合，それを**紛争**といいます。したがって，異なった価値観をもっている多くの人間が社会を作って共同生活を営む限り，紛争が生じることは，ある意味で避けられません。しかし，発生した紛争は何らかの形で収拾しないと，人々は社会生活を円滑・平穏に営む

ことができません。上の例で，例えば，Aさんが，Bさんの制止も聞かずにBさんの家に入り込み，その中を物色したあげく，貸した金額に相当するお金を持って帰ったとします。Aさんはこれによって貸したお金を取り返せたわけですから，これも一つの紛争解決方法かも知れません。しかし，そのようなことが日常的に起こるような社会では，人々は安心して暮らしていくことはできません。そこで，裁判の長い歴史を振り返ってみますと，紛争が生じた場合，その解決は，紛争当事者どうしの実力による解決（これを「自力救済」といいます）に任せるのではなく，第三者的機関によって，どちらが正しくて，どちらが正しくないかということを判断することによって行われてきたということができましょう。このような，第三者的機関が，発生した紛争を解決するための制度を，**広い意味での裁判**ということができます。

　しかし，世の中には，何が正しくて，何が正しくないかということを判断するための絶対的な基準といったものはありません。したがって，その紛争解決が正しいか否かは，結局，その解決が，その社会の中で生活している人々の大多数にとって，納得がいくかどうかにかかってくると思います。そして，裁判が，なぜ人々によって正しいものとみなされるのかということを，難しい言葉で言いますと，**裁判の正当化根拠**といいます。裁判の長い歴史をみていきますと，それは，人類が，裁判の正当化根拠を求め続けてきた歴史であるということがいえると思います。

　なお，裁判という言葉には，上に述べたような，広い意味での紛争解決のための制度という意味のほかに，もう1つの意味があります。これは比較的新しいものですが，国家の裁判機関が，その判断または意思を法定の形式で表示する手続上の行為のことを意味します。この意味でいいますと，現行法上，裁判機関として認められているのは，裁判所と裁判官ですから，それらの者が判断などを表示する行為が裁判です。したがって，それら以外の者（例えば裁判所書記官や執行官など）がなした判断行為はこの意味での裁判ではありません。

● II　裁判は，何をもって正当なものとされてきたのだろうか
── 裁判の正当化根拠

　裁判が，何をもって正当なものとされてきたかということは，時代につれて変遷してきました。

1 未開社会

　未開社会の裁判制度としては**神判**というものがありました。これは，紛争が起こった場合に，どちらが正しいかは神ないしその化身が判断するというものです。これによりますと，その社会の人々全員が信じている神が判断するのでありますから，その判断は絶対的に正しいことになります。言い換えれば，神の意思に裁判の正当化根拠を見出しているということです。例えば，古代インドのマヌー法典やナーランダ法典等には，秤審（大きな天秤で被告の体重を2回計り，前後の重さを比較して，第2回が第1回と同じかまたは重かったら有罪，軽かったら無罪とする）とか，火審（赤熱した鉄丸を7枚のいちじくの葉の上に載せてそれを手に載せて，一定の間隔で描いた8つの円の上を踏んで歩かせ，手のひらにやけどをしたら有罪，やけどをしなければ無罪とする）などが規定されていました。すなわち神判においては，神の御心にかなった者が勝つということで，その裁判は正当なものであることになります。わが国でも，神判の例として，日本書紀に記述がある盟神探湯というものがありました。これは，紛争が起こった場合，紛争当事者に身を清めさせ，熱湯の煮えたぎった土器の底にある土を素手で拾い上げさせ，やけどをしたら負け，しなかったら勝ちと判断するものです。これも，やけどをするかしないかは神の御心に基づくものですから，その裁判は正当化されるのです。また，その他の神判の例として，世界には，ワニ審や毒ヘビ審などがあったといわれています。

2 村落社会

　しかし，社会の範囲が広まり村落が形成されるようになると，権威をもった長老による紛争解決が行われるようになります。すなわち，当該村落で起こった紛争は，その中で絶対的な権威と村民の信頼を集めている村の長老が判断すれば，それは正しいものであると，村民が納得することになります。そこに長老裁判の正当化根拠が見出されます。しかし，このような長老裁判は，それぞれ別個の長老を戴く村同士の紛争については十分な解決ができません。なぜなら，Aという村の権威はBという村では通用しないからです。

3 教会支配の時代

　いわゆる中世ヨーロッパの暗黒時代では，絶大な権威・権力をもつ教会，とくにローマカトリック教会が裁判機関としての役割を担っておりました。そこでは，教会の判断であるという点に正当化根拠が求められました。そこでは，未開社会における神判とは異なり，特定の宗教の教義が裁判の基準とされましたが，それは必ずしも社

会の構成員の支持を得た基準ではなかったうえに，合理的な根拠に基づくものではなかったため，その裁判の結果は，必ずしも，社会の構成員によって広く受け入れられていたわけではありませんでした。

4　封建領主支配から絶対王政の時代

　ヨーロッパの封建時代においては，それぞれの領邦を治める封建領主が，その領邦について絶対的な支配権を有しており，裁判権もその一環として行使されていました。その後，これら分権的であった領邦や教会領を統合し，絶対王政が成立しました。例えば，家臣が「そんなことをなさっては国家と民のためになりません」といさめたのに対して，フランス国王ルイ14世が言ったとされる「朕は国家なり」という言葉に象徴されるように，国王が絶対の存在であり，かつ価値の基準でありました。この点で絶対君主の意思に裁判の正当化根拠が求められたのです。この頃には，既に裁判所という国家制度はありましたが，それは，絶対王政を支えるための機関に過ぎず，決して国民一般の紛争を公平に解決することを主目的とする機関ではありませんでした。

> ■ コラム5　粉屋アルノルトの訴訟
> 　時はプロイセンの絶対王政の時代。粉屋アルノルトは水車で粉をひく仕事をしていましたが，川の上流の貴族が鯉を飼うための池を造ったために水が来なくなり，水車が回らなくなり，領主に水車小屋の賃料を支払えなくなりました。そこで領主は，アルノルトを相手に，賃料の支払いを求めて裁判を起こしました。その裁判でアルノルトは敗訴し，彼の水車小屋は競売されてしまいました。そこで，アルノルトは，プロイセンの絶対君主フリードリヒ大王に直訴し，そのような状況に心を動かされた大王は，裁判官を解任し裁判をやり直させて，アルノルトを勝たせたという話です。これは，大王の名君ぶりを示すエピソードとして語られているものですが，見方を変えれば，権力者の気まぐれによって，裁判の結果がたやすく覆されたことを意味しているといえます。これでは，誰もが納得する，客観的で公平な安定性のある紛争の解決とはいえないのではないでしょうか。

5　近代市民国家の時代

　以上のような時代を経て，市民階級（資本家や商工業者など）の台頭により，各国においていわゆる市民革命が起こりました。その結果，封建的・絶対主義的国家体制が崩壊し，近代的民主主義国家が誕生しました。近代的民主主義国家とは，一言で言えば，法（憲法はじめ各種法律）は国民が作るものであり，最高権力者といえども法に従わなければならないとする国家のことをいいます。これによって，社会の政治構造が人（国王等の絶対権力者）の支配から法の支配に変わったといえるでしょう。その

ような国家においては，国家機関として裁判所という専門の紛争解決機関が設けられ，そこに法律の専門家たる裁判官を配置し，国民の代表者により法が制定され，それは国民一般に周知されます。そして，紛争が起こった場合には，そのような国家の裁判機関によって，予め定められた法を適用することによってその解決を図るというシステムが構築されました。この点に裁判の正当化根拠が認められたといってよいでしょう。そのことによって，公正で予測可能な裁判，誰もが納得できる裁判，権力者の気まぐれで変更されることのない安定した裁判が実現したといえるでしょう。すなわち，法による裁判が実現されることで，国民は，どのような事件について，自分たちが知っているどのような法に基づいて解決がなされたかを理解し，それと同時に，将来起こりうる同じような紛争については，どのような解決がなされるだろうかということをあらかじめ予想することが可能となったのです。

● III 法と裁判とはどのような関係にあるのだろうか

　先ほど，裁判とは法を適用することによって紛争を解決する制度だといいましたが，歴史的にみますと，法規ないし法がまだ存在しない未開の時代におきましても紛争は生じていましたし，それを解決する必要性もありました。神判というのもそのような中で出てきた紛争解決制度です。したがいまして，法があろうとなかろうと，紛争を解決するための何らかの機構（広い意味での裁判制度）は必要とされたのです。そして，そのような紛争解決機構によって解決された事例が積み重なることによって，紛争解決のための基準が徐々に明らかになってきました。そして，そのような紛争解決基準が整理され体系化されたものが「法」となったのです。しかし，このようにしていったん法が成立しますと，裁判は，そのような体系化された法を適用してなされるようになりました。このようにみてくると，歴史的には，紛争を契機として，まずはじめにプリミティブな形での裁判制度が成立し，その後に法が成立しました（裁判の法に対する先行性）。しかし，法が成立してからは，裁判は法を適用して紛争を解決するものとなったということがいえます（法による裁判）。

● IV わが国には，裁判以外にどのような紛争解決制度があるのだろうか

　とくに民事紛争は，当事者間で処分することが可能な利益（私権）をめぐって生じ

るものですから，当事者間で自主的に解決することができれば，必ずしも国家が設営する裁判による必要はありません。当事者が，裁判によらないで自主的に紛争を解決する制度を，**裁判外紛争解決制度ないしADR**（Alternative Despute Resolution）といいます。ただ，注意しなければならならないのは，刑事事件においては，ADRは認められないということです。刑事手続は，犯罪という形で国家の法秩序を破った人に対して，国家が，刑罰という重大な制裁を科すものですから，それは，国家のみが遂行することができ，しかも，厳格で公正な手続によってなす必要があるからです。したがって，当事者の合意によって刑罰を決めるようなことは許されません。

1 和解（民法上の和解）による紛争の解決

例えば，AさんがBさんに無利息で100万円を貸したのに，Bさんが弁済期を過ぎても返してくれないような場合，そこには紛争があります。しかし，このような場合，Aさんは直ちに裁判所に訴え出て，裁判で結着をつけようとするでしょうか。一般的には，その答えは「ノー」でしょう。普通は，AさんとBさんとはまず話し合うでしょう。そして，Bさんが，いま資金繰りがうまくいかなくて，一度に100万円を返すのは無理だけれど，毎月10万円ずつならなんとか返すことはできると言ったとしましょう。それに対してAさんが，すぐに100万円返してほしいけれど，返せないのなら分割弁済もやむをえないが，そのかわり，1割の利息を付けて，毎月11万円ずつ10回払いで返してくれないか，という提案をしたとします。それに対してBさんが，そうして頂けると助かりますと言えば，紛争は，裁判をする前に解決します。このような解決方法を和解（民法上の和解）といいます。すなわち，お互いが譲り合うことによって紛争を解決する契約を和解契約といいますが（民695条），この例の場合，Aさんは，本当はいっぺんに返してもらえるのに，分割払いでいいといって譲りました。また，Bさんも，無利息でよかったのに，1割の利息を支払うことを約束することで譲っています。したがって，ここでは民法上の和解契約が成立したといえます。このような紛争の解決方法は，もっとも平和的な解決方法であるといえるでしょう。

2 斡旋・調停による紛争の解決

紛争が和解で解決ができなかった場合，直ちに裁判による解決を求めるかというと，必ずしもそうではありません。客観的な第三者が双方の主張の要点を確かめ，相互の誤解を解くなどして，紛争を和解によって終結させることもあるでしょう。これを斡旋といいます。斡旋は，後で説明する調停と同様に，和解による紛争の解決をめ

ざすものですが，斡旋はあくまで当事者が主体となって行う紛争解決方法ですので，法律的または技術的な争点が少ない事案に適しているといわれています。また，斡旋は，基本的に当事者間の話し合いを促すものですから，通常，斡旋機関による「斡旋案」の提示は行われません。このような斡旋という手法は，現在では，公害紛争や労働争議の解決のためによく用いられています。

　それに対して，調停というのは，相対立する当事者に話合いの機会を与えて和解による解決を目指すが，場合によっては調停案を示して，その受諾を勧告することにより紛争を解決しようとする制度です。単に当事者間の話合いを促すだけでなく，当事者に調停案の受諾を勧告することもできる点に，斡旋に対する特色があります。調停には，司法型，行政型，民間型といったいろいろな種類がありますが，その中で，裁判所が関与して行われる司法型調停が知られています。司法型調停としては，一般民事事件について行われる民事調停（民事調停法2条），家事事件について行われる家事調停（家事事件手続法第3編），労働審判手続における労働調停（労働審判法1条）があります。これらの調停手続のうち，民事調停においては，裁判官または民事調停官（民事調停のために，弁護士から選ばれるパートタイムの裁判官）と，民間の有識者から選任される民事調停委員によって構成される調停委員会が紛争の解決にあたり，家事調停においては，裁判官または家事調停官（家事調停のために，弁護士から選ばれるパートタイムの裁判官）と，民間の有識者から選ばれる家事調停員によって構成される調停委員会が紛争の解決に当たります（民事調停法5条〜7条・23条の3，家事事件手続法247条・248条）。なお，労働審判では，労働関係に関する専門的な知識経験を有する人の中から選ばれる労働審判員が，裁判官と共に，労働審判委員会の構成員として，中立・公正な立場で労働審判手続にたずさわり，個別労働紛争の迅速かつ柔軟な解決を図るため調停を試みますが，調停がまとまらなければ審判を行います（労働審判法1条・7条・9条）。

　調停による紛争の解決は，調停委員会ないし労働審判委員会の支援は受けますが，最終的には，当事者がするものですから，厳格に法に拘束される必要はなく，「条理にかない実情に即し」てなされるものとされています（民事調停法1条）。また，とくに司法型の調停手続にあっては，当事者間に合意が成立し，その内容を調書に記載すると，それは確定判決と同一の効力をもちます（民事調停法16条，家事事件手続法268条1項，労働審判法29条2項）。したがって，これは実効性のある紛争解決手続だといえるでしょう。

3　仲裁による紛争の解決

　仲裁というのは，当事者が仲裁契約を締結し，いわば私設の裁判官として選定される第三者（仲裁人）に紛争の解決を委ね，その判断には，たとえ不満があっても当事者双方が従うことを合意する契約によって行うものです（仲裁法2条1項）。これは，調停と同じく，手続内容に制約がなく，簡易・迅速・低廉な紛争解決が期待できるうえに，仲裁判断には確定判決と同一の効力が認められていますので（仲裁法45条1項），実効性ある紛争解決制度です。仲裁はとくに国際取引紛争においてしばしば利用されています（国際仲裁）。

4　裁判（訴訟）による紛争の解決

　裁判手続は，他の紛争解決制度に対して次のような特徴をもっています。

⑴　最後の手段性

　裁判は，紛争解決の最後の手段であるということです。裁判手続は，公正ではありますが，時間と費用のかかる手続です。したがって，一般的にいえば，民事紛争が生じた場合，人々は，その解決のためには，まず，和解や斡旋，調停，仲裁などの，紛争当事者の自主的な紛争解決のための制度を利用するでしょう。そして，それらの手続がうまくいかなかった場合に，最後の手段として裁判制度を利用するのではないでしょうか。その意味で，裁判とは紛争解決のための最後の手段といえるでしょう。ただ，刑事事件においては，直ちに裁判が行われます。

⑵　強制性・厳格性

　裁判手続は強制性・厳格性を有します。すなわち，裁判は，紛争解決の最後の手段ですから，ここで絶対に紛争を解決しなければなりません。そこで，あらゆる手続が紛争解決に向けて構築されています。したがって，裁判手続を利用するかぎり，紛争当事者は，その手続に厳格に従うことが要求されます。これは民事・刑事の裁判を問いません。例えば，裁判は訴えによって始まりますが，どの裁判所に訴えを提起するか，あるいはどの裁判所が担当するかといったことは，法律の規定により定まっています（民事訴訟法（以下，「民訴」）3条の2～22条，刑事訴訟法（以下，「刑訴」）2条～19条）。また，民事裁判では，訴えを提起する者を**原告**といい，その相手方を**被告**といいますが（刑事裁判では，訴えを提起する者は**検察官**であり，訴えを提起される者を**被告人**といいます），原告の訴えによって訴訟が始まると，被告は否応なしに手続に取り込まれ，適切に対応しないと一定の不利益を受けます（民訴159条。ただし刑事事件では，自白の効力は制限されています〔憲法38条〕）。また，訴訟手続は裁判官が指揮し

（民訴 148 条，刑訴 294 条），当事者は自らの意思によって勝手に訴訟の進行を左右することはできません。そして判決が確定しますと，そこで判断された権利関係ないし法律関係の存否は原則として争うことができなくなります。また，民事事件では，判決の内容が，被告に金銭の支払いなどの一定の給付を命じるものであったような場合には，確定した判決によって，相手方の財産を差し押さえ，それを強制的に換価して，原告の権利の満足を図ることができるという効力（執行力）も生じます。刑事事件でも，判決が確定すると，そこで宣告された通りの刑罰が執行されます。

　ただ，裁判が強制性を有するといっても，とくに民事事件においては，そこで争われるのは，私人が支配することができる利益（私権）ですから，いったん裁判が始まっても，その手続の途中で和解をするなどして紛争をやめることができます（訴訟上の和解〔民訴 267 条〕）。それに対して，刑事裁判においては，被告人と検察官とが話合いをして，懲役 1 年にしようとか，罰金刑にしようとか合意することによって，刑事裁判を終了させることはできません。その意味で，刑事裁判では，この強制性が，民事裁判よりも強く貫かれています。

(3)　高度の手続保障

　裁判が強制的な手続である以上，その中では当事者の権利や地位が十分に保障される必要があります。そこで，公平な裁判所において当事者双方に十分な攻撃防御の機会が与えられるように，手続保障が制度内に組み込まれています。例えば，裁判の公正と国民の司法権に対する信頼を確保するために，裁判は，国民の誰もが傍聴しうる公開の法廷で行われなければなりません（憲法 82 条）。また，裁判の審理においては，両当事者は，自己の言い分を不当に制限されることなく主張することができますし，相手方も，自己の言い分を十分に述べる機会が保障されています。さらに，事実の存否につき争いがあれば，それは，必ず当事者が持ち出した証拠によって判断されます。また，裁判の結果について不服がある当事者には，上級の裁判所において，もう一度その事件を調べ直してもらうことができるという上訴の制度も備わっています（⇒本章Ⅵ）。ただ，このように手厚い保障がなされている反面，当事者の自主的な紛争解決である ADR に比べて，裁判は，慎重に審理がなされるため，時間と費用がかかる手続であることは確かです。

(4)　法的解決を目的とする手続

　裁判は，法的解決を目指す手続です。法的解決とは，当事者が話し合って紛争を解決する和解や，調停におけるような「条理にかない実情に即した解決」（民事調停法 1 条）とは異なります。すなわち，裁判では，紛争となっている当事者間において存在

する事実を確定して，それに法を適用して紛争を解決します（第3章Ⅰ）。民事裁判であれば，例えば，AさんがBさんに物を売ったのに，Bさんは代金を支払わないといった紛争がある場合，裁判では，本当にAさんはBさんにある物を売ると言ったのかどうか，そしてBさんはその物を買うと言ったのかどうかという事実が，裁判所に提出された証拠によって判断されます。そして，それが，民法などの法律（例えば，民法555条）に適合するか否かを判断して解決がなされます。

　刑事裁判でも同じです。例えば，Aさんが殺人罪で起訴されますと，Aさんは本当にBさんを殺したかどうか，どのような状況で人を殺したのかといった事実を証拠によって確定します。その結果，たしかにAさんの行為によってBさんが死亡したということが明らかになった場合でも，その態様によって，それが，刑法の199条（殺人罪）または同法205条（傷害致死）に該当するかどうかによって，死刑や懲役等の刑罰が決められます。

● Ⅴ　民事裁判・刑事裁判とはどのようなものだろうか

　裁判には，大きく分けて，民事裁判と刑事裁判とがあります。その手続の詳細は，本書第Ⅱ部第14章と第15章で説明されていますので，ここではごく簡単にその概要だけを説明します。

1　民事裁判
(1)　民事裁判・民事調停

　民事裁判というのは，貸したお金を返してくれないとか，部屋を貸したのに家賃を払ってくれないといった，私たちの日常生活に起こる法律上の争いを解決する制度です。裁判は，裁判所にある法廷という部屋で行われます。法廷では，イラスト1のように，法廷の中央奥に裁判官（一人の場合と複数の場合があります）が座ります。その

◆イラスト1：民事裁判の法廷

手前に，裁判の記録をとる裁判所書記官が座ります。場合によってはその隣りに裁判所速記官が座ることもあります。そして，右手奥には，事件名を呼び上げたり，当事者や代理人の出廷を確認したりする裁判所事務官が座ります。民事裁判では，訴えた方を原告，訴えられた方を被告といいますが，傍聴席から見て法廷の左側に原告やその

代理人が，右側に被告やその代理人が座ります。
なお，民事裁判では，イラスト1のような法廷の
ほか，イラスト2のように，裁判官と裁判所書記
官，当事者が円形ないし楕円形のテーブルを囲ん
で着席することができる「ラウンドテーブル法
廷」が利用されることもあります。また，民事裁
判においては，専門的な知識経験を持つ専門家
が，専門委員として，建築関係，医事関係，知的
財産権関係などに，裁判所のアドバイザー的な立
場から，専門的な事項に関する当事者の言い分や
証拠等について，裁判官にわかりやすく説明する
ために関与することがあります。

◆イラスト2：ラウンドテーブル法廷

　なお，「民事調停」という，お互いに譲り合って円満に紛争を解決するために，裁
判官と調停委員からなる調停委員会が仲介して，話合いによる紛争を解決を解決する
非公開の手続もあります。ただ，これは，裁判所が紛争の解決のためにその判断を示
すものではなく，あくまで当事者の自主的な紛争解決制度ですので，裁判とはいいま
せん。

(2) 家事審判・家事調停・人事訴訟

　家事審判・家事調停は，夫婦や親子関係・相続関係など，家族をめぐる争いを解決
する手続です。このような争いは，打ち解けた雰囲気の中で，できる限り他人には知
られないように解決することが大切ですから，家庭裁判所において，非公開で行われ
ます。審判では，未成年者の養子縁組の許可や後見人の選任，遺産分割というような
家族関係をめぐる事件について，裁判官が事情を調べて適切な判断を下しますので，
民事裁判の一種です。離婚，養育費，遺産分割のような夫婦や親族間の問題は，主と
して調停が行われ，裁判官（または調停官）と家事調停委員が当事者や関係者の言い
分をよく聴き，事情を調べた上，納得のいく，公平で妥当な解決ができるよう斡旋し
ます。調停で解決できなかった場合，養育費や遺産分割などについては，審判手続に
移り，離婚などについては人事訴訟を起こすことになります。とくに，離婚や認知の
訴えなど，一定の事件については，訴えを提起する前には調停を経なければならない
とする，調停前置主義がとられています。

　家庭裁判所では，民間の有識者から選任され，名の変更，戸籍訂正，未成年者の養
子縁組の許可などの家事審判事件や，離婚などの人事訴訟事件に立ち会って，意見を

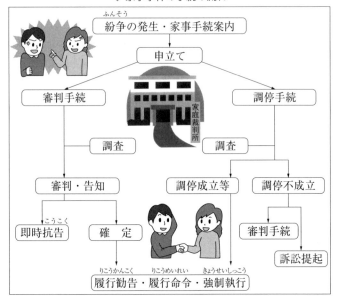

◆ 家事事件の手続の流れ

紛争の発生・家事手続案内

申立て

審判手続　　　　調停手続

家庭裁判所

調査　　　　　　調査

審判・告知　　調停成立等　　調停不成立

即時抗告　　確　定　　　　　　審判手続

訴訟提起

履行勧告・履行命令・強制執行

述べたりする参与員や，家庭裁判所調査官といって，子供の養育状況などに関する調査を行ったり，少年事件で，少年が非行に至った動機や経緯，生育歴，性格，生活環境などの調査をしたりする裁判所職員が関与することがあります。

2　行政訴訟

　民事裁判の一種に行政訴訟があります。行政訴訟は，国や地方公共団体などの行政機関が法律に違反するなどして，国民の権利を損なった場合などに，その誤りを正すための裁判手続です。その手続は，行政事件訴訟法という法律に定められており，行政訴訟に固有の事項については条文で規定していますが，この法律に規定がない事項については，民事訴訟の例によることになっています（行政事件訴訟法7条）。

3　刑事裁判
(1)　刑事裁判一般
　例えば，どこかの家に泥棒が入り，お金や物を盗んで家の人にけがをさせたとしましょう。警察官は，こうした犯罪を捜査し，ある人を犯人だと判断すると，検察官に報告します。検察官は，さらに捜査し，処罰を求める必要があると判断すると，その人を裁判所に起訴します。これを**公訴の提起**といいます。

◆ イラスト3：刑事裁判の法廷

　裁判所では，検察官と起訴された人（被告人）やこれを弁護する弁護士の言い分を
よく聴き，それぞれの側から出された証拠を調べ，被告人が本当に犯人であるかどう
かを判断します。犯人ではないと判断した場合，あるいは，犯人であるとの確信を持
てない場合には被告人に無罪の判決を言い渡しますが，犯人に間違いないということ
になれば，裁判所は，被告人に有罪の判決をし，犯した犯罪に対応する刑罰を言い渡
します。

　なお，2008年12月1日から**被害者参加制度**が始まりました。これによって，被害
者本人や，被害者が亡くなっている場合には，その一定の範囲の親族は，裁判所の決
定により，公判期日に出席し，被告人に質問したり，証人を尋問することなど刑事裁
判に直接参加することができるようになりました。

　刑事裁判の法廷は，イラスト3のように，関係者の座る位置が民事裁判とは若干
違っています。裁判官や裁判所書記官の座る位置は変わりませんが，民事裁判では，
訴えを提起する原告が，傍聴席から見て左側に座るのに対して，刑事裁判では，公訴
を提起する検察官は右側に座ります。また，民事裁判では裁判所事務官は向かって右
奥に座りますが，刑事裁判では左奥に座ります。また，刑事裁判でも，当事者の陳述
や，証人の証言などを速記するために，裁判所書記官の隣りに，裁判所速記官が座る
ことがあります。

(2)　裁判員制度

　刑事裁判に特有のものとして，**裁判員制度**があります。これは，2009年5月21日
にスタートした制度であり，国民が地方裁判所の刑事裁判に参加し，被告人が有罪か
無罪か，有罪の場合どのような刑罰を科すかを，裁判官と一緒に決める制度です。こ
の制度の対象となるのは，殺人や強盗致死傷，傷害致死，危険運転致死，現住建造物

◆ 少年事件の手続の流れ

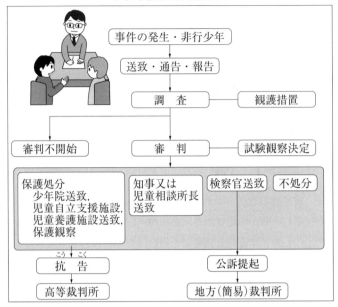

放火，身代金目的誘拐といった人の生命に関わるような重大事件が中心ですが，財産上の利益を得る目的で覚醒剤を密輸入した場合などもその対象になります。裁判員裁判は，地方裁判所で行われる刑事事件が対象になり，刑事裁判の控訴審・上告審や民事事件，少年審判等は対象にはなりません。

(3) **少年審判**

　家庭裁判所では，非行少年，つまり罪を犯した少年や罪を犯すおそれのある少年などについて，調査，審判をします。調査や審判は，保護者にも出席を求めて，非公開の手続で，和やかな中にも，非行について反省を促すよう相応の厳しさのある雰囲気の下に行われます。そこでは，その少年が本当に過ちを犯したかどうかということだけでなく，どうしてそのような過ちを犯したかという事情もよく調べた上で，再び過ちを犯すことがないよう，本人にとって最も適した措置が決められます。なお，2008年12月15日から，一定の重大事件の被害者やその遺族が，裁判所の許可により，少年審判を傍聴できる制度が始まりました。

◆ 裁判所の種類

最高裁判所	大法廷(1) （15人の合議制）	小法廷(3) （各5人の合議制）
	高等裁判所の裁判に対してされた不服申立て（上告等）を取り扱う最上級，最終の裁判所です。	

↑上告　　↑上告　　↑特別抗告・再抗告　　↑上告

高等裁判所	（3人の合議制）
【本庁8（支部6）】 東京（＊知的財産），大阪，名古屋（金沢），広島（岡山・松江），福岡（宮崎・那覇），仙台（秋田），札幌，高松	地方裁判所，家庭裁判所，簡易裁判所の裁判に対してされた不服申立て（控訴等）を取り扱います。 ＊知的財産高等裁判所は，東京高等裁判所の特別の支部として設けられています。

↑控訴　　↑上告　　↑控訴　刑事　　↑抗告　家事・少年　　↑控訴　人事訴訟

地方裁判所	
（1人制または3人の合議制） ＊裁判員裁判では，原則裁判官3人，裁判員6人の合議制	
【本庁50】 都道府県庁のある47ヵ所のほか函館，旭川，釧路の3ヵ所 【支部203】	民事事件，刑事事件の第一審を簡易裁判所と分担して取り扱います。

家庭裁判所	
（1人制または3人の合議制）	
【本庁50】 都道府県庁のある47ヵ所のほか函館，旭川，釧路の3ヵ所 【支部203】 【出張所77】	家事事件，少年事件，人事訴訟事件などを取り扱います。

↑控訴　民事

簡易裁判所	（1人制）
【438】	争いとなっている金額が比較的少額の民事事件と比較的軽い罪の刑事事件のほか，民事調停も取り扱います。

● VI　わが国の裁判所にはどのようなものがあるのだろうか

　裁判は，裁判所という国家機関によって行なわれますが，わが国には，そのような裁判所としては，全国に1ヵ所の最高裁判所，8ヵ所（6支部）の高等裁判所，50ヵ所（203支部）の地方裁判所，50ヵ所（203支部，77出張所）の家庭裁判所，438ヵ所の簡易裁判所という5種類があり，それぞれ役割分担がされており，そこでは，様々な人々が裁判に関連していろいろな活動をしています（⇒第5章）。

　事件の内容によりますが，まず最初に，簡易裁判所または地方裁判所・家庭裁判所で最初の裁判（第1審）が行われます。その裁判に納得がいかないときは，上級の裁判所に不服を申し立てることができます（第2審）。その裁判に憲法違反など特別の理由があるときには，さらに上級の裁判所に不服を申し立てることができます（第3審）。これを**三審制**といいます。この第3審を担当する審級を**上告審**といいますが，民事訴訟では，第1審が簡易裁判所の時は上告審は高等裁判所，地方裁判所や家庭裁判所が第1審であるときは上告審は最高裁判所になります。それに対して，刑事訴訟では，第1審が簡易裁判所の時は，控訴は高等裁判所に対してすることになっており，これによって，第3審は，必ず最高裁判所によって審理・判断がなされるようになっています。

◆ もっと学ぼう

　本章に関連してさらなる学習をする上での参考文献として，以下の三冊をあげておきます。市川正人＝酒巻匡＝山本和彦『現代の裁判〔第8版〕（有斐閣アルマ）』（有斐閣，2022年）は，裁判制度の概要はもちろん，さまざまな法律家も含めて，必要かつ十分な内容が書かれていますので，裁判法というものの概要を知るためには最適だと思います。また，木佐茂男＝宮澤節生＝佐藤鉄男＝川嶋四郎＝水谷規男＝上石圭一『テキストブック現代司法〔第6版〕』（日本評論社，2015年）は，とくに現代のわが国の司法制度に内在するさまざまな問題が明確に指摘されていますので，司法制度というものをもう一歩立ち入って深く考えるための適切な案内書だといえるでしょう。さらに，兼子一＝竹下守夫『裁判法〔第4版第2刷（補訂）〕』（有斐閣，2002年）があります。これは，民事訴訟法の大家による裁判法の体系書であり，少し難しいですが，裁判に関する制度を一通り学んだ人が，さらに深くわが国の裁判制度について考える上で，是非とも読んでもらいたい本です。

◆第 3 章◆

法 の 解 釈

「このはし渡るべからず」という一休さんのとんち話をご存知でしょうか。

　店の前の橋に「このはし(橋)渡るべからず」という看板を立てた桔梗屋さんに対して，「このはし(端)を渡らなければいいんですね」と切り返した一休さんが，堂々と橋の真ん中を渡ったというお話です。法の解釈も，このとんち話と似たようなところがありますが，「うまい！　一本取られた！」という一休さんのような解釈ばかりでは困ってしまいますよね。

　それでは，法は一体どのようにして解釈すればよいのでしょうか。本章では「法の解釈」について考えていきたいと思います。

● I　法的に判断するってどういうこと？ ── 法的判断の基本構造

1　法的な三段論法

　法は通常，法は，「○○ならば，△△」というかたちで示されます。例えば，刑法199条は，「人を殺した者は，死刑又は無期若しくは五年以上の懲役に処する」と定めていますが，このうち，「○○ならば」に該当する部分が「人を殺した者」であり，これを**要件（法律要件）**といいます。そして「△△」に該当する部分が，「死刑又は無期若しくは五年以上の懲役に処する」であり，これを**効果（法律効果）**といいます。

　法を「適用」するというのは，法が定める要件に照らし合わせて，具体的な事件における事実を評価し，定められた効果を導き出すという作業です。

　論理的な推論の方法として，大前提と小前提から結論を導き出す論理操作があります。これを三段論法といいます。例えば，「すべての生物は死ぬ」という大前提と，

「犬は生物である」という小前提から,「すべての犬は死ぬ」という結論を導きます。法的な判断もこれと同様の形式であることから,**法的三段論法**といわれることがあります。

◆ 表：法的三段論法

大前提	①適用される法規範	「○○ならば」という要件を満たす場合,「△△」という効果が生じるという内容の法律。
小前提	②具体的な事件における事実	当該事件には,○○という事実がある。
結論	③法規範への事実の当てはめ	したがって,△△という効果が生じる。

　もっとも,法的三段論法がそのままのかたちでは妥当しない事案も少なくありません。例えば,刑法 35 条は「法令又は正当な業務による行為は,罰しない。」とあり,表の①の例外的場面を規定しています。そのため,刑法 199 条の殺人罪に該当する場合であっても,刑法 35 条の要件に該当する場合には,「死刑又は無期若しくは五年以上の懲役に処する」という結論には至りません。正当防衛（刑法 36 条）や,心神喪失者（刑法 39 条 1 項）の場合などにも,行為者は罰せられることはありません。刑法に限らず,この種の規定は各種の法律に存在していますが,まずは法的判断の基本形として,この法的三段論法を押さえておいてください。

　そして,法を「解釈」するというのは,①の法規範の具体的な意味内容を明らかにするという作業です。以下では,どのように法を解釈するのかについて見ていきますが,実際に法を「適用」する際には,②の具体的事実は何かということを確定すること（**事実認定**）が非常に重要であることにも留意してください。

■ コラム 6　事実認定の重要性

　裁判所に持ち込まれる事件の多くは,適用される法の意味内容をめぐって対立しているというよりはむしろ,「お金を貸した」,「いや貸していない」とか,「わざと怪我をさせた」,「いや意図的ではない」といったように,事実関係をめぐって対立している場合が大半です。裁判所が法を適用するために,法規範が定めている「要件」に該当する事実の有無を認定し,確定させなければなりません（表の②の部分）。これを**事実認定**といいます。

　裁判所が事実認定をするために,当事者が主張,立証活動をしていきますが,事実認定には一定のルールが決まっています。詳細は民事訴訟法（⇒第 14 章）や刑事訴訟法（⇒第 15 章）で学びますが,誰が事実を証明する責任を負うのかをあらかじめ決めておき,その証明責任を負う側が,事実の存在を裁判所に対して証明できなかった場合に不利益を受ける（裁判で負ける）というのが基本になります。

　なお,法令によって一定の事実があると「みなす」ことで事実を確定させることや,法令のなかで一定の事実を「推定」し,それを覆す立証がなされない限り,その事実がある

とすることもあります。前者の例として，民法721条「胎児は，損害賠償の請求権については，既に生まれたものとみなす」を，後者の例として，民法772条1項「妻が婚姻中に懐胎した子は，夫の子と推定する」を挙げることができます。

2　法の解釈が必要となるとき

法の解釈は，具体的事実に適用される法令の条文を特定することから始まります。一見すると，ある事実に適用されるようにも思われる条文は複数あることは少なくないですし，ある条文がある事実を包摂するものであるかどうかについて解釈が分かれることもありますが，出発点は，条文を特定し，それを読むことです。

日本の法令は日本語で書かれていますから，条文を素直に読んで誰もが理解できるような場合には，それに即して解釈すればよく（これを**文理解釈**と言います），特に解釈をめぐる対立は生じません。例えば最近，民法4条が改正されて「年齢20歳をもって，成年とする」から，「年齢18歳をもって，成年とする」に変更されました（施行は2022年4月1日からです）。この民法4条のように明確な条文の場合には，解釈をめぐって対立することはほとんどありませんので，そのまま文理どおりの意味で理解しても不都合はありません。

ただし，法で用いられている文言や語句には，日常的な意味とは異なるテクニカル・ターム（専門用語）としての意味がある場合が少なくありませんので，注意してください。

法解釈が必要になるのは，法令の規定が抽象的であるために，複数の意味が合理的に成立する場合や，具体的事実に適用できる法令が欠けているような場合，あるいは文字通りに理解してしまうと著しく不正義・不公平であるような場合です。

■ **コラム7　紛らわしい法令用語**

法令で用いられる言葉のなかには，日常用語と同じ語句を用いていながら，特別の意味が与えられている場合があります。代表的な例として「善意」と「悪意」があります。日常用語では，善意は「よい心」とか「親切心」，悪意は「悪い心」とか「邪な気持ちがある」といった意味で用いられますが，法令用語ではそうした道徳的な意味を含まずに，単に事情を知っていたか否かという意味で用いられます。その他，日常用語で「社員」といえば，○○会社に勤める会社員のことを思い浮かべるのが一般的でしょう。しかし法令用語としての社員は，一定の目的をもって設立された団体（社団）の構成員のことであり，会社でいえば株主のことを指します。

「法学の勉強は外国語に近い」と言われることがあるのは，こういう事情があるからです。和製英語がネイティブスピーカーに通じなかったという経験がある人もいるかと思いますが，それと事情は似ているかもしれません。法学でも，日常用語と同じ意味なのかに注意しながら勉強するとよいでしょう。

3　法令の一般性・抽象性

　ここで，法の解釈をめぐって対立が起きないように，法令の文言を具体的に分かりやすく書けばいいのではないか，と思われるでしょう。

　確かに法は私たちの社会のルールですから（⇒第1章Ⅴ），ルールが分かりやすいに越したことはありません。しかし，いくら明確に書こうと思っても，言語を用いて表現できることには限界があり，解釈が分かれる場面はどうしても生じてしまいます。例えば，先ほど殺人罪を規定する刑法199条を挙げましたが，「人を殺した者」という，一見するとわかりやすい部分ですら，「胎児は人なのか」，「人でないとすればいつから人になるのか」，「いかなる状態が死なのか」，「脳死は死なのか」，「宇宙人がいたとして，宇宙人殺しも殺人になるのか」といった具合に，解釈が求められる場面が存在します。また，解釈が分かれないように具体的に書こうとすればするほど，法文は長文化してしまい，何を言っているのか一読して理解することが困難になってしまうという事態が生じかねません。

　また法を，不特定多数の人に対して一般的に，不特定多数の場面を想定して抽象的に制定することには積極的な意義があります。それによって，法が適用される対象が特定された恣意的な内容となることを防ぐことができますし，その適用においても，分け隔てのない平等な適用を確保できるからです。

● Ⅱ　どうやって法を解釈・適用するの？

　条文の文理解釈だけでは，その意味が不明確であったり，解釈が分かれてしまったりする場合には，条文それ自体に加えて，様々な事柄に目配りすることが必要になります。

1　個々の条文から法令全体へ

　まず，具体的事実に適用される個々の条文だけではなく，その法令の全体を見てみましょう。

　法は基本的にパンデクテン方式で編纂されますので，その法の全体に関わるような基本原則などの総則的な部分は前の方に配置されるということは，第1章Ⅳで勉強しましたね（⇒また，第9章Ⅰも参照）。その法の目的規定や趣旨規定，用いられる言葉についての定義規定を設けている立法例も少なくありませんので，具体的に適用される条文だけでなく，そうした規定にも忘れずに目を向けることが大切です。

それでも適用条文の意味が明らかにならないときは，さらに適用条文がその法令のなかでどのように位置づけられているのかといった法令全体の仕組みのなかからその意味を探ったり，立法者がどのような意図をもって条文を起草したのかなどに視野を広げていってください。

　なお，法令のなかには，条文をどのように解釈するべきかについて明文で指示を出している場合もあります（**解釈規定**）。例えば，民法2条は「この法律は，個人の尊厳と両性の本質的平等を旨として，解釈しなければならない。」と定めていますし，地方自治法2条12項前段も，「地方公共団体に関する法令の規定は，地方自治の本旨に基づいて，かつ，国と地方公共団体との適切な役割分担を踏まえて，これを解釈し，及び運用するようにしなければならない。」と定めています。こうした規定がある場合には，それに沿った解釈が求められることになります。

2　法令から他の法令へ

　具体的事実に適用される条文が定められている法令から飛び出して，ほかの法令に目を向けることが必要なときもあります。そこでは，同一の法形式（法律と法律，条例と条例など）と比較して，類似した場面にどのような規定が設けられているかといったことを確認するだけでなく，上位法や下位法との関係の確認なども行われます。上位の法令を踏まえたうえで下位の法令の条文を解釈することが求められる場面もあるからです。さらに，下位法によってその条文の内容が具体化されている場合も少なくありません。

　具体例（最判平成24年12月7日刑集66巻12号1337頁）を出しながら，このことを確認してみましょう。

　国家公務員法102条1項は，「職員は，政党又は政治的目的のために，寄附金その他の利益を求め，若しくは受領し，又は何らの方法を以てするを問わず，これらの行為に関与し，あるいは選挙権の行使を除く外，人事院規則で定める政治的行為をしてはならない。」と定めています。この規定は，禁止される政治的行為の具体的内容を，人事院規則という法律よりも下位の法令である命令に委任しています。そのため，人事院規則まで見なければ何が禁止されているのかわかりません。これが，「下位法によってその条文の内容が具体化されている場合」に該当します。

　他方で最高裁判所は，国家公務員の政治的行為を禁止することは，憲法21条1項の表現の自由によって保障される公務員が国民として行う政治活動の自由を制限するものであることに注意を喚起します。表現の自由の重要性などを踏まえると，政治的

行為に対する制約は，必要やむを得ない限度にその範囲が画されるべきであるとして，次のように述べました。

　　同項にいう「政治的行為」とは，<u>公務員の職務の遂行の政治的中立性を損なうおそれが，観念的なものにとどまらず，現実的に起こり得るものとして実質的に認められるもの</u>を指し，同項はそのような行為の類型の具体的な定めを人事院規則に委任したものと解するのが相当である。そして，その委任に基づいて定められた本規則も，このような同項の委任の範囲内において，公務員の職務の遂行の政治的中立性を損なうおそれが実質的に認められる行為の類型を規定したものと解すべきである。

　このように最高裁判所は，法律よりも上位の法令である憲法を踏まえたうえで，下位の法令である国家公務員法102条1項の規定を解釈し，条文には書かれていなかった要請（下線部分）を導き出したのです。そしてその解釈が，この法律の規定の委任によって制定された人事院規則の解釈にも影響を及ぼすとしているのです。

3　解釈の手法

　このように，条文の解釈は，定義規定や目的規定も踏まえながら，そこで用いられている言葉の日常的な意味を文理に沿って解釈するということだけにとどまらず，その法令の他の条文との関係・位置づけ，立法された理由・意図，他の法令との関係なども参照しながら明らかにしていくことが求められる場合もあります。

　そして，これらの諸事情を参照しながら，条文がどのように解釈されたのかに応じて，次のように整理することが可能です。

⑴　拡張解釈と縮小解釈

　条文の意味を，上記の諸事情を参照しながら，言葉の日常的な意味よりも広げて解釈する場合を**拡張解釈**，狭めて理解する場合を**縮小解釈**と言います。

　拡張解釈の例としては，非番の日の警察官が制服を着用して強盗に及んだという事件を挙げることができます。この警察官に対して国家賠償請求訴訟が提起されました。国家賠償法1条1項は，「国又は公共団体の公権力の行使に当る公務員が，その職務を行うについて，故意又は過失によつて違法に他人に損害を加えたときは，国又は公共団体が，これを賠償する責に任ずる。」と規定しており，この警察官は「その職務を行うについて」強盗に及んだわけではありませんから，国や公共団体は賠償しなくてもよいようにも見えます。しかし最高裁判所は，同法1条1項の「その職務を行うについて」の意味につき，「客観的に職務執行の外観をそなえる行為」も含まれるとして国家賠償を認めました（最判昭和31・11・30民集10巻11号1502頁）。

縮小解釈の例としては，憲法9条2項が保持することを禁止する「戦力」につい
て，日本が独立国である以上，憲法9条は主権国家としての固有の自衛権を否定して
おらず，自衛権が否定されない以上，その行使を裏づける「自衛のための必要最小限
度の実力」は保持できるとして，「自衛のための必要最小限度の実力」は保持するこ
とが禁止される「戦力」には含まれないとしている政府解釈を挙げることができま
す。その他，先に挙げた国家公務員法102条1項の「政治的行為」について，「公務
員の職務の遂行の政治的中立性を損なうおそれが，観念的なものにとどまらず，現実
的に起こり得るものとして実質的に認められるもの」という限定を加えた解釈も，縮
小解釈の例に挙げることができるでしょう。

(2) 反対解釈と類推解釈

　ある事項について明文の規定が欠けていると考えられる場合の解釈の方法が，**反
対解釈**と**類推解釈**です。

　反対解釈は，条文に書かれていることを基にしつつ，上記の諸事情を参照しなが
ら，書かれていない逆の意味を導き出すという解釈手法です。その例として，憲法
31条は「何人も，法律の定める手続によらなければ，その生命若しくは自由を奪は
れ，又はその他の刑罰を科せられない」と定めていますが，これは法律の定める手続
であれば人の「生命」を奪うことも許されると解釈して，死刑は憲法に違反しないと
した最高裁判決（最大判昭和23年3月12日刑集2巻3号191頁）を挙げることができ
ます。

　類推解釈は，ある事項について明文の規定が欠けている一方で，それと似通った別
の事項については明文の規定が存在しているときに，上記の諸事情を参照しながら，
両者の類似性を根拠に，前者についても後者の規定を適用（**類推適用**）するという手
法です。再び憲法31条を例にすれば，「何人も，法律の定める手続によらなければ，
その生命若しくは自由を奪はれ，又はその他の刑罰を科せられない」という規定は刑
事手続について定めたものです。しかし，行政手続も「刑罰」と同じように人々の自
由を制限するのだから，この規定の保障を及ぼすべきであるとした最高裁判決（最大
判平成4年7月1日民集46巻5号437頁）を挙げることができます（ただし，まったく同
じ程度に保障が及ぶわけではなく，「同条による保障が及ぶと解すべき場合であっても，一般
に，行政手続は，刑事手続とその性質においておのずから差異があり，また，行政目的に応
じて多種多様であるから，行政処分の相手方に事前の告知，弁解，防御の機会を与えるかど
うかは，行政処分により制限を受ける権利利益の内容，性質，制限の程度，行政処分により
達成しようとする公益の内容，程度，緊急性等を総合較量して決定されるべきものであって，

常に必ずそのような機会を与えることを必要とするものではないと解するのが相当である」
とされていることには注意が必要です）。

(3) 反制定法解釈

ごくまれではありますが，条文の意味内容は不明確ではないものの，それを具体的
事実に適用すると著しく妥当ではないと考えられる場合に，条文に文理に反した解釈
が行われることがあります。これを**反制定法解釈**といいますが，その有名な例が，
利息制限法の事案です。

利息制限法は，一定利率を超える利息の契約が，その超過部分を無効にすると定め
ていますが（1条），かつて，その超過部分について任意に支払われた場合には返還
を請求できないと規定していました（同法旧1条2項「債務者は，前項の超過部分を任意
に支払つたときは，同項の規定にかかわらず，その返還を請求することができない」）。しか
し最高裁判所は，この超過した任意支払い部分について，「債務者が任意に支払つた
制限超過部分は残存元本に充当されるものと解することは，経済的弱者の地位にある
債務者の保護を主たる目的とする本法の立法趣旨に合致するものである」として，利
息制限法の規定にもかかわらず，制限を超えて任意に支払われた利息の分を無効とせ
ずに，元本に充当することを認めました（最判昭和39年11月18日民集18巻9号1868
頁）。さらに，その結果として過払い金が発生した場合には，利息制限法1条2項の
規定にかかわらず，不当利得返還請求が認められるとしたのです（最判昭和43年11
月13日民集22巻12号2526頁）。

反制定法解釈は，ある意味で裁判所が立法しているという側面がありますから，原
則として認められません。しかし，この事例のように例外的に採用されることもない
わけではありません。

4　法解釈の方法を選ぶ

以上，様々な法解釈の方法を見てきましたが，それらの中からどのようにして解釈
方法を選択すればよいのでしょうか。

(1) 法解釈論争

かつて，法を解釈するというのは，「法の意味を客観的に認識すること」であり，
裁判官や解釈者は，「法の意味を科学的に発見している」という理解が通説でした。

1950年代，このような理解に対する民法学者の来栖三郎先生（1912〜1998年）の批
判を契機として起こったのが〔第一次〕**法解釈論争**です。来栖先生は，法解釈とは，
複数ありうる解釈のうち，解釈者の選択によって選ばれる主観的な作用であって，客

観的かつ一義的に「正しい」意味を認識する作用ではない，と主張しました。それにもかかわらず法律家が，自らの解釈を客観的な認識の結果であるかのように装って主張するのは，「威武高」で，「気が弱く」「虚偽で無責任」であり，自らの解釈に対する政治的責任を放棄するものであると手厳しく批判したのです（来栖三郎「法の解釈と法律家」『来栖三郎著作集 I』(信山社, 2004 年) 73 頁 (初出は，『私法』11 号 16 頁 (1954 年))。この批判は，当時大変大きな反響を呼びました。

(2) 結論よりも理由を大切に

法解釈論争を経て，現在では，法の解釈が解釈者の主観的な価値判断の側面を有することは誰もが認めることになっています。しかしだからといって，解釈者の主観にすべてを委ねてよいということになるわけではありません。「俺はこう思うからこう解釈するのだ！」という態度で法を解釈してもよいとは誰も考えないでしょう。

法は社会生活のルールですから，法が恣意的に解釈適用されてしまっては，社会生活は大混乱に陥ってしまいます。大切なことは，なぜその法解釈が妥当であるのかについて説得的な理由を提示して自らの法解釈を正当化し，人々を納得させることです。法解釈は単なる思いつきではいけません。法学においては，結論もさることながら，結論に至る理由こそが重要なのです。

■ **コラム8 法分野ごとの解釈の「流儀」**

法分野によっては，一定の解釈方法が許されないとされる場合があります。例えば，刑法の基本原則として，ある行為を処罰するには，あらかじめ法律によって，その行為を犯罪として定め，いかなる刑罰が科せられるかを定めていなければならないという**罪刑法定主義**があります（⇒第 12 章Ⅶ 2）。この原則に照らし，刑事法の分野では，罪を犯したとして裁判にかけられている被告人にとって不利になるような類推解釈は許されないことになります。

これに対して，民事法の分野では，紛争の妥当な解決が目指されますから，法の解釈の場面でも，対立しあう利益を**比較考量（比較衡量）**しながら，結論としての妥当性を踏まえた目的的解釈が採用されることが少なくありません。

また，憲法の解釈の場合，規定のしかたが他の法令と比べて極めて抽象的で，また，憲法改正が困難で社会の変化に応じた改正が難しいということもあるため，文理解釈よりも趣旨や目的を重視した解釈が強く求められるとされます（⇒なお人権を制約する法令の合憲性を審査する方法に関しては，第 7 章Ⅴ 2 を参照）。

このように，法分野ごとに解釈の流儀があります。詳しくは個々の法分野で勉強することになりますが，「流儀」に注意しながら勉強していくと理解が進むでしょう。

● Ⅲ　誰が法を解釈・適用するの？ ── 有権解釈の主体の主体

　以上，法を解釈・適用することについて見てきましたが，最後に，誰が法を解釈・適用するのかについて見ておこうと思います。

　法の解釈を行う権限のある機関が行った実効性を有する法解釈のことを**有権解釈**ないし**公権的解釈**といいます。裁判所，とくに最高裁判所が有権解釈の権限を有する機関であるということには特に異論はないでしょう。

　しかし，裁判所は，すべての法の意味について有権解釈を示せるわけではありません。裁判所の有する司法権（憲法76条1項）は，「当事者間の具体的な権利義務ないし法律関係の存否に関する紛争であって，且つそれが法律の適用によって終局的に解決し得べきもの」という「法律上の争訟」を裁判する権限です（最判昭和28年11月17日行集4巻11号2760頁）。そのため，いつでも「裁判所としてはこう考える」という法解釈を提示できるわけではないからです。

　その意味で，行政機関の解釈が重要になります。詳しくは第8章Ⅱで説明しますが，行政機関は，命令を制定したり，上位の行政機関が下位の行政機関に対して通達を出したりするなどして，法解釈の統一を試みながら，日々，法律を適用し執行を行っているからです。さらに，行政機関の法解釈に基づいて行われた行為や処分は，裁判所によって間違っている（違法である）と判断される可能性はありますが，「行政処分は，たとえ違法なものであっても，その違法が重大かつ明白で当該処分を当然無効ならしめるものと認むべき場合を除いては，適法に取り消されない限り完全にその効力を有するものと解するべき」とされており（最判昭和30年12月26日民集9巻14号2070頁。このことを行政処分の**公定力**と言います。⇒第8章Ⅲ2），現実に有するインパクトは大変大きいものになります。

　これに対して，私人が行う法解釈には，それに従わせる拘束力は発生しませんので，有権解釈ではないということになります。しかし，学者や法律家が行う法解釈は，裁判所や行政機関の法解釈に影響を与えることもあります。

◆ もっと学ぼう

　本章の参考文献として，そしてさらなる学修のためにお勧めする文献として，①内閣の法令解釈を補佐することを仕事とする内閣法制局（⇒第6章コラム *14*）の長官を永く務めた著者による林修三『法令解釈の常識』（日本評論社，1959年），②法哲学の観点から法解釈について分析する笹倉秀夫『法解釈講義』（東京大学出版会，2009年），③参議院法制局の実務家

で，バランスよく，かつ詳細に法律学の全体を俯瞰する川﨑政司『法律学の基礎技法〔第 2 版〕』（法律文化社，2013 年）の 3 冊を挙げたいと思います。

◆第 4 章◆
法 の 分 類

　法律にはどのような種類があり，それぞれどのような性質で分類されているでしょうか。日本国内で施行されている法律は多数あります。ほぼ毎年，100 件を超えるほどの法律が成立しており，現行法律は約 2,200 件（政令は約 3,000 件，府省令は約 4,000 件）にのぼるといわれています（⇒第 1・6 章参照）。法律学を学ぶうえで，これらの多数の法律をやみくもに網羅しようとすれば，道に迷ってしまうことになります。

　そこで，本章では，法律の分類を学ぶことで，法律学の全体像や体系を少しでも捉えやすくすることを試みたいと思います。

● I　代表的な法律を知ろう ── 六法

　まず，「六法」「六法全書」という言葉を聞いたことがあるでしょうか。**六法**とは，憲法・民法・刑法・商法・民事訴訟法・刑事訴訟法の 6 つの法典をさします。これらは，基本法とよばれ，日本が明治期に近代法典の編纂に取り組み始めてから，最も早くに成立した代表的かつ主要な法律です。本書の第Ⅱ部も，これに従って構成されています。

　転じて，現在，「六法」は，「六法全書」などとともに，一般的に，これら 6 つの法典を含めた法令を収録・編集した「法令集」という意味でも使われます。法律学は，成文法で成立した条文が，どのようなルールか考え，適用していく学問であり，条文を丸暗記するものではありません。英文学を学ぶ学生が英語の辞書を携えているように，法学を学ぶ学生は六法を携え，知らない条文が話題になったときには，まず六法をひき，条文を確認し，そのルールについて考えていくことになります。

● II　悪法は法か —— 実定法と自然法

1　悪法は法か

「悪法は法か」という問いに対して，皆さんはどのように答えますか。正式な手続を踏んで法律として成立したものの（⇒第6章参照），その内容が「悪法」と評価されるような場合，それは法といえるのでしょうか。「『悪法』と評価されるようなものが，国会で「法律」として成立するわけないよ！」と思う人がいるかもしれません。しかし，現実の歴史上，つい数十年前のある国では，精神的に障害をもつ人を安楽死させたり，特定の民族の人を収容し絶滅させたりすることを正当化するような法制化がなされた事実があります。そのようなものが法律として成立してしまった場合，国民は「法」であるとして悪法に従わなければいけないのでしょうか。また，やはり「悪法」だったとして評価が覆され法改正がなされた場合，悪法に従っていた者は事後的になんらかの制裁を受けるべきなのでしょうか（⇒遡及処罰の禁止について第12章Ⅶ2⑵(i)参照）。極限の設定ながら，手続上は正式な法律として成立しているにも関わらず，正義・人倫・自然の理に反する内容の法に対して，われわれはどのように対応すべきか考える必要があるでしょう。

2　実定法と自然法

これを紐解くヒントに，実定法と自然法という分類があります。**実定法**とは，特定の社会で実効性を有している法のことをさし，その基本的な存在形態は，制定法や慣習法であるとされます。法とはこの実定法をさすと考えれば，どんな内容であったとしても，立法されている以上，悪法も法律として尊重され，「悪法もまた法なり」という結論が導かれます。制定過程や法形式（手続）とそれがもたらす安定性を重視しているといえるでしょう。このような考え方を**法実証主義**ともいいます。

これに対して，自然法という概念を重視する考え方（**自然法思想**）もあります。**自然法**とは，人間の本性から生じる普遍的・客観的な法のことをさします。法律は自然法に大きく相反することは許されないという見解からすれば，法の内容を重視して，「悪法は法にあらず」という結論を導くことになるでしょう。悪法に対してより厳しい対応をもとめるべく，自然法にもとづいて抵抗権や抵抗義務を認める見解もあります。この考え方は，上記のような人道・人倫に反するような「悪法」が法律としてまかりとおることを防止できて一見よさそうにも見えます。しかし，一方で，立法・法的手続が軽視されているのではないかという点，悪法か否かは誰が判断するの

かという点，そもそも「普遍」的な価値観などあるのかという点などの問題も指摘されます（⇒法と道徳の違いについて，第1章参照）。

　法律学を学ぶうえで，自身が，どのようなものを「法」と認めて，守るべきかを考える端緒にしてみてください。

　では，ここからは，実定法の世界を中心にみていきましょう。

● Ⅲ　公法と私法 ── 公法・民事法・刑事法・社会法

1　公法・私法

　さて，代表的な法分類として，公法と私法という分類があります。各々がどのような性質のものかは，漢字から想像ができるかもしれません。

　公法とは，国家や公共団体に関するものを中心に，国家統治に関する法をさします。例えば，国家・行政機関の組織がどのように成り立っているかやそれら機関の相互関係に関するもの，さらには，それら国家行政機関と国民との関係はどのように規律されるかに関する法です。国と国民という統治・支配に関する法律であるため，比喩的に垂直の関係に関する法とも表現されます（ただし，近代的な憲法は，国民の権利を守るために国家権力を拘束するためにあるので，決して，国民が国に従うという意味ではありません。⇒第7章）。代表例は，憲法（⇒第7章）や行政法（⇒第8章）です。

　これに対して，**私法**とは，国民ないし市民・一般私人の相互関係を規律する法をさします。国家統治とは関係ないものということになります。代表例は，民法（⇒第9・10・11章参照）や商法（⇒第13章参照）です。

　詳細にいえば区別基準は諸説ありますが（例えば，その法律が保護しようとしている利益が公益か私益か，その法律が解決しようとしている法律関係の主体が国か私人かなど），そもそも，何故このような法の分類が必要なのでしょうか。

　歴史的には，最大の理由として，訴訟の管轄を決定する必要性があげられてきました。戦前の明治憲法のもとでは，通常の裁判所のほかに行政裁判所が設置されており，国と国民との公法秩序に関する争訟は行政裁判所でなされることになっていました。このため，どの裁判所でどの訴訟を扱うかという管轄を決定するため，公法秩序がなにか，公法という概念が必要でした。

　これに対して，現在は，新憲法のもと，行政裁判所が廃止されたため，その管轄の範囲を画するために公法を定義づける直接的な必要性は消滅しました。しかし，それでも，国と国民との関係は，国民相互・私人間とのそれとは異なり，各々に適した法

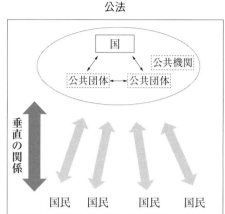

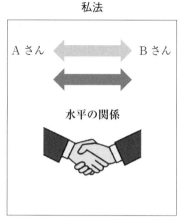

による規律が必要であるといわれています。

2 契約の締結と履行から考えてみよう —— 公法と私法の相違

　では，公法と私法とに分類される規律が，具体的には，どのような場面で，異なる帰結を生じさせるか，みてみましょう。

　まず，近代社会以後，市民間の世界においては，市民個人はそれぞれ自由・平等であり，その自由な意思こそが尊重されるものであり，個人を拘束し，権利義務関係を成り立たせるのは，個人の自由な意思にほかならないと考えられています（私的自治の原則⇒第9章Ⅵ参照）。その結果，私人が契約を締結するときには，契約を締結するか否か（機会），誰と締結するか（相手方），どんな内容にするかなど，当事者が自身の意思に従って自由にその契約を締結できます（契約自由の原則について⇒第9章Ⅵ参照）。これに対して，国や地方公共団体など公的な機関が関与して契約をする場合，すべてを自由にするというわけにはいかないことが考えられます。例えば，Aくんは自身の所有する土地をBさんに対して「あなたのことが嫌いだから」という理由で譲らないという選択をすることができます。しかし，公営企業である水道局は水道供給契約を申し込んできたCさんに対して，「あなたのことが嫌いだから」という理由では契約の締結を拒むことはできません（契約強制主義）。契約の一方当事者が公的な性質を有する存在であり，契約の内容も国民が生きていくうえで必要とするインフラであるため，私人間の契約とは異なる配慮が必要となるからです。

　また，債務を履行させる方法においても，考え方を異ならせるべき場面があります。私人間の関係においては，当事者自らが自分の力をもって相手方に債務を履行さ

せることは認められていません（自力救済の禁止，契約が守られなかった場合については第9章Ⅳ参照）。例えば，AくんがBくんに対して1か月後に返済してもらう約束で10万円を貸したところ，期日になっても返済してもらえない場合を想定してみましょう。Aくんは10万円を返してもらいたくても，Bくんの財布から勝手に10万円をとってもいいということにはなりません。なぜならば，そもそもAくんとBくんとの間に10万円の金銭消費貸借契約（⇒第9章Ⅵ参照）があったか不明ですし（Bくんは10万円を貸してもらったのではなく貰ったと主張するかもしれません），Bくんが財布の中に入れていたお金が本当にBくんのものかもわかりませんし（BくんがCくんから預かっているだけのお金かもしれません），無理やりとろうとしたら暴力沙汰になってしまい，物理的に腕力の強いものが支配する弱肉強食の世界になってしまうからです。その結果，私法においては，自由な法律関係が形成される一方で，当事者間で争いが生じた場合は，裁判所によって権利義務関係を確定させ，債務名義を取得して，国家権力による強制執行という手続により，権利を実現することになります。

　これに対して，公法が適用される一定の場面においては，裁判所という国家権力をとおさずに，債務の履行を強制させることができます。例えば，Aくんが税務署から所得税10万円を課税されたのに納税しなかった場合，どうなるでしょうか。税務署は，私法における債務不履行のときと同じように，裁判所に訴えることを要するでしょうか？　このとき，税務署長は，裁判を経ることなく，所定の督促などをした後であれば，Aくんの財産を差し押さえて（滞納処分），財産を一般に公売して，売り上げの中から10万円を税金として差し引くことができます。これは，国や公共団体の法的行為には，適法性が推定され，裁判によってくつがえされないかぎり公定力があることや，多くの国民との法律関係について全て裁判所に初めから判断を仰いでしまうと訴訟経済に影響がでることなどを理由としています。

　このように，場面によって，公法と私法のいずれが適用するか，それによって異なる結論を導くことがあります。

3　刑事法 —— 公法・民事法・刑事法

　なお，あらゆる法律が，必ず，公法か私法かに分類できるとはかぎらないことには注意しなければなりません。

　例えば，刑法（⇒第12章）や刑事訴訟法（⇒第15章）を中心とする**刑事法**は，国が犯罪者に対して刑罰を与えるという観点からみれば公法に属する性質のようにも思えます。しかし，窃盗罪など個人財産を保護法益とする場合や加害者と被害者という関

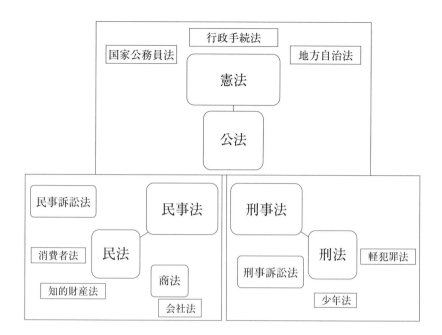

係者の構造からみれば私法と捉えることができなくはありません。このため，刑事法の世界を考えれば，公法・私法という２つの分類よりも，公法・民事法・刑事法という３つの分類の方が適切ともいえます。実際に，司法試験の試験科目は，このような３分類になっています。

4　近現代に発展してきた法分野 ── 社会法

さらに，公法と私法の中間的な性質をもつ形態の法として，「**社会法**」があります。具体的な代表例には，労働法や経済法があげられます。社会法分野は，なぜ，生まれたのでしょうか。

歴史を紐解けば，市民は市民革命により絶対王政から解放されました。これ以降，法の世界においても，市民個人が自由で独立した平等である存在として尊重されるべきという近代的価値観にもとづき，私人による自由・平等・独立が最も尊重され，これが大きく認められてきました。反射的に，国家の役割は，可能な限り小さいものにするべきと考えられてきました（夜警国家思想・近代社会における私法の優位性）。その結果，市民社会と経済社会は，私人が自由に意思を形成して発展しました。

しかし，この発展が，同時に，現実的な社会問題を発生させたのです。例えば，資

産家に比して低賃金で働く労働者など経済的弱者が生み出される問題や，自身の力では生き抜けず，国家が積極的に役割をはたさないと生存が困難となるひとたちの存在が指摘されはじめたのです（福祉国家の誕生・行政権の拡大）。このような自由主義的国家と市民法から生じる社会問題を解決する法分野として生み出されたのが，**社会法**です。社会法の諸法は，本来は当事者の自由に任せるべき分野であっても，その自然的な結果として経済的・社会的弱者が生み出される問題を是正し，かかる弱者の救済も目的としています。

例えば，最低賃金という言葉を聞いたことがあるでしょうか。皆さんがアルバイトをしているとしましょう。アルバイトの労働契約は，本来は，労働者と使用者とが対等な市民として扱われ，両者が納得していれば時給がいくらかは自由にきめてよいはずです（契約自由の原則⇒第9章Ⅵ参照）。しかし，現実には，使用者の方が，元々の経済力も実質的交渉力も圧倒的に高く，労働者の方が劣悪な労働条件に服せざるを得ないという状況が生まれてしまうのです。そこで，社会法のひとつである**労働法**（そのなかでも，労働契約法）は，その是正として，最低限の賃金を確保する法制により，労働者を保護しています。

公法・私法（公法・民事法・刑事法・社会法）の分類は，その具体的な相違がありつつも，問題となる法律関係の主体・性質・内容から，どのような解決を図るべきかを考えるときの一指標となります。

● Ⅳ　一般法と特別法

一般法と特別法という用語も学んでおきましょう。

1　一般法・特別法

一般法と特別法は，複数の法律間の相対的な関係性を示すための用語です。

すべての法的問題について1つの法律だけで規律することは，非常に困難です。そこで，法の世界では，まず，六法のような基本法を中心に原則的な規律をきめたのちに，目的や特殊性などに着目して，より「それ向き」に，各場面に即して必要かつ適切な具体的な法律へと規律を分化させます。このような，適用領域が広い法や法の定め方について抽象度の高い法のことを**一般法**とよび，これに対して，一般法に比べて適用領域の狭い法やより具体的に定められた法のことを**特別法**とよびます。原則的な場面を定めている法が一般法，より具体的な場面や例外を定めていく法が特別法

といってもよいでしょう。

　そして，ある同一の事項について複数の法律が規律を設けている場合，その適用順序は，特別法が一般法に優先します（⇒第1章参照）。特殊性にあわせて，「それ向き」すなわち，より一層適切な内容の規律として特別法があるためです。

2　売買契約・消費者問題・刑罰から考えてみよう
── 一般法から特別法へ

　では，具体例として，各分野における一般法と特別法をいくつかみてみましょう。

(1)　確定期売買から考えてみよう ── 民事売買から商事売買へ

　まず，取引の一般法である民法に対して，商取引に注目した商法は特別法ということになります。さらに，商取引の世界で，商いをおこなう商人一般に適用される商法を一般法として，商人のなかでも会社に適用される会社法は特別法ということになり，段階的かつ相対的な関係性になっています。

　一定期日に履行されないと契約の目的を達成できない売買を確定期売買といいます。例えば，クリスマスケーキを注文してクリスマス当日に受渡しを約束していたような，履行の日時がとても大切な契約をイメージしてみてください（一般的な売買契約については，⇒第9章参照）。確定期売買が期日までに履行されなかった場合，民法においては催告なしで解除できることが予定されていますが（民法542条1項4号），商人間というより具体的な当事者間における確定期売買が期日までに履行されなかった場合は，商法上，催告も解除の意思表示もなくして，自動的に解除がなされたとみなされます（商法525条）。民法の規律によると，解除の意思表示があるまでは遅れてでも契約を続行すべきか分からず相手方が不安定な立場になってしまいます。これに対して，商取引は，通常の民事取引よりも，反復継続して大量に行われるため，法律関係をより早期迅速に確定させる必要性があります。このため，一般的な確定期売買に関する民法の規律と商取引における確定期売買に関する商法の規律とでは，異なる取扱が生み出されます（民法と商法については，⇒第13章Ⅰ1・2参照）。

(2)　消費者問題から考えてみよう ── 民法から消費者法へ

　そのほか，私人間の契約関係についても，さまざまなシチュエーションによって規定を変える方が適切な場合があり得ます。例えば，同じネックレスの売買契約であっても，①Aさんが友人Bさんから買う場合，②AさんがB社から買う場合，③Aさんが家でくつろいでいるときに突然B社の販売員が訪問営業をかけてきて買う場合，各々，どのような問題が起きやすいか想像してみてください。いずれも国や公的組織

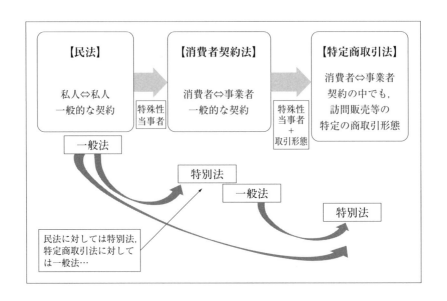

は関係ないので、私人間の話です。しかし、①にくらべて、②③の場面は、Aさんが平等・自由な意思によって契約を締結できるかは疑問です。つまり、①契約当事者の双方が完全に対等な個人対個人である場合に比べて、②③のように当事者の一方が消費者なのに他方が事業者である場合、契約当事者間には契約内容に対する情報・交渉力・判断能力等に格差があり、消費者が私的自治の原則を適用できるような真に自由な意思によって契約を締結できるかは少々疑問です。そこで、消費者と事業者との間で締結される契約については、**消費者契約法**という特別法によって、消費者保護を目的として、一般法である民法よりも緩やかな要件で、消費者が事後的に契約を取り消すことができるようにしたりしています。さらに、消費者が店頭でじっくり買い物を検討できる余裕があればまだましな方で、③のように、買い物をするつもりもなかったのに、事業者が不意打ち的にやってきた場合は、さらに消費者が困惑したりして、正常な判断ができない可能性があります。そこで、②の消費者と事業者という当事者の特徴に加えて、消費者にとって想定外の買い物をさせられる危険性の高い取引（例えば、訪問販売や電話勧誘販売など）については、**特定商取引法（特定商取引に関する法律）**という更なる特別法を設けて、クーリングオフなど消費者に有利な権利を定めることによって、①では認められないような消費者の契約からの一方的な離脱をできるようにしています。これらは、消費者法とよばれる分野を構成し、消費者の保護を目的とした一般法と特別法の法律群から成り立っています。

(3) 刑事法の世界で考えてみよう —— 刑法から少年法へ

刑事法の世界では，刑法（⇒第12章参照）や刑事訴訟法（⇒第15章参照）が基本法であり，一般法といえます。これに対して，少年法は，年少者を対象に，少年の刑事事件についての特則および少年の保護事件とよばれる非行少年の保護処分の要否や内容も規定していて，特別法に位置づけられます。例えば，少年法では，18・19歳の特定少年も含めて少年の事件は全て家庭裁判所に送られ，検察官ではなく家庭裁判所が処分を決定します。その後，年齢や事件内容の重大性によって20歳以上と同様に扱うかなど手続きが変わります。

このような相違は，少年法の対象者である年少者の特徴に起因しています。すなわち，年少者は，成年者に比べて，人間として未熟かつ発展途上にあります。このため，少年法は，年少者の健全な育成を目的として定められています。これを反映して，少年法は，年少者の犯罪や非行については，原則的には，処罰ではなく，教育的処遇・性格の矯正・環境の調整を行うことがより適当であるとして，さまざまな特則を設けているのです（少年法1条参照，一般法である刑法の目的については⇒第12章Ⅲ参照）。

このように，各法律は，それぞれの目的に適した規律により，それぞれの場面を規律しています。

● Ⅴ　実体法と手続法

さらに，実体法と手続法という分類もあります。**実体法**とは，法律関係の実体を規律して，法律の主体間の権利・義務の種類，発生・変動・消滅・効果自体を規律する法律のことをさします。債務不履行という状態に陥ったら損害賠償請求権が発生する，この犯罪の構成要件を満たしたら刑罰はこうなる，といった内容の法です。

これに対して，具体的事件に実体法を適用して，権利・義務を実現するための手続（訴訟または裁判手続）を規律する法律を，**手続法**とよびます。特に，訴訟にあたっては，いかなる手順と方法によって争うかが定められていなければ，公正な訴訟はできません。

実体法と手続法の両者は，目的と手段の関係とも表現されます。実体法によって定まる法律関係を実現するための法が手続法であります。実体法の中では，民法（⇒第9・10・11章）や商法（⇒第13章）が民事実体法であり，刑法（⇒第12章）は刑事実体法といえます。また，手続法の中においては，民事裁判については民事訴訟法（⇒

第14章），刑事裁判については刑事訴訟法（⇒第15章），行政については行政事件訴訟法といった各分野に対応する手続法が用意されています。

● Ⅵ　国内法と国際法

　さて，実定法を前提してきたことからもわかるように，ここまでは，ある国家の主権の範囲内において単独で制定され，その国内のみで効力を有している法である「国内法」の世界でした。

　しかし，現代は，経済の発達や交通手段の進歩がみられ，人・物ともに国境を越えて交流があります。このため，人の活動は，一つの国内だけでは，おさまりません。また，世界においては，国家を一人の人とみれば，国家と国家との交流があり，そこには国家単位での相互関係にもルールが必要になります。そこで，国内法に対比して「国際法」という分類も存在します。

　国際法（国際公法）とは，古くからいわれるような①国家間の合意に基づいて，国家間の関係を規定する法に加え，②主体を国家・国際組織・個人として，これらの関係性を規律する内容の「国際社会の法」を広くさします。具体的には，条約，国際機関が定立する諸規範，国際慣習法が該当します。内政不干渉の義務などは，国際慣習法の内容として有名かもしれません。

　これに対して，国内法における私法が該当するような場面，2つ以上の国の私人間で生じる相互関係（私法的生活関係）については，どのように解決すべきでしょうか。国際取引や国際結婚などが該当します。例えばA国民のaさんとB国民のbさんとが売買契約を締結したところ，その対象物に瑕疵があったとしましょう。このような事態に備えて，2人が事前に契約で取り決めをしていれば問題ありませんが，決めていなければA国法とB国法のいずれに従うべきでしょうか。このような複数の法秩序において生じた私的法律関係に適用すべき規律（準拠法）を決定する法分野のことを**国際私法**とよびます。国際私法の世界では，実は，国際条約に盛り込まれない限り，実体としては，いずれかの国内法に従っています。

　現在の国際社会においては，その構成員たる国家をまとめる超国家的な上級機関が存在しません。このため，全世界共通の法制度の構築は，立法・適用・執行において発展の過程にあります。ただ，究極的な世界共通法の定立へ一挙には飛躍できないにしても，各国で異なる規範のもとに暮らす国民同士が交流していくうえで，どのようなルール・国際法が必要か考えることは，人類の平和や繁栄のために不可欠な課題と

いえるでしょう。

　本章では，さまざまな法律の分類をみてきました。法の世界においては，多数の法律が，それぞれに目的をもち，それに適した規律をもって，相互の役割をもって補完しあいながら，さまざまな人・組織・社会の法律関係を整序しています。また，一国の国内法だけでは解決できない場合もあり，各国法の適用や国際法による整序が出て来る場合もあります。

　法の世界の理解に向け，まずは，第Ⅰ部を読み，次に第Ⅱ部で紹介される基本法について具体的に学んだのちに，再度第Ⅰ部にもどってきて読んでみると，法学がめざすルール全体・法の体系への理解が深まるのではないかと思います。

◆ もっと学ぼう

　本章を読んで，もっと法律の性質や分類について考えてみたいと思った方に対しては，法学の一般的な教科書として，①伊藤正己・加藤一郎編『現代法学入門〔第4版〕』（有斐閣，2005年），②道垣内弘人『プレップ法学を学ぶ前に〔第2版〕』（弘文堂，2017年）などをお薦めします（⇒本章のみならず第Ⅰ部全般に関する事項が含まれます）。ただ，本章を含めいわゆる「基礎法学」は抽象的な議論も多いため，同時に，本書第Ⅱ部各章の実定法にもとづいて具体的な事例と法律の内容を学ぶと，より一層の理解が進むでしょう。
　また，法律用語には，日常的にはあまり使用しない言葉や日常用語とは異なる意味で使う言葉もあります。文言の意味や使い方に疑問をもったら，③高橋和之ほか編『法律学小辞典〔第5版〕』（有斐閣，2016年）などで，自分でこまめに確認することも大切にするとよいでしょう。

◆第 5 章◆
法の担い手

　私たちが日常生活を送っている際に，法律の存在を意識することはあまりないと思います。しかし，法律が社会生活上の紛争を解決するために存在するのであれば，社会生活を営んでいる私たちは常に法律によって守られていると考えられます。そして，社会生活の数だけ紛争は存在しうることから，そのような紛争を解決するための法律を専門的に扱う仕事にも様々なものがあります。

● I 　法 曹 三 者

　法律を専門的に扱う仕事と言ってまず思い浮かべられるであろう職業は，裁判官・検察官・弁護士ではないでしょうか。これらは原則として司法試験に合格しなければ就くことができない職業であり，併せて法曹三者と呼びます。ここでは，それぞれの概要を見たうえで，司法試験がどのようなものかも見てみましょう。

1 　裁 判 官
(1) 裁判官の仕事
　裁判官は裁判所で民事事件や刑事事件の裁判（⇒第 2 章）を担当します。
　民事事件では，訴訟を起こした原告とその相手方である被告の双方の言い分を聞いたり，提出された証拠を調べたりして，法律を適用し，原告の請求を認めてもよいかを判断します（⇒第 14 章）。刑事事件では，罪を犯したとして検察官から起訴された被告人について，検察官や被告人・弁護人から提出された証拠を調べたり言い分を聞いたりして，被告人が罪を犯したか判断します。罪を犯したと認められる場合には，どのような刑罰を与えればいいのかも判断します。また，捜査機関が強制捜査をする

場合には，逮捕状や捜索差押許可状を発付するか否かも判断します（⇒第15章）。また，家事審判・少年審判・調停（⇒第2章Ⅴ）なども行います。

　裁判所で裁判を行う裁判官（官名）として，最高裁判所長官，最高裁判所判事，高等裁判所長官，判事，判事補，簡易裁判所判事の6種類があります。一般にこれらを総称して「裁判官」と呼んでいます。

(2)　裁判官の任命

　司法試験に合格したとしても，誰もが裁判官になれるわけではありません。任命については次の表を参照してください。なお定員が決まっており，最高裁判所長官1名，最高裁判所判事14名（裁判所法5条），高等裁判所長官8名，判事2,155名，判事補897名，簡易裁判所判事806名です（裁判所職員定員法1条）。

種類	裁判官の種類	任 命 方 法	資 格
最高裁判所	長たる裁判官（長官）1名	内閣の指名に基づいて，天皇が任命（憲法6条2項）	識見の高い，法律の素養のある年齢40年以上の者から任命。そのうち最低10名は，高等裁判所長官・判事の職に10年以上，下級審裁判官・検察官・弁護士・大学の法律学の教授等の法律専門職の経験を通算して20年以上有する者（裁判所法41条）
	その他の裁判官　14名	内閣が任命し（憲法79条1項），天皇が認証（憲法7条5号，裁判所法39条3項）	
下級裁判所	高等裁判所の長たる裁判官8名	最高裁判所が指名した者の名簿に基づき，内閣が任命（憲法80条1項），天皇が認証（憲法7条5号，裁判所法40条2項）	判事補，簡易裁判所判事，検察官，弁護士，裁判所調査官等，大学の法律学の教授・准教授を通算して10年以上経験する者（裁判所法42条）。
	判事，判事補	最高裁判所が指名した者の名簿に基づき，内閣が任命（憲法80条1項）	判事は一定の法律専門職の経験が10年以上ある者から任命（裁判所法42条）。判事補は司法修習を終えた者から任命（裁判所法43条）。
	簡易裁判所判事	最高裁判所が指名した者の名簿に基づき，内閣が任命（憲法80条1項）簡易裁判所判事選考委員会の選考（裁判所法45条）	一定の法律専門職の経験が3年以上ある者から任命（裁判所法44条）。また，多年司法事務にたずさわった者等も，簡易裁判所判事選考委員会の選考を経て任命される（同45条）。

(3)　最高裁判所と最高裁判所裁判官

　最高裁判所は裁判所の中で「最高」であり，最高裁判所の裁判官は他の裁判官とは

違う特別な役割を果たしていると言えます。

　では，なぜ最高裁判所は「最高」なのでしょうか。まず，三審制を採る日本の司法制度において最後に登場して最終的な判断を下すからという理由が挙げられるでしょう。また，最高法規である憲法（憲法 98 条 1 項）に違反するかを最終的に判断するのも最高裁判所ですから（憲法 81 条），これも理由となるでしょう。しかし，ここでは最高裁判所には日本全国の法令解釈を統一する事実上の権限があることに着目したいと思います。もう少し説明しましょう。

　地方裁判所や高等裁判所等の下級審での判断に不服がある場合，原則として，上告することで最終的な判断を最高裁判所に仰ぐこととなります（高等裁判所が最終的な判断をする場合もあります）。そして，もし下級審の判断がこれまでの最高裁判所の判断（判例）に違反する場合には，最高裁判所は上告を受理して（民事訴訟法 318 条 1 項，刑事訴訟法 405 条 2 号）その下級審の判断を覆すと予想されます。したがって，下級審の裁判官は，覆されることが予想される判断をわざわざすることは通常ないと考えられるので，よほどの理由（例えば判例変更（裁判所法 10 条 3 号参照）が必要であると考えられる場合）がない限り，最高裁判所の判例に従った判断をすると考えられます。これにより，どの裁判所も判例に従った判断をすると考えられるため，「東京地裁では自分の主張が認められたのに，大阪地裁では認められない」といったことがなくなり，日本のどの裁判所でも公平な裁判を受けることができると期待されます。

　このように，三審制で最後に登場し，最終的な憲法判断を行い，法令解釈を統一する事実上の権限を有する最高裁判所は，やはり「最高」の地位に立つといえます。したがって最高裁判所の裁判官もまた，下級審の裁判官とは異なる特別の役割を果たしていると考えられます。そのため，裁判が主権者である国民の権利に極めて密接に関わるものであることを考えると，主権者である国民が最高裁判所裁判官が適切に役割を果たしているかをチェックすることが重要となります。こうして，下級審の裁判官とは異なり，最高裁判所裁判官には国民審査（憲法 79 条 2 項）が行われるのです。

2　検 察 官

(1)　検察官の仕事

　検察官の仕事については，検察庁法という法律の 4 条で次のように定められています。「検察官は，刑事について，公訴を行い，裁判所に法の正当な適用を請求し，且つ，裁判の執行を監督し，又，裁判所の権限に属するその他の事項についても職務上必要と認めるときは，裁判所に，通知を求め，又は意見を述べ，又，公益の代表者と

して他の法令がその権限に属させた事務を行う」。もう少し分かりやすくいえば，刑事事件について，捜査を行ったり，被疑者を起訴したりして，裁判所に適正な判断を求めることが主な仕事です。

検察官と聞くと，ともすれば「何が何でも犯人を有罪にする人」というイメージを持っている人がいるかもしれません。しかし，検察官は「法の正当な適用を請求」する「公益の代表者」ですから，時には被疑者・被告人に有利な活動も行います。

また，検察官は刑事訴訟にしか関わらないとのイメージがあるかもしれません。しかし，例えば不在者の財産の管理について必要な処分を請求したり（民法 25 条），人事訴訟において被告となるべき者が死亡した場合等に被告となったりするなど（人事訴訟法 12 条 3 項），「公益の代表者」として刑事訴訟以外にも登場することがあります。

⑵　警察との違い

刑事事件における検察官の仕事は，警察官の仕事と共通する部分もありますが，異なるものです。

警察官は，犯罪が発生したときに，最初に捜査をして，被疑者の逮捕，証拠の収集や取調べ等を行います。詳しくは刑事訴訟法で学びますが（⇒第 15 章），警察官は，逮捕の時から 48 時間以内に被疑者を事件記録とともに，検察官に送致してバトンタッチします。検察庁では，警察官から送致された事件について，検察官自らが被疑者・参考人の取調べを行ったり，証拠の不十分な点について警察官を指揮して補充捜査を行わせたり，自らが捜査を行ったりします。そして，収集された証拠の内容を十分に検討した上で，最終的に被疑者について裁判所に起訴するかしないかの処分を決定します。また，起訴した事件について裁判の当事者となります。

> ### ■コラム 9　特 捜 部
> 汚職・企業犯罪・多額の脱税事件などについては，検察庁だけで最初から捜査を行うことがあります。それを担当するのが特別捜査部（いわゆる特捜部）と呼ばれる部署であり，東京・大阪・名古屋の地方検察庁にあります。検察庁特捜部がこれまでに検挙摘発した有名事件として，ロッキード事件・撚糸工連事件・リクルート事件・ゼネコン汚職事件・ライブドア事件・前福島県知事による収賄事件・カルロスゴーン事件などがあります。テレビのニュースで特捜部の人が段ボール（証拠）を次々と持ち出している姿を見たことがある人もいるのではないでしょうか。

⑶　検察官の種類

検察官には，検事総長，次長検事，検事長，検事，副検事の 5 種類あります（検察庁法 3 条。官名）。前 3 者は内閣が任命，後 2 者は法務大臣が任命します（同法 15 条 1

項・16 条 1 項）。検察官（検事）の令和元年の総数は 1,941 人です（内閣官房ＨＰ）。検事の中から地方検察庁の長が任命されますが，その者を検事正といいます（同法 9 条。ただしこれは職名）。

官　名	職務内容（検察庁法 4 条以下）
検事総長	最高検察庁の長として庁務を掌理し，かつ，すべての検察庁の職員を指揮監督する。
次長検事	最高検察庁に属し，検事総長を補佐し，検事総長に事故のあるとき，又は検事総長が欠けたときは，その職務を行う。
検事長	高等検察庁の長として庁務を掌理し，かつ，その庁並びにその庁の対応する裁判所の管轄区域内にある地方検察庁及び区検察庁の職員を指揮監督する。
検事正（職名）	その地方検察庁の庁務を掌理し，かつ，その庁及びその庁の対応する裁判所の管轄区域内にある区検察庁の職員を指揮監督する。
検事	最高検察庁・高等検察庁及び地方検察庁などに配置され，捜査・公判及び裁判の執行の指揮監督などの仕事を行う。
副検事	区検察庁に配置され，捜査・公判及び裁判の執行の指揮監督などの仕事を行っている。

3　弁護士
(1)　弁護士の仕事
　弁護士の仕事については，弁護士法という法律で定められています。3 条 1 項には「弁護士は，当事者その他関係人の依頼又は官公署の委嘱によつて，訴訟事件，非訟事件及び審査請求，異議申立て，再審査請求等行政庁に対する不服申立事件に関する行為その他一般の法律事務を行うことを職務とする」と書かれています。さらに 1 条 1 項で「弁護士は，基本的人権を擁護し，社会正義を実現することを使命とする」，同条 2 項で「弁護士は，前項の使命に基き，誠実にその職務を行い，社会秩序の維持及び法律制度の改善に努力しなければならない」，2 条で「弁護士は，常に，深い教養の保持と高い品性の陶やに努め，法令及び法律事務に精通しなければならない」とされています。
　弁護士法の規定は格調高い文章で具体的なイメージがわかないかもしれません。それでは，弁護士の仕事と聞いて皆さんはどのような仕事を想像するでしょうか？　多くの人は，法廷に立って雄弁に法律的な主張をする姿を想像するのではないかと思います。例えば，お金を貸した人が返済してくれないとの相談を受け，裁判所に借金の

返済を求める訴えを起こし，法廷で依頼者の金銭債権を実現するために弁論を尽くす，といったイメージです。当然ですがこのイメージは正しく，法廷で依頼者の権利を実現するために活動をすることは弁護士の仕事の非常に重要な位置を占めます。しかし，弁護士の仕事は法廷での活動に限られません。例えば，新たな契約を結ぶ場合に，法律的な紛争が生じないような，つまりそもそも裁判沙汰とならないような契約書を作成するなど，紛争の予防のための仕事も弁護士の重要な仕事の1つです。法律が社会生活上の紛争を解決するために存在するのであれば，社会生活があるところにはどこでも弁護士の仕事の場がある，と言っても過言ではないでしょう。最近では弁護士の活躍の場も拡大しており，企業内弁護士（企業に従業員として勤める弁護士で，インハウスローヤーとも呼ばれます）や自治体等に勤める弁護士も増えています。

　弁護士と裁判官・検察官との顕著な違いは，紛争に巻き込まれた一般人から直接相談を受けることができる点にあるといえると思います。

(2)　弁護士の実態

　読者の中には弁護士に会ったこともないという人の方が多いように思われます。それでは日本に弁護士はどれくらいいるかと言うと，日本弁護士連合会の『弁護士白書2019年版』によれば，日本弁護士連合会設立当初（1949年）には5,800人程度でしたが，2019年3月31日の時点で4万1,118人（うち女性は7,717人）となっています。この数字は多いと感じられるでしょうか。ちなみに，この弁護士白書によれば，日本では人口3,075人に対して1人の弁護士がいますが，アメリカでは人口260人に対して1人の弁護士がいるとされています。

■ **コラム 10　弁護士過疎・偏在問題**

　全国には50の地方裁判所と203の地裁支部が置かれていますが（⇒第2章VI），この支部管内のうち，弁護士の登録がない地域と弁護士が1人しか登録していない地域を「ゼロワン地域」と言います。日本弁護士連合会等は弁護士過疎解消に取り組み，ひまわり基金法律事務所（公設事務所）を設立するなどしています。弁護士過疎解消の取組みを開始した1993年では，ゼロ地域50ヵ所，ワン地域が24ヵ所もありましたが，2020年7月1日段階ではゼロ地域0ヵ所，ワン地域が2ヵ所（岡山地裁新見支部および千葉地裁佐原支部）にまで改善しています。もっとも，だからといって弁護士の人数が足りているとは限りません。例えば，鹿児島県の場合，奄美大島の名瀬支部の管轄地域を除き，離島の多くが本土の地裁支部の管轄とされているため，離島に弁護士が存在しなくとも「ゼロワン地域」にカウントされません。

　なお，近年，裁判官，検察官過疎の問題もクローズアップされてきており，これらを合わせて「司法過疎」問題といわれることもあります。裁判官・検察官の数は，戦後の人口増加にもかかわらず，それほど変化していません。

---

4 法曹三者になるための司法試験

　法曹三者になるためには，原則として司法試験に合格する必要があります。「司法試験は，裁判官，検察官又は弁護士となろうとする者に必要な学識及びその応用能力を有するかどうかを判定することを目的とする国家試験」です（司法試験法1条1項）。多くの人は「司法試験は国家試験の中で最難関の試験」というイメージを持っているかもしれませんが，司法試験について調べたことのある人は多くないように思います。ここでは，司法試験についてごく簡単に見ることとしましょう。

(1) 統計的なデータ

　日本弁護士連合会の『弁護士白書　2019年版』によれば，司法試験の合格者は，1970年では507人でしたが，2019年には1,502人となっています。現在の司法試験制度において最も合格者数が多かったのは2012年の2,102人なので，その頃と比べると2019年の合格者数は減少しています。しかし，合格率で見ると，2012年は25.1%であったのに対して2019年の合格率は33.6%となっています。「最難関の試験」というイメージに照らして，このデータはどのように感じられるでしょうか。

(2) 司法試験の方法および出題科目

　試験の方法は「短答式（択一式を含む。以下同じ）及び論文式による筆記の方法により行う」とされています（司法試験法2条1項）。

　出題科目ですが，短答式試験では憲法・民法・刑法の問題が出題されます（司法試験法3条1項）。論文式試験では次の4科目が出題されます（司法試験法3条2項および司法試験法施行規則1条）。すなわち，①公法系科目（憲法・行政法），②民事系科目（民法・商法・民事訴訟法），③刑事系科目（刑法・刑事訴訟法），④選択科目（倒産法・租税法・経済法・知的財産法・労働法・環境法・国際関係法（公法系）・国際関係法（私法系））の1つ，の全4科目です。

　なお，過去問は法務省のホームページでみることができます。

(3) 司法試験の受験資格

　司法試験の受験資格を獲得するルートは2つあります。いずれも，出願資格を獲得してから5年間が期限となっています（司法試験法4条1項）。

(i) 法科大学院ルート

　受験資格獲得の原則的なルートは，法科大学院の課程を修了することです。法科大学院とは，法曹に必要な学識及び能力を培うことを目的とする専門職大学院のことを指します。法曹として法律を駆使して紛争を解決するのに必要な理論的知識とその運用能力や実務的素養を養う専門的な大学院です。

法科大学院の課程は，法学未修者は3年間です。それに対して，各法科大学院が実施する法律試験に合格して法学既修者として入学すれば2年間となります（専門職大学院設置基準（平成15年文部科学省令第16号）18条2項，25条1項）。

　法科大学院の志願者数・志願倍率は減少傾向にあり，2004年には7万2,800人・13倍であったのが，2019年では9,117人・4倍となっています。ただし，志願倍率が最も低い3倍まで落ち込んだ2016年の志願者数8,278名と比べると微増しています。

(ii)　司法試験予備試験ルート

　予備試験に合格することで，法科大学院を経由しなくても司法試験の受験資格を得ることができます。予備試験は，法科大学院を卒業した人と同程度の知識・能力があることを確認する試験と捉えられます（司法試験法5条1項）。

　予備試験は短答式・論文式で出題され，出題科目は憲法・行政法・民法・商法・民事訴訟法・刑法・刑事訴訟法・一般教養科目・法律実務基礎科目です。口述試験もあります（司法試験法5条2項以下）。

　予備試験経由の人の司法試験合格率は例年70%ほど（2019年は81.8%）であり，全体の合格率を大きく上回っています。しかし，2018年の予備試験は受験者1万1,136人・合格者433名であり，合格率は3.9%です。大雑把で厳密な精確性を欠く計算ですが，2018年の予備試験受験者数1万1,136人と翌年2019年の予備試験経由の司法試験合格者数315人をもとに計算すると，予備試験ルートによる司法試験合格率は2.8%です。予備試験ルートで司法試験に合格することは非常に狭き門となっています。

● II　法曹三者のサポート

1　裁判所・裁判官のサポート

(1)　裁判所事務官

　裁判を運営するためには事務作業が当然必要ですから，それを担当する裁判所事務官も必要となります。裁判所事務官は，法廷での当事者の出頭確認や手続案内をしたり，法廷外では裁判関係書類の作成及び発送をしたりしています。

　裁判所事務官として一定期間勤務した後，裁判所職員総合研修所入所試験に合格し，裁判所職員総合研修所の裁判所書記官養成課程を修了することで裁判所書記官になることもできます。

(2)　裁判所書記官

　裁判所書記官は，裁判手続に関する記録等の作成・保管，民事訴訟法や刑事訴訟法

といった法律で定められた事務，裁判官の行う法令や判例の調査の補助といった仕事をしています（裁判所法 60 条）。

　裁判所書記官の職務には非常に重要なものが多く存在します。最初に挙げるべきと思われるのは，法廷で行われた手続に関する調書の作成です。法廷で手続が適切に行われたあるいは行われなかったことを証明する唯一の方法はこの調書だからです（民事訴訟法 160 条 3 項，刑事訴訟法 52 条）。また，民事訴訟・刑事訴訟を円滑に進めるために弁護士や検察官に準備を促したり，紛争に巻き込まれて裁判所に来庁した人に手続の流れや申立ての方法を説明したりすることも，裁判所書記官の重要な職務といえます。他にも，裁判所書記官の重要な職務として，支払督促の発付（民事訴訟法 382 条）や執行文の付与（民事執行法 26 条 1 項）が挙げられます。前者は簡易迅速に金銭債権等を実現するために用いられる制度で，後者は勝訴判決を実現するために必要となるものです。支払督促は，例えば貸したお金が返済されないとき，裁判（という時間がかかってしまう手続）によらずに債務者であるお金を借りた人の財産から強制的にお金を徴収する際に用いることができます。支払督促でもうまくいかなかった場合には裁判をする必要がありますが（民事訴訟法 395 条参照），債務者が裁判に負けたことで自ら返済してくれなければ問題ないものの，そうでない場合もありえます。その場合，勝訴判決を実現するために強制的に債務者の財産からお金を徴収することが必要となり，それを強制執行と呼びます。その強制執行のために必要なのが執行文の付与です（民事執行法 25 条）。

(3) 家庭裁判所調査官

　家庭裁判所は家族の問題や非行少年の処分について判断する裁判所です（裁判所法 31 条の 3）。家庭裁判所調査官は，家庭裁判所や家庭裁判所の裁判官をサポートします。

　家庭裁判所調査官は，離婚等の紛争当事者や事件送致された少年とその保護者を調査し，紛争の原因や少年が非行に至った動機・生育歴・生活環境等を調査します。その際，心理学・社会学・社会福祉学・教育学といった行動科学等の専門的な知見や技法を活用して，家庭内の紛争解決や非行少年の立ち直りに向けた調査活動を行います。

　例えば，少年が非行に走った原因が，親子関係が上手くいっていないことにあったとしましょう。それを見過ごした状態で処分を決定しても，親子関係が上手くいっていないことに変わりがないのですから，家に帰ればまた非行に走ってしまいかねません。これではその少年が立ち直ることは難しいと思われます。家庭裁判所調査官は，その少年が非行に走ってしまった原因を専門的な立場から分析・調査し，それを家庭裁判所に報告し，家庭裁判所による判断をサポートします。

■コラム11　法の担い手としての一般市民 —— 裁判員

　裁判員裁判という言葉を聞いたことがある読者も多いと思います。裁判員は一般市民から選出され，裁判官と協働して一定の重大な刑事事件に関して裁判をします（第1審のみ）。裁判員が判断する事項は，①事実の認定，②法令の適用，③刑の量定です（裁判員の参加する刑事裁判に関する法律〔裁判員法〕6条1項）。例えば，殺人事件の裁判において，被告人に殺意はあったのかなどの殺人罪の成立要件を充たすかを判断し，有罪の場合にはどれくらいの刑罰を科すべきか（例えば懲役6年なのか7年なのか）を判断します。裁判員裁判が始まったことで，一般市民の感覚とかけ離れた刑事裁判がなされることは抑制されると考えられますから，裁判員ないし一般市民もまた法の担い手ということができるでしょう。

2　検察庁・検察官のサポート —— 検察事務官

　「検察事務官は，上官の命を受けて検察庁の事務を掌り，又，検察官を補佐し，又はその指揮を受けて捜査を行う」人のことを言います（検察庁法27条3項）。検察官の指揮を受けて，犯罪の捜査・逮捕状による逮捕・罰金の徴収等の事務を行うほか，総務・会計等の事務を行っています。事務官という名称から総務・会計等の事務だけを行う人であるかのように思われるかもしれません。しかし，検察事務官は捜査（⇒第15章V）も行うことができます。検察事務官の職務内容は専門的であり，したがって，特定の試験に合格すれば副検事として検察官の職務を遂行できるようにもなります。

　検察官と検察事務官の関係について，検察官が命令して検察事務官がこれに従うというイメージを持たれるかもしれません。しかし，それは不正確で，両者はチームとなって協働して職務を遂行しているというイメージが正確だと思われます。

3　弁護士のサポート —— パラリーガル

　弁護士の仕事をサポートする職業としては，パラリーガルが挙げられます。弁護士の業務を事務的な側面からサポートする人と言えるでしょうが，例えば法令に基づく手続や法令の調査等のサポートを行うため，法律的知識が必要とされます。

● III　隣接法律専門職

　法曹三者以外の法律に携わる重要な職業を隣接法律専門職といいます。いくつかの隣接法律専門職について簡単に概観しましょう。いずれも，原則として国家試験に合格しなければ就くことができない仕事です。

1　司　法　書　士

　司法書士の主な職務は，法務局に提出する書類作成，申請の代理，裁判所や検察庁に提出する書類作成です（司法書士法3条1項各号）。適切な書類を作成するためには，前提となる法律に関する知識が必要であることは言うまでもありません。司法書士もまた，法律の専門家ということができます。

　司法書士の職務のうち特に重要なものは，登記に関する業務でしょう（1号）。登記とは，例えば不動産の所有権を取得したことを第三者に対してもきちんと認めさせるために必要なものです（民法177条）。夢のマイホームを購入しても，きちんと登記をしない限り，そのマイホームの所有権は第三者に移ってしまうリスクが残ってしまいます。このように登記は重要であり，登記の専門家といえる司法書士も重要な職業といえます。

　司法書士は，弁護士をつけない「本人訴訟」でも書類の作成を行う場合があります。もっとも，司法書士も法律の専門家ですから，一定の場合には司法書士が訴訟代理人となることが合理的な場合がありえます。そこで，司法書士特別研修を受けた後，簡裁訴訟代理等能力認定考査に合格し，法務大臣の認定を受けた司法書士は，簡易裁判所において取り扱うことができる民事事件（訴訟の目的となる物の価額が140万円を超えない請求事件）等について，代理業務を行うことができます（司法書士法3条1項6号〜8号・2項）。

2　行　政　書　士

　行政書士は身近な法律家ということができます。行政機関に提出する許認可申請書類等や契約書・遺言書等の書類作成・提出手続代理などの業務を行います。例えば，飲食店を新たに営もうと考えた場合には飲食店の営業許可を受ける必要がありますが（食品衛生法52条1項），その申請書の作成を行うなどします。また，それに関して依頼者の代理人となったり，書類作成に関して相談を受けたりする業務も行います（行政書士法1条の2および1条の3）。

3　税　理　士

　税理士は，税に関する専門家です。税務書類の作成と，税に関する相談，税務署・国税不服審判所への申請・不服審査請求などの代理等を業務とします（税理士法2条1項）。自営業を営む人（あるいは親が自営業を営んでいる人）であれば，いわゆる確定申告の際に税理士に相談して申告書類を作成してもらったことがあるかもしれません。

4　弁　理　士

　弁理士は，知的財産に関する専門家として，知的財産権の保護・利用をサポートする専門家です（弁理士法1条）。新しい発明をしたとしても他人に真似されてしまえば開発等にかかったコストが無駄になってしまいます。そこで特許等を取得して自らの利益を守ることが必要となりますが，弁理士は特許庁に特許の申請することをサポートします（その他の業務については弁理士法4条以下）。その発明のどこに新規性があるのかなど，技術的な知識も必要となる専門家です。

5　社会保険労務士

　社会保険労務士は，労働と社会保険に関する専門家です。社会保険労務士法の別表第一に列挙されている労働と社会保険に関する法令に基づく申請書等を作成することが業務の1つですが，別表第一に掲げられている法律は実に多岐にわたっています。健康保険（別表第一の二十一）や国民年金（別表第一の二十六）など，誰もが関わるものも挙げられており，社会保険労務士の業務の身近さが分かると思います。また，書類作成だけでなく，労働関係の紛争が生じた場合には紛争当事者の代理をすることもできます（社会保険労務士法2条1項1号の4から6）。

6　公　証　人

　公証人は，遺言や任意後見契約などの公正証書の作成，私文書や会社等の定款の認証，確定日付の付与などの公証業務を行います（公証人法1条）。公証人は，基本的に，判事や検事などを長く務めた法律実務の経験豊かな者で，公募に応じた者の中から法務大臣により任命されています（公証人法13条）。

■コラム 12　大学の先生 ── 研究者

　大学の法学部ないし法律学科の先生の多くは法律学の研究者であり，広い意味で法の担い手です。そこで大学の先生についても，ここで簡単に説明したいと思います。

　本書の執筆陣をご覧いただければわかるように，大学の先生にはいろいろな肩書があります。一般に大学の先生は，専攻分野に関する教育上，研究上，実務上の知識や能力，実績などを勘案して，助教（→専任講師）→准教授→教授と昇進していきます。

　小中高校の先生の場合，教員職員免許状がなければ，原則として教壇に立つことができませんが，大学の場合にはそういった特別の資格は存在しません。大学を卒業した後，修士課程，博士課程へと進み，専攻分野に関する知識や能力，実績を積み上げ，大学に雇用されるというルートが一般的ですが，弁護士や裁判官などの社会経験を経て，大学教員になるパターンもあります。

　研究者は，個別の紛争解決が場当たり的なものとならないようにするための理論的な枠組みを探究し，その成果を論文として発表するなどしています。日本の近代化は外国法の

継受から始まったともいえることから，日本では外国法研究（比較法）が重視されているため，外国法の調査も研究者の重要な仕事です。さらに，法制審議会（法務省組織令 55 条 1 項）のメンバーになるなどして立法に直接的な関与をする場合もあります。勿論，学生に教育を授けることや，学内の行政を行うことも，大学の先生にとって研究と同じくらい重要な仕事です。

◆ もっと学ぼう

　法曹三者の仕事については，法学教室 474 号（2020 年）に掲載されている特集「法曹という仕事」を読むことをお薦めします。法曹になるためについて論じた座談会，法曹三者の仕事の説明，広がりつつある法曹の仕事についてと，充実した内容となっています。ちなみに，法学教室は一流の研究者・実務家が学習向けの記事等を掲載する定評のある法学雑誌です。

　弁護士の仕事については，初学者には重厚かもしれませんが，谷正之『弁護士の誕生』（民事法研究会，2012 年）を挙げます。歴史的な観点も踏まえて説明されています。

　検察官の仕事については，飯島一孝『検察官になるには』（ぺりかん社，2020 年）を挙げましょう。最高検察庁の協力のもとで執筆されたもので，検察官の仕事や検察官になるための道のりについて書かれています。

　（刑事）裁判官の仕事については，原田國男『裁判の非情と人情』（岩波書店，2017 年）がとりわけお薦めです。裁判官としても量刑研究の研究者としても高名な著者によるもので，著者の人柄が溢れた筆致となっています。

◆第 6 章◆

法律の制定

　ドイツ帝国の初代首相オットー・フォン・ビスマルク（1815〜1898）は，「法律とソーセージは，作るところを見ない方がよい」と述べたと伝えられています。どちらも，たとえ出来上がったものは素晴らしくても，その製造過程を見るとげんなりしてしまうといった意味です。しかし，法を学ぼうとしている私たちとしては，出来上がった製品である法律だけを見ているだけでなく，どのように作られるのかも知っておく必要があります。本章では，法律の製造現場を覗いてみることにしましょう。

● I　憲法が定める立法のプロセス

　法律の制定のプロセスの概要は，憲法に記されています。中学校や高校でも習ったことだと思いますが，改めてここで確認しておきましょう。

　まず，法律を作ることができるのは，「国の唯一の立法機関」である国会だけです（憲法41条）。法律案は，原則として「両議院で可決したとき」に法律になります（憲法59条1項）。国会は，衆議院と参議院の両議院で構成されますので（憲法42条），両議院で議決が一致しない場合もあります。そのような事態に備えて憲法は，「衆議院で可決し，参議院でこれと異なつた議決をした法律案は，衆議院で出席議員の3分の2以上の多数で再び可決したとき」に法律になること（憲法59条2項），参議院が議決をせずにたな晒しにした場合にも備えて，「参議院が，衆議院の可決した法律案を受け取つた後，国会休会中の期間を除いて60日以内に，議決しないときは，衆議院は，参議院がその法律案を否決したものとみなすことができる」とも定めています（憲法59条4項）。これを**衆議院の優越**といいます。

■ コラム 13　いろいろな法律のタイプ
　法律には，新規に新しい事項について定める**新規制定法**のほかにも様々なタイプがあります。一番多いのは**一部改正法**です。これは，すでに存在する法律の一部を改正するという形式で，「溶込み法式」が採用されるのが一般的です。「溶込み方式」の場合，一部改正法は元となる法律とは別で制定しますが，その法律の施行によって元の法律に溶け込んでなくなってしまいます。これに対して，すでに存在する法律の全面的な改正を行う場合が**全面改正法**であり，法律全体を新しいものに置き換えます。また，すでに存在する法律を廃止するために法律を制定する**廃止法**というものもあります。

● II　だれが法律案を国会に提案するの？

　以上が法律の制定の基本的なプロセスですが，これだけでは法律の製造過程を十分に理解したことにはなりません。例えば，国会で審議する法律案を誰が国会に提出するのでしょうか？

1　議員立法（議員提出法案）

　まず，国会議員によって法律案が国会に提出されます。とはいえ，国会議員であれば誰でも思いついたときに自由に法律案を提案でき，それを国会での審議に付すことができる，というわけではありません。

　その条件を定めているのが国会法 56 条 1 項であり，次のように規定しています。「議員が議案を発議するには，衆議院においては議員 20 人以上，参議院においては議員 10 人以上の賛成を要する。但し，予算を伴う法律案を発議するには，衆議院においては議員 50 人以上，参議院においては議員 20 人以上の賛成を要する」。このように，一定数以上の人数を集めなければならないわけですが，法律案の提出に賛成人数の要件を課した理由は，この規定を追加した国会法改正が行われた昭和 30 年当時，選挙対策として地元の選挙民に利益をもたらすような内容の法律案，いわゆる**お土産法案**が多く提案され，財政を圧迫してしまう事態が起こったからだとされています。

　なお，各議院の委員会，参議院の調査会もまた法律案の提出することができます（国会法 50 条の 2）。委員会については後述します（⇒本章 IV 1）。

2　閣法（内閣提出法案）

　内閣もまた法律案を国会に提出することができます。「あれ？　国会が唯一の立法機関だったんじゃなかったっけ？」と思われたかもしれません。しかし，国会が内閣提出法案を自由に修正・改廃できるのであれば，「唯一の立法機関」を損なわせるこ

とはないと考えられています。憲法上,「内閣総理大臣は,内閣を代表して議案を国会に提出」(72条) とありますが,実務では,ここにいう「議案」に法律案も含むという解釈がされており,それを前提に内閣法5条は,「内閣総理大臣は,内閣を代表して内閣提出の法律案,予算その他の議案を国会に提出し,一般国務及び外交関係について国会に報告する」と定めています。

議員立法と比較すると,閣法のほうが成立割合は高く,成立数も多いという統計結果が出ています。成立割合が高いのは,議院内閣制のもと (⇒コラム17),内閣は国会の多数派の支持を得て存続しているため,法律案への支持を取り付けやすいからです。重要な法律の多くが内閣から提出されているのはそのためです。成立数が多いのは,与党の議員は内閣を通じて法律案を提出するからです。これに対して,議員立法は野党議員による提出が中心になりますから,国会での多数の支持を得ることが困難であることが一般的です。

● III　誰が国会に提出する法律案を考えるの？

まだこれだけでは,法律の製造過程をきちんと見たことにはなりません。国会議員と内閣によって法律案が国会に提出されるとしても,その法律案を実際に作っているのは誰かという問題があるからです。

1　国会議員の立法の補佐

国会議員が法律案を国会に提案できるといっても,議員自らが条文を考えたりするのは大変ですし,そのための専門知識を有しているわけでもないでしょう。そこで,国会議員の立法を補佐するための機関が設置されています。

代表的な機関が,各議院の議員の活動を法制面から補佐する**衆議院法制局**と**参議院法制局**です。そのほかにも,各議院の議員の活動を審議内容の面から補佐する委員会調査室 (衆議院調査局調査室・参議院調査室),そして,議員の活動を調査・研究面から補佐する国立国会図書館 (特に国立国会図書館調査及び立法考査局) などもあります。

また,議員は公費で秘書を3名雇うことができますが,第一秘書・第二秘書は,議員の職務の遂行を補佐するとされ (国会法132条1項),政策担当秘書は,議員の政策立案及び立法活動を補佐するとされています (同2項)。

2　省庁内における原案の作成

　内閣提出法案の場合，基本的にその原案を作成するのは関連省庁の官僚です。何らかの政策を実現するために法律が必要となりますが（**法律による行政の原理**⇒第8章Ⅱ），その政策に精通しているのは，必要な情報と専門知識を持つ行政機関の官僚です。そのため，内閣提出法案のたたき台は，大臣自らが作るのではなく，官僚に作ってもらうのが合理的です。

　具体的にどのようにして省庁の内部で法律案の原案が作られているのでしょうか。法律にしたい案件に最も関連する省庁の課・局単位で起案するのが通常のようです。省全体に関わってくる重要案件については，省庁内の総合調整を担う大臣官房との協議も行われます。

　さらに，他の省庁との調整（各省協議）をはじめ，与党の審査，さらに**内閣法制局**の審査が同時並行的に行われ，法律案が練り上げられていきます。**与党審査**は，法律に基づいて行われているものではありませんが，国会での審議を円滑に進めるため，あらかじめ与党内部で法律案の内容を調整しておくために慣行として行われています。内閣法制局では，憲法との適合性をはじめ，他の法令との整合性や，文言・用語等のチェックなどが行われ，法案としての形式が整えられます。

　これらの審査を経たうえで法律案は，各省の大臣から内閣総理大臣に対して，内閣としての意思決定を行うための会議である**閣議**にかけるように請求されます（国家行政組織法11条）。この閣議での決定を経て，内閣総理大臣が内閣を代表して法律案を国会に提出します（内閣法5条）。

▓ コラム 14　内閣法制局

　2014年7月，集団的自衛権の一部の行使を容認する閣議決定が行われましたが（この内容については，⇒コラム 18），その前後の国会論議のなかで，内閣法制局という部局が新聞やニュースで連日取り上げられたことを記憶している方も少なくないかと思います。

　内閣法制局の職務は大きく分けて2つです。1つは，各省庁間での法令解釈の統一，法律問題に関する政府統一見解の作成，国会における政府答弁の準備や答弁案の作成，質問主意書に対する答弁書の検討などといった「意見事務」，もう一つは，内閣が提出する法律案を閣議に付される前に審査するという「審査事務」です。そして，これらの職務に関連して，内閣法制局は，国会で憲法や各種法律の解釈など法律問題について意見を求められた場合にその答弁を行うという「答弁事務」も行っています。

　本文で取り上げた法律案の原案のチェックは，審査事務です。これに対して，集団的自衛権の問題のときに注目されたのは，主に意見事務と答弁事務でした。

● Ⅳ　国会ではどのように審議されるの？

　ここまで法律案の原案を誰が作るのか，その法律案を誰が国会に提出するのかを見てきました。まだ見ておかなければならないことがあります。それは，具体的に国会の中で，どのようなプロセスを経て法律が作られているのかについてです。

1　委　員　会

　まず法律案は，衆議院か参議院のどちらかに提出されます。予算案については衆議院に予算先議権がありますので，先に衆議院に提出されますが（憲法 60 条 1 項），それ以外の法律案についてはどちらに先に提出しても構いません。提出を受けた院の議長は，その法律案の内容に関連する適当な委員会にそれを**付託**します（国会法 56 条 2 項）。こうして法律案の審議はまず委員会で行われるというのが原則となっています。

◆ 表：衆議院と参議院の常任委員会とその人数

衆議院		参議院	
内閣委員会	40 人	内閣委員会	20 人
総務委員会	40 人	総務委員会	25 人
法務委員会	35 人	法務委員会	20 人
外務委員会	30 人	外務委員会	21 人
財務金融委員会	40 人	財務金融委員会	25 人
文部科学委員会	40 人	文部科学委員会	20 人
厚生労働委員会	45 人	厚生労働委員会	25 人
農林水産委員会	40 人	農林水産委員会	20 人
経済産業委員会	40 人	経済産業委員会	21 人
国土交通委員会	45 人	国土交通委員会	25 人
環境委員会	30 人	環境委員会	20 人
安全保障委員会	30 人	国家基本政策委員会	20 人
国家基本政策委員会	30 人	予算委員会	45 人
予算委員会	50 人	決算委員会	30 人
決算行政監視委員会	40 人	行政監視委員会	30 人
議院運営委員会	25 人	議院運営委員会	25 人
懲罰委員会	20 人	懲罰委員会	10 人

議案の審議や議院の運営を主導する機能を委員会が営んでいる場合を，**委員会中心主義**といいますが，日本は委員会中心主義を採用しています。

　委員会について説明しておきましょう。国会の各院にはそれぞれ，常設される**常任委員会**と特別に設けられる**特別委員会**が置かれます（国会法40条）。常任委員会は，衆議院・参議院ともに17あります（国会法41条。前ページの表を参照）。議員は，少なくとも一つの常任委員のとなります（国会法42条）。特別委員会としては，例えば現在，両院各々に災害対策特別委員会，北朝鮮による拉致問題等に関する特別委員会などが置かれています。

　委員会ごとに委員の数が決まっているので，**会派**（議院内で活動を共にする議員団体で，多くの場合，政党を中心に結成されますが，政党とは異なりますので注意してください。⇒詳細については本章Ⅶ3で説明します）の人数に応じて割り当てられます。

2　委員会での審議のプロセス

　委員会での審議は，〔①趣旨説明→②質疑→③討論→④採決〕という順番で行われます。委員会は原則非公開で行われます（国会法52条1項）。

　①**趣旨説明**とは，提案理由の説明のことです。省略される場合も少なくありませんが，重要な法律案については本会議での趣旨説明が求められることもあります（国会法56条の2）。

　②**質疑**とは，議題についての疑義をただすことです。質疑の相手方は内閣提出法律案の場合は，国務大臣，内閣官房副長官，副大臣，大臣政務官等に対して行われ（国会法69条），議員提出の法律案の場合は，発議者である国会議員に対して行われます。委員会での質疑は，質問者と提案者との間で，一問一答形式で口頭により行われるのが原則です。

　③**討論**とは，一般に「討論」という言葉から想定される意味とは若干異なり，議題になっている法律案などの採決前に賛否の意見を表明することをいいます。

　④**採決**とは，議案に対する賛否を決することで，議員の過半数で決せられます。可否同数の場合，委員長が委員会としての意思を決めます。委員会での採決のあと，法案は本会議へと送られることになります。なお，利害関係者や学識経験者などから意見を聴取するために**公聴会**が開かれることもあります（国会法51条）。

　委員会の審査の様子については，テレビなどで見たことがある人も少なくないと思います（⇒コラム*15*）。与野党が対立する法律案が審議される場合，野党は審議拒否などによって審議の進行を阻もうとし，他方で，法律案の成立を図りたい与党は強行

採決を行ったりします。野党側もさらに委員長解任動議を提出するなどして対抗し，国会運営全般にわたって紛糾することもあります。

3　本会議での審議のプロセス

　本会議は，その院に所属する議員全員で構成される会議で，院として意思決定を行います。本会議は原則公開で行われます（憲法 57 条 1 項）。委員会からの送られた法律案の審議は，通常，〔①委員長報告→②質疑→③討論→④採決〕という順番で行われます。

　①委員長報告では，法律案を審査した委員会の委員長が，審査経過や結果を報告します。②質疑と③討論は，先に述べた通りですが，本会議では省略されることが少なくありません。討論をしようとする者は，予め賛否を明らかにして事前に通告しなければなりません。④採決は，原則が起立採決ですが，出席議員の 5 分の 1 以上から要求があった場合には記名投票となります。また，起立採決で判定が難しい場合は，記名投票または押しボタン投票（参議院のみ）で行われます。

4　他院での審議

　法律案が本会議で可決されたら，もう一方の院に送付されます。そこでも同様に，委員会の審査，本会議の審議が行われます。なお，後に審議する院で法律案を修正議決した場合，前の院に回付し，その院が修正に同意すれば法律となります。

　両議院の議決が一致しない場合，両議院の意見を調整するために，衆議院が希望した場合は**両院協議会**が開かれることがあります。両院協議会は，各議院で選挙された各々 10 人の委員によって組織されます（国会法 89 条）。先に述べたように，両院協議会でも意見が一致しなかった場合，衆議院において出席議員の 3 分の 2 以上の多数で再び可決すれば法律として成立します（憲法 59 条 2 項）。以上のプロセスについては，次ページの図をご覧ください。

■**コラム 15　国会の様子を見てみよう**

　国会の様子をもう少し詳細に見てみたいと思っている人もいるのではないかと思います。

　実際に国会に足を運べば，衆議院，参議院ともに参観することができます。参観の時間や方法などの詳細は衆議院と参議院のウェブサイトを確認してください。また，両院とも，審議の様子はこれまでの審議も含めてインターネットで視聴することができます（衆議院：http://www.shugiintv.go.jp/jp/，参議院：https://www.webtv.sangiin.go.jp/webtv/）。さらに，第 1 回国会（昭和 22 年 5 月）からの本会議・委員会の会議録を，テキスト又は画像で閲覧できる「国会会議録検索システム」（https://kokkai.ndl.go.jp/#/）

も用意されています。

このように国会の情報を誰もが容易に入手できる環境が整っています。皆さんも積極的に活用してみませんか。ニュース番組などで取り上げられる審議の一場面と，実際の審議の全体を見るとではだいぶ印象が変わることもありますよ。

● V　いつから法律は有効になるの？

法律案が両院で可決され，法律そして成立した後も，その効力を発行するためにはさらに手続が残っています。法律は，公布され施行されなければ効力を一般的に発揮できないからです。

まず，最後に議決した院の議長から内閣，内閣から天皇に奏上されます（国会法65条1項，102条の3）。そして法律は，奏上の日から30日以内に天皇の国事行為として公布されます（憲法7条1号，国会法66条）。**公布**とは，制定した法令を一般に周知させる目的で公示する行為です。公布は，国の法令については**官報**に掲示することに

◆ 図：立法のプロセス

（出典：参議院HP：http://www.sangiin.
go.jp/japanese/aramashi/houritu.html）

よって行われます（最大判昭和32年12月28日刑集11巻14号3461頁）。法律の公布に当たって，その法律には法律番号が付けられます。法律番号は，暦年ごとに第1号から始まります。ちなみに日本の法律の第1号は，登記法（明治19年法律第1号）です。

　施行とは，法律の効力を一般的，現実的に発動させることです。法の適用に関する通則法2条は，「法律は，公布の日から起算して二十日を経過した日から施行する。ただし，法律でこれと異なる施行期日を定めたときは，その定めによる」と定めています。通常，公布された法律の施行期日は，その法律の附則で定められています。

■コラム16　公布の時期

　公布は官報に掲載されることによって行われますが，より具体的には，一般の人が，その官報を最初に入手・閲覧できる時点とされます。ではそれはいつなのでしょうか。このことが争点となった興味深い判例があります（最判昭和33年10月15日刑集12巻14号3313頁）。

　昭和29年6月12日，覚せい剤取締法の一部を改正する法律が公布と同時に施行され，罰則が引き上げられました。同日の午前9時，広島でXは同法違反で逮捕され，後に起訴されました。検察側は罰則が引き上げられた新法の適用を主張しましたが，X側は，公布とは，国民がこれを知り得る状態に置かれた場合である，本件の場合，午前7時50分に東京駅から官報が発送されたとしても，翌日でなければ広島の官報配給所に到達しない，したがって広島県民はこれを知り得る状態にないのだから，公布はまだされていないとして，罰則が引き上げられる前の規定の適用を求めたのです。

　最高裁は，「当時一般の希望者が右官報を閲覧し又は購入しようとすればそれをなし得た最初の場所は，印刷局官報課又は東京都官報販売所であり，その最初の時点は，右二ケ所とも同日午前8時30分であつた」として，その時点で「一般国民の知り得べき状態に置かれ」，公布がなされたのだと判示しました。こうして，同日の午後9時頃に逮捕されたXには改正された新法が適用されると判断したのです（なお，現在，官報を発行しているのは独立行政法人国立印刷局です）。

● VI　登場人物の紹介 ── 国会議員

　以上，立法のプロセスをやや立ち入って見てきました。以下，さらに深く立法のプロセスを理解するだけでなく，日本の政治について見る目をしっかりと養うために，立法プロセスのなかでの主要な登場人物である国会議員と政党についても，ここで説明しておきたいと思います。

1　国会議員になる

　いうまでもないことですが，国会議員になるためには，選挙に立候補して当選しなければなりません。立候補する資格は，衆議院議員の場合は満25歳以上の日本国民，

参議院議員の場合は満 30 歳以上の日本国民です。選挙制度については第 7 章Ⅳで説明します。

　先に述べた通り，国会議員は，どこかの委員会に所属し，その委員会に付託された案件について審査・審議・評決を行うという仕事と，自分が属する院の全議員によって構成される本会議で審査・審議・評決を行うという仕事をします。また，勉強会や所属する政党の部会，支持者の会合に顔を出すなどして，意見交換なども頻繁に行っています。なお，国会は常に開会しているわけではないので，国会が閉会中には，地元選挙区に帰り，有権者に活動成果のアピールをしたり，各種イベントへの参加をしたりしています。

2　国会議員の特権

　国会議員には，議員としての活動をしっかりと果たすことができるようにするために，憲法上いくつかの特権が認められています。

　第一に，「両議院の議員は，法律の定める場合を除いては，国会の会期中逮捕されず，会期前に逮捕された議員は，その議院の要求があれば，会期中これを釈放しなければならない」（憲法 50 条）という**不逮捕特権**です。第二に，「両議院の議員は，議院で行った演説，討論又は表決について，院外で責任を問はれない」（憲法 51 条）という**免責特権**です。いずれも，逮捕されたり賠償責任を問われたりするおそれを抱くことなく，自由に議員としての活動をできるようにするために保障された特権です。

　さらに，国会議員は歳費という名前の報酬（給料）を受け取ります（憲法 49 条）。歳費の額は「国会議員の歳費，旅費及び手当等に関する法律」で決まっていますが，現在，各議院の議長は 217 万円，副議長は 158 万 4,000 円，議員は 129 万 4,000 円を毎月受け取ると定められています（同法 1 条）。そのほかにも年 2 回，期末手当（ボーナス）も支給されます（同法 11 条の 2）。金銭面ではこのほか，「各議院の議長，副議長及び議員は，公の書類を発送し及び公の性質を有する通信をなす等のため，文書通信交通滞在費として月額 100 万円を受ける」（同法 9 条 1 項）こともできます。

　そのほか，公費により議員秘書を雇うことができたり，議員会館内に事務所として部屋が与えられたりもします。

3　国会議員ではなくなるとき

　国会議員はその任期が終了すればその身分を失います。そのほかにも，自発的に辞職した場合や（国会法 107 条），死亡したりした場合にも国会議員の身分を失います。

さらに，衆議院議員が参議院議員になる場合のように，議員が他の議院の議員となったとき（国会法108条），日本国籍を失ったりして被選挙権がなくなったとき（国会法109条），自分が所属する院から除名されたとき（憲法58条2項，国会法122条）などにも，国会議員の身分を失うことになります。

● Ⅶ　国会議員の集まり ── 政党

1　政党の役割と位置づけ

　政党とは，政治上の信条，意見等を共通にする者が任意に結成する政治結社のことです。その特徴として，自律的な規範・ルールを有し，構成員である党員に対して政治的忠誠を要求したり，一定の統制を施したりするなどの自治権能を有しています。

　憲法には，政党についての言及はありませんが，その重要性については最高裁判所でも認められています。最高裁判所は次のように述べています。「憲法は政党について規定するところがなく，これに特別の地位を与えてはいないのであるが，憲法の定める議会制民主主義は政党を無視しては到底その円滑な運用を期待することはできないのであるから，憲法は，政党の存在を当然に予定しているものというべきであり，政党は議会制民主主義を支える不可欠の要素なのである。そして同時に，政党は国民の政治意思を形成する最も有力な媒体であるから，政党のあり方いかんは，国民としての重大な関心事でなければならない」（最大判昭和45年6月24日民集24巻6号625頁〔八幡製鉄政治献金事件〕）。

　このような政党の重要性から，最高裁判所は，「各人に対して，政党を結成し，又は政党に加入し，若しくはそれから脱退する自由を保障するとともに，政党に対しては，高度の自主性と自律性を与えて自主的に組織運営をなしうる自由を保障しなければならない」としています（最判昭和63年12月20日判時1307号113頁〔共産党袴田事件〕）。また，一定の要件を満たした政党に対しては，政党助成法により，政党助成金が支給されます。

2　選挙における政党

　政党は，国会議員を選ぶ選挙のときにも重要な役割を果たしています。再び最高裁判所の判決での言及を紹介しましょう。「政党は，議会制民主主義を支える不可欠の要素であって，国民の政治意思を形成する最も有力な媒体であるから，国会が，衆議

院議員の選挙制度の仕組みを決定するに当たり，政党の右のような重要な国政上の役割にかんがみて，選挙制度を政策本位，政党本位のものとすることは，その裁量の範囲に属する」（最大判平成 11・11・10 民集 53 巻 8 号 1704 頁〔衆議院議員選挙制度事件〕）。選挙制度の詳細については，第 7 章IVで説明しますが，その際には，政党がどのように位置づけられているのかに注意してください。

3　国会における政党

　国会内での議院の運営は，政党ではなく，基本的に会派に基づいて行われます。**会派**とは，議院内で活動を共にしようとする議員の団体のことです。会派は，2 人以上で結成できますが，多くの場合，政党単位で結成されますので，政党と重なり合うこともありますが，2 つ以上の政党，または政党と政党に属しない無所属議員が 1 つの会派をつくることもあります（**統一会派**）。会派に属さなければ国会のなかで何もできないに等しいので，無所属で立候補した議員も，どこかの会派に属して活動するのが通例です——例えば，本章IV 1 で述べた通り，委員会の委員などの人事案件は，各会派の所属議員数に比例して割り当てられますし，各会派に，その所属議員数に応じて立法事務費も交付されます。

　衆議院では 2020 年 9 月 16 日段階で，自民党と無所属議員の統一会派である「自由民主党・無所属の会」（自民），立憲民主党，国民民主党，社民党，無所属議員の統一会派である「立憲民主・国民・社民・無所属」（立国社），公明党の「公明党」（公明），共産党の「共産党」（共産），無所属議員から構成される会派である「無所属」（無）などがあります。参議院では，自民党と無所属議員の統一会派として「自由民主党・国民の声」（自民），立憲民主党と社民党の統一会派である「立憲民主・社民」（立憲），国民民主党と無所属議員の統一会派である「国民民主党・新緑風会」（国民），日本維新の会の「日本維新の会」（維新）などがあります（カッコは略称です）。

4　与野党の機能

　国会には，法律を作るという立法権のほか，国会議員の中から国会の議決で内閣総理大臣を選ぶという任務もあります（憲法 67 条 1 項）。国会とくに衆議院で多数を占めた政党に所属する議員（その政党の党首など）から内閣総理大臣が選ばれるのが通例です。内閣総理大臣が所属する政党で，政権を支え政権に与する政党のことを**与党**といい，それ以外の政党のことを**野党**といいます。

　このように与党は内閣とほぼ一体であるといっても過言ではありません。したがって野党には，内閣≒与党の活動をチェックするという役割が期待されることになりま

す。野党は，数の力では与党に勝つことができませんので，チェック機能を十分に果たすためには，そのための権限を与えられる必要があります。そのような観点から，立法に必要な資料や情報の収集・調査を行うという各議院に認められている**国政調査権**（憲法62条）の活用のための改革や，国政一般について疑義をただす質問の制度（国会法74条）の充実などが議論されているところです。

◆ もっと学ぼう ────────────────────────────────

　本章の参考文献として，そしてさらなる学修のためにお勧めする文献として，①行政公務員であった著者が，立法のプロセスがどのようなものなのかに詳しく説明している中島誠『立法学 ── 序論・立法過程論〔第4版〕』（法律文化社，2020年），②参議院法制局長経験者で，国会のことを知り尽くしている著者らによる浅野一郎・河野久『新・国会事典 ── 用語による国会法解説〔第3版〕』（有斐閣，2014年），③そして1章，3章に続いて，ここでも，川﨑政司『法律学の基礎技法〔第2版〕』（法律文化社，2013年）の3冊を挙げておきたいと思います。

第 **II** 部

いろいろな法を学ぼう

◆第 7 章◆
憲　法

┌─ トピック ─┐

　参議院議員の選挙は，都道府県を単位とする選挙区と，全国を 1 つの選挙区とする比例区の組み合わせで行われています。このうち前者の選挙（選挙区選挙）について，都道府県という単位を維持しようとすると 1 票の較差を解消することが困難な状態になっていました。この点について最高裁判所は，都道府県を「参議院議員の選挙区の単位としなければならないという憲法上の要請はな」く，「都道府県を単位として各選挙区の定数を設定する現行の方式をしかるべき形で改めるなど，現行の選挙制度の仕組み自体の見直しを内容とする立法的措置を講じ，できるだけ速やかに違憲の問題が生ずる前記の（議員定数配分の）不平等状態を解消する必要がある」と述べました（最大判平成 24 年 10 月 17 日民集 66 巻 10 号 3311 頁）。

　この最高裁判所の判決を受けて公職選挙法が改正され，鳥取県と島根県，徳島県と高知県をそれぞれ一選挙区とする合区が行われました。しかし，合区の対象となった地域の住民や議員から不満の声も上がっています。

　それでは，憲法に違反することなく合区を解消し，都道府県単位の選挙を復活させるには，どのような方法が考えられるでしょうか？

● I　憲法を学ぼう

　小学校から高校まで，社会科や公民科の現代社会，政治経済の授業で憲法について勉強してきた皆さんは，ここで再び憲法を学ぼうといわれて，「またか」と思われたかもしれません。

　しかし，皆さんは本当に憲法のことを知っているでしょうか。例えば次の文章を読

んでみてください。ナゾナゾみたいな文章ですが，ちゃんと意味が通る文章です。これを説明できれば，「憲法とは何かを知っている」と胸を張ってもよいと思いますが，いかがでしょうか。

　憲法はなくとも憲法はあるが，憲法であっても憲法といえないときもある。憲法も法だが法律ではない。しかし憲法といえる法律もあるなど，憲法以外にも憲法はある。憲法を変えなくても憲法は変わるし，憲法を変えても憲法は変わらないこともある。

1　憲法はなくても憲法はある!?

まず，「憲法はなくても憲法はある」とは，どういう意味でしょうか。

憲法とは，形式的には憲法という名前が付けられた法のことですが（**形式的意味の憲法**），実質的には，「いかなる国家権力を，だれが，どのように行使するのか」といった**国家統治の基本的なルールを定めた法**のことを指します（**実質的意味の憲法**）。聖徳太子の17条憲法は，憲法という名前こそ付けられていますが，道徳的な内容が中心で，実質的意味の憲法には該当しません。

現在，ほとんどの国は，成文の憲法（形式的意味の憲法）を制定しています（⇒成文法については第1章Ⅱ2を参照）。しかし，成文の憲法がなければ国家は存在し得ないというわけではありません。日本で憲法が制定されたのは，1889年の大日本帝国憲法が最初ですが，徳川幕府時代やそれ以前の時代にも国家は存在していました。文書のかたちで憲法が存在していなかっただけで，国家統治の基本的なルール自体は存在していたのです。現代でも，例えばイギリスは成文の憲法を有していませんが（**不文憲法**），実質的意味の憲法は当然有しています。

このことからもわかるように，実質的意味での憲法は，必ずしも成文のかたちでなければならないわけではないのです。「憲法はなくても憲法はある」というのは，「（形式的意味の）憲法はなくても（実質的意味の）憲法はある」という意味の文章だということになります。

2　憲法であっても憲法といえないときもある!?

次に，「憲法であっても憲法とはいえない憲法もある」とはどういうことでしょうか。

1で見たように，実質的意味の憲法は，古今東西，国家が存在するところには必ず存在します。しかし憲法学では，一定の内容を備えた憲法だけを憲法と呼ぶことがあります。**近代的意味の憲法**とか，**立憲的意味の憲法**という用法がそれにあたります。

近代的な意味での立憲主義に基づいている憲法ということですが，**近代立憲主義**の考え方が端的に示されているものとして，1789 年のフランス人権宣言 16 条「権利の保障が確保されず，権力の分立も定められていない社会は，すべて憲法をもつものではない」という規定を引き合いに出すのが通例となっています。

この用法に従えば，権利保障と権力分立が確保されていない国家は，実質的意味の憲法や形式的意味の憲法を有していたとしても，立憲的意味の憲法は有していないということになります。したがって，「憲法であっても憲法とはいえない憲法もある」とは，「(実質的意味または／および形式的意味の) 憲法であっても (立憲的意味の) 憲法とはいえない憲法もある」という意味の文章だということになります。

3　憲法も法だが法律ではない!?

「憲法も法だが法律ではない」という文ですが，これは第 1 章 II 1，2 でも説明しましたので，すでに明らかだと思います。改めて簡単に説明すると，法律とは，広い意味では法一般を指す用法もありますが，通常は，国会の議決によって制定された特定の法規範 (議会制定法) のことを指します。

憲法も法規範のひとつであることは間違いないですが，議会制定法としての法律ではありません。したがって，「憲法も法だが法律ではない」は，「憲法も法 (規範) だが (議会制定法としての) 法律ではない」という意味の文章ということになります。

4　憲法といえる法律もある!?

つい先ほど，「憲法も法だが法律ではない」と述べましたが，それに続いて，「憲法といえる法律もある」と記されています。一見すると矛盾しているようにも思えますが，これは一体どういう意味なのでしょうか。

形式的意味の憲法 (＝憲法という名前のついた法) と，実質的意味の憲法 (＝国家統治の基本的なルール) は，重なり合う部分も少なくないですが，完全に一致するということはありません。というのも，国家統治の基本的なルールを定めた法は，形式的意味の憲法のなかにだけ存在しているとは限らないからです。

後述するように，天皇，国会，内閣，裁判所などの統治機関は，憲法によって設置される機関ですが，これらの機関の具体的な組織や権限，人員などの詳細については，皇室典範，国会法，内閣法，裁判所法といった法律によって定められています。その意味で，それらの法律もまた，国家統治の基本的なルールを定めた法，つまり，実質的意味の憲法ということができるのです。 トピック で登場した選挙制度を定める公職選挙法も，実質的意味の憲法の典型です。

したがって，「憲法といえる法律もある」というのは，「（実質的意味の）憲法といえる（議会制定法としての）法律もある」ということを意味する文章だということになります。なお，実質的意味の憲法といえる議会制定法のことを，**憲法附属法**と呼ぶことがあります。

5 憲法以外にも憲法はある!?

さらに，国家統治の基本的なルールを定めた法は，憲法と法律（憲法附属法）だけに限られるわけではありません。実質的意味の憲法は，憲法と法律のほかにも，憲法判例や，国会両議院の議院規則，最高裁判所が定める裁判所規則，さらには条約などにも含まれている場合があるからです。このことについて，憲法の教科書では**憲法の法源**，つまり，実質的意味の憲法という規範は，どのような形式で存在しているかについて解説する部分で言及されているはずです。トピックで登場した最高裁判所の判例も憲法の法源に該当します（ただし，第1章Ⅱ4で説明したように，判例に一般的な法的拘束力があるわけではないことに注意してください）。

以上により，「憲法以外にも憲法がある」というのは，「（形式的意味の憲法）以外にも，憲法（法源）がある」という意味の文章ということになります。

6 憲法を変えなくても憲法は変わる!?

もう慣れてきたと思いますが，あと少しだけお付き合いください。最後に，「憲法を変えなくても憲法は変わる」はどういう意味でしょうか。

憲法改正手続は形式的意味の憲法に定められていますが，憲法を改正するためには，法律の改正よりも重い手続が要求されるのが通例です。これを**硬性憲法**と言いますが，日本国憲法96条1項は，「この憲法の改正は，各議院の総議員の三分の二以上の賛成で，国会が，これを発議し，国民に提案してその承認を経なければならない。この承認には，特別の国民投票又は国会の定める選挙の際行はれる投票において，その過半数の賛成を必要とする。」と定め，「法律案は，この憲法に特別の定のある場合を除いては，両議院で可決したとき法律となる」と定める憲法59条1項と比べて重い手続を定めています。トピックの合区解消のための方法の一つは，憲法を改正して，参議院議員の都道府県単位の選挙制度を憲法で認めてしまうことです。

日本国憲法は，1946年に制定され，1947年から施行されていますが，これまでに一度の改正も経験していません。しかし，憲法附属法などを中心に，形式的意味の憲法以外の実質的意味の憲法の制定改廃を通じて，1946年と現在とでは，国家統治の基本的なルールはまったく異なる様相となっています。「憲法を変えなくても憲法は

変わる」とは，「（形式的意味の）憲法を変えなくても（実質的意味の）憲法は変わる」という意味の文章ということになります。

　選挙制度の詳細については後述しますが，1994年に大きな選挙制度改革が行われて現在の形になっています。この改革は，国家統治の基本的なルールを大きく変更したと評価できますが，憲法改正ではなく法律の改正によって行われました。 トピック の合区解消について，憲法改正ではなく法律の改正によって実現することも不可能ではありません。この点については本章Ⅳで触れることにします。

● Ⅱ　日本国憲法を知ろう ── その基本原理と構造

　以上に述べてきたことは，必ずしも日本に限られない憲法一般についての説明でした。続いて，日本国憲法に焦点を当てて，その特徴を見ていきたいと思います。

1　日本国憲法の構成はどうなっている？

　まず，日本国憲法には何が書いてあるのかを確認してみましょう。全部で103条から成る日本国憲法は，次の通り，前文と11の章に分かれています。

前　文	
第1章　天皇	1条〜8条
第2章　戦争の放棄	9条
第3章　国民の権利及び義務	10条〜40条
第4章　国会	41条〜64条
第5章　内閣	65条〜75条
第6章　司法	76条〜82条
第7章　財政	83条〜91条
第8章　地方自治	92条〜95条
第9章　改正	96条
第10章　最高法規	97条〜99条
第11章　補則	100条〜103条

　一般に憲法は，人権に関する部分と，国家組織・機構に関する部分を有するのが通常ですが，日本国憲法も，それらの内容を備えたものとなっていることが分かりま

す。憲法の教科書も，「人権」と「統治機構」，そして先ほど見た憲法の概念や憲法の歴史などに触れる「総論」に区別するのが通例となっています。

2　日本国憲法の基本原理は何？

それでは日本国憲法は，どのような理念に基づいている憲法なのでしょうか。

小学校や中学校の社会科の授業，あるいは高校の現代社会や政治経済の授業などで，**日本国憲法の三大原理**として，**国民主権，基本的人権の尊重，平和主義**の3つを習ったと思いますが，この三つが日本国憲法の三大原理であるとは憲法のどこにも書かれていません。憲法の前文や個々の条文から，日本国憲法がよって立つ基本的な考え方や理念を抽出すれば，この3つになると解釈されているのです。以下，具体的に見てみましょう。

(1)　国 民 主 権

国民主権については，前文の第1段落第1文で，「日本国民は，正当に選挙された国会における代表者を通じて行動し，われらとわれらの子孫のために，諸国民との協和による成果と，わが国全土にわたつて自由のもたらす恵沢を確保し，政府の行為によつて再び戦争の惨禍が起ることのないやうにすることを決意し，ここに主権が国民に存することを宣言し，この憲法を確定する」と述べられています。また1条でも「主権の存する日本国民」という言及があります。

(2)　人 権 の 尊 重

次に，人権の尊重ですが，これについては憲法第3章の「国民の権利及び義務」の箇所で多くの人権が規定されています。日本国憲法の人権尊重の基本的な考え方が示されているのが，憲法13条で，「すべて国民は，個人として尊重される。生命，自由及び幸福追求に対する国民の権利については，公共の福祉に反しない限り，立法その他の国政の上で，最大の尊重を必要とする。」と定められています。また，「第10章　最高法規」の箇所にある憲法97条で，「この憲法が日本国民に保障する基本的人権は，人類の多年にわたる自由獲得の努力の成果であつて，これらの権利は，過去幾多の試錬に堪へ，現在及び将来の国民に対し，侵すことのできない永久の権利として信託されたものである」と格調高く謳われています。

(3)　平 和 主 義

平和主義については，前文の第一段落で「政府の行為によつて再び戦争の惨禍が起ることのないやうにすることを決意」するとか，前文の第2段落で「日本国民は，恒久の平和を念願し，人間相互の関係を支配する崇高な理想を深く自覚するのであつ

て，平和を愛する諸国民の公正と信義に信頼して，われらの安全と生存を保持しよう
と決意した。われらは，平和を維持し，専制と隷従，圧迫と偏狭を地上から永遠に除
去しようと努めてゐる国際社会において，名誉ある地位を占めたいと思ふ。われら
は，全世界の国民が，ひとしく恐怖と欠乏から免かれ，平和のうちに生存する権利を
有することを確認する。」と宣言しています。そして，その具体的な方法は，「戦争の
放棄」と題された憲法9条で定められています。

⑷　三大原理以外の重要な原理

なお，日本国憲法がよって立つ基本原理は，この3つに限定されなければならない
わけではありません。例えば前文では，先ほど引用した前文の第1段落では，国民に
よって選ばれた代表者を通じた民主政治である**間接民主制**を採用することが宣言さ
れていました。また前文の第2段落では，**国際協調主義**が強調され，憲法98条2項
でもそのことを確認しています。こうした原理もまた，日本国憲法の基本原理として
挙げることも可能でしょう。

3　立憲主義と三大原理の関係

比較憲法史の観点から見たとき，日本国憲法は**立憲主義**に基づいた憲法であると
いうことが非常に重要です。立憲主義とは，広い意味では，憲法に基づいて統治が行
われなければならないという考え方ですが，近代的意味の立憲主義は，とくにその統
治の目的が人権保障にあり，その実現のために権力を集中させずに分立させるという
内容であることを要請します。本章Ⅰ2では，「立憲的意味の憲法」について述べま
したが，日本国憲法は立憲的意味の憲法であるということです。

立憲主義と三大原理との関係ですが，立憲主義は，近代になって生まれた政治的な
理念のことです。これに対して日本国憲法の三大原理は，主に大日本帝国憲法と比較
したときに浮かび上がる日本国憲法の特徴のことです。大日本帝国憲法は，国民主権
を採用しておらず天皇が主権を有していましたし，人権の保障には「法律の範囲内」
という限定が付けられており，必ずしも十分ではありませんでした。また戦争を放棄
しておらず，実際に何度か戦争が行われました。これを否定したところに，日本国憲
法の基本原理を見いだしたのが，三大原理なのです。

つまり，三大原理と立憲主義には重なり合う部分がありますが，日本国憲法が立憲
主義に基づく憲法であることを前提に，その特徴としてどの部分を強調するのかとい
うときに，大日本帝国憲法との対比で三大原理が強調されるということです。別の言
い方をすれば，日本国憲法の国民主権や平和主義は，必ずしも立憲主義からの必然的

な要請ではないということです。

4　権力分立と法の支配も大切

　その他，日本国憲法のよって立つ重要な原理として，法の支配と権力分立について
も簡単に説明しておきます。両者は，歴史的な出自こそ異なりますが，密接に関連し
ています。

　法の支配とは，人の支配に対する概念で，国家権力は法に従って行使されなけれ
ばならないという考え方です。国家権力を法に従わせるためには，法を作る機関と，
法を執行する機関，そして法が適切に執行されたかを判断する機関を別々にすること
が必要でしょう。こうして法の支配は，権力分立と関係してきます。

　権力分立とは，国家が担うべき中心的な権限を，立法・行政・司法に区別し，そ
れぞれを別々の機関に担わせることによって，全ての権限を掌握した専制君主や独裁
者が出現しないようにして自由を確保しようとする考え方のことで，やはり，人によ
る場当たり的で恣意的な支配ではなく，あらかじめ定められた法に基づいて国の政治
が行わせようとすることを目的としています。

　日本国憲法は，立法権を国会に（憲法41条），行政権を内閣に（憲法65条），そして
司法権を裁判所に与えています（憲法76条1項）。そして，憲法98条1項で「この憲
法は，国の最高法規であつて，その条規に反する法律，命令，詔勅及び国務に関する
その他の行為の全部又は一部は，その効力を有しない。」とするとともに，99条で
「天皇又は摂政及び国務大臣，国会議員，裁判官その他の公務員は，この憲法を尊重
し擁護する義務を負ふ。」と定めています。このようにして，両原理が憲法に反映さ
れているのです。

　裁判については第2章で言及しました。立法については第6章で，行政について
は，第8章で触れています。

> **■ コラム 17　権力分立と議院内閣制**
> 　権力分立の原理は，特定の具体的制度を求めるわけではありません。権力分立の原理を
> 採用していながらも，国によって統治の仕組みが異なるのはこのためです。
> 　具体的な統治の仕組みについては，立法権（議会）と行政権（政府）との関係に着目し
> て，議院内閣制，大統領制，半大統領制，議会統治制などに区別して整理するのが一般的
> です。
> 　このうち，権力分立の原理を比較的忠実に制度化していると考えられるのが大統領制で
> す。大統領制では，行政権の長である大統領と，立法権を担う議会の構成員である議員
> は，それぞれ別々に選挙で選ばれます。議会は原則として大統領をやめさせることができ
> ない一方，大統領も議会を解散することができません。他方，日本国憲法が採用している

議院内閣制は，行政権は内閣が担い，立法権は国会が有するというように一応分立させつつも，内閣は国会に対して連帯して責任を負っており，国会の信任がなくなれば総辞職しなければならない一方，内閣も衆議院を解散させて，新たに選ばれた国会によって改めて信任を求めることができるというように，議会と政府の間に融合が見られる制度です。

　この「融合」は，権力分立とどのような関係に立つのでしょうか。憲法学では，権力分立とは，権力集中させる専制を否定する考え方だとして緩やかに捉えたうえで，議院内閣制はその意味での権力分立を採用しているとして，権力分立と議院内閣制を調和的に捉えて説明するのが一般的です。

5　日本国憲法の個性的な規定 ── 象徴天皇制と戦争の放棄

　日本国憲法のよって立つ三大原理，立憲主義の内容である人権保障と権力分立，そしてそれらと密接に関係する法の支配は，日本以外の国の多くが採用している原理です。これに対して，日本国憲法の独自性を示しているのが，憲法第1章で規定されている**象徴天皇制**と，第2章の徹底した平和主義といえる**戦争の放棄**です。

　先ほど，国民主権の原理は，大日本帝国憲法下における天皇主権との対比で強調される原理であると述べましたが，このことは，「天皇は，日本国の象徴であり日本国民統合の象徴であつて，この地位は，主権の存する日本国民の総意に基く」という憲法1条の規定に示されています。重要なことは，憲法上，「天皇は，この憲法の定める国事に関する行為のみを行ひ，国政に関する権能を有しない」（4条）とされ，しかも「天皇の国事に関するすべての行為には，内閣の助言と承認を必要とし，内閣が，その責任を負ふ」（3条）とされていることです。もはや戦前とは異なり，天皇が政治的な権力を行使することができないことにされているのです。

　戦争の放棄を定める憲法9条は，この象徴天皇制と深く関係しています。

　日本国憲法は，第二次世界大戦に敗れた日本を占領統治した連合国軍の関与のもとで起草され，審議されましたが，そのなかで天皇制をどうするかが大きな争点になりました。連合国総司令部（GHQ）の最高司令官であったダグラス・マッカーサーは，天皇の戦争責任を追及したり，天皇制を廃止したりするとなると，日本国民の間で強固な抵抗運動が起こり，占領統治が上手くいかなくなってしまうと考えるようになっていました。しかし，天皇の戦争責任を追及すべきだという国際世論も無視できません。そこでマッカーサーは，そうした国際世論を納得させるべく，天皇からすべての政治権力を奪い，かつ，戦争を放棄させることにし，そのような内容の憲法草案をもとに日本国憲法を作らせました。

　このようにして，他国では類を見ないほど徹底した平和主義が憲法に定められることになったのです。

■ コラム *18*　政府の憲法 9 条解釈

　憲法 9 条は，1 項で「日本国民は，正義と秩序を基調とする国際平和を誠実に希求し，国権の発動たる戦争と，武力による威嚇又は武力の行使は，国際紛争を解決する手段としては，永久にこれを放棄する」，2 項で「前項の目的を達するため，陸海空軍その他の戦力は，これを保持しない。国の交戦権は，これを認めない」で定めています。一読した限り，自衛隊の存在を認めていないかのようにみえますが，この点はどのように説明されているのでしょうか。

　政府見解は次のように説明します。①憲法前文で平和のうちに生存する権利，憲法 13 条で幸福追求権が保障されていることに照らすと，憲法 9 条は自国の平和と安全を維持しその存立を全うするために必要な自衛の措置をとることを禁じているとは解されない，②自衛権が否定されない以上，その行使を裏づける自衛のための必要最小限度の実力を保持することは，憲法上認められる，③自衛隊は，自衛のための必要最小限度の実力であるから，憲法 9 条 2 項が保持を禁止している「戦力」には該当しない。

　そして政府は，自衛権の行使は，日本に対する外国からの急迫，不正の武力攻撃に対処し，国民の権利を守るための止むを得ない措置として，そのような事態を排除するために必要最小限度の限度で認められるものだから（**個別的自衛権**），日本が攻撃されていないけれども同盟国などが攻撃された場合に武力を行使するという**集団的自衛権**の行使は憲法上認められない，としてきました。この解釈を変更したのが，2014 年 7 月の閣議決定です。それによると，国民の生命，自由及び幸福追求の権利が根底からくつがえされるという急迫，不正の事態は，わが国に対する武力攻撃が発生した場合に限られず，我が国と密接な関係にある他国に対する武力攻撃が発生した場合にも起こり得るから，そのような場合に限って，集団的自衛権を行使することは憲法上容認される，というものでした。

● III　日本国憲法を具体化する

　IIでは，日本国憲法がよって立つ基本原理を見ました。次に，基本原理がどのようなかたちで具体化・制度化されているのかについて見ていきたいと思います。

1　簡潔・簡素な条文

　法律などと比較してもらうと明らかですが，日本国憲法は極めて一般的，抽象的な条文から構成されている非常にコンパクトな法です。

　まず，人権部分を見てみると，例えば憲法 23 条は，「学問の自由は，これを保障する」と規定するだけで，学問とは何か，この自由にはいかなる限界があるのかなどについて何も語っていません。もう少し詳しく書かれている人権規定もありますが，どれも似たり寄ったりです。

　別の条文を見ると，憲法 12 条が「この憲法が国民に保障する自由及び権利は，国民の不断の努力によつて，これを保持しなければならない。又，国民は，これを濫用

してはならないのであつて，常に公共の福祉のためにこれを利用する責任を負ふ」と定め，どうやら人権は濫用してはならないこと，**公共の福祉**によって制約され得るということが分かりますが，何をしたら濫用になるのか，公共の福祉とは何かについて，やはり沈黙しています。そのため，公共の福祉の中身の具体化は，違憲審査権を有する裁判所が主に担うことになっています。

　また，憲法全体を見渡してみると，「法律でこれを定める」，「法律の定めるところにより」といった規定が目立ちます。例えば先ほど，憲法は「正当に選挙された国家における代表者を通じて行動」（前文）するという間接民主制，つまり，国民のなかから代表者を選び，その代表者が国民にかわって国政を担当するという仕組みを採用していると述べましたが，憲法 43 条 2 項は「両議院の議員の定数は，法律でこれを定める」，44 条前段は「両議院の議員及びその選挙人の資格は，法律でこれを定める」，そして 47 条は，「選挙区，投票の方法その他両議院の議員の選挙に関する事項は，法律でこれを定める」と規定し，間接民主制に関する具体的制度の構築を法律に委ねています（**選挙事項法定主義**）。 トピック で触れた選挙制度は，基本的に法律によって構築されることが予定されているのです。

　その他にも，例えば憲法 92 条は，「地方公共団体の組織及び運営に関する事項は，地方自治の本旨に基いて，法律でこれを定める」として，地方自治に関する制度の構築について詳細を法律に委ねています。また，人権の部分を見ても，例えば憲法 29 条 2 項は，「財産権の内容は，公共の福祉に適合するやうに，法律でこれを定める」として，やはり，法律による財産権の内容形成を予定しています。

2　法律を通じた具体化

　もちろん憲法は，どのような制度であっても法律で作りさえすればよいとしているわけではありません。例えば，間接民主制・選挙制度に関する部分に関しては，憲法 43 条が「両議院は，全国民を代表する選挙された議員でこれを組織する」と定めていますし，先ほど引用した憲法 44 条の後段の但書の部分では，「但し，人種，信条，性別，社会的身分，門地，教育，財産又は収入によつて差別してはならない。」と規定しています。地方自治についての 92 条も，「地方自治の本旨に基いて」という条件が付されていますので，これに反するような法律は違憲と評価されることになります。

　 トピック で触れた選挙制度における議員定数の平等も，憲法の規定から導かれる憲法上の要請です。最高裁判所も，「憲法は，14 条 1 項において，すべて国民は法の下に平等であると定め，一般的に平等の原理を宣明するとともに，政治の領域におけ

るその適用として，前記のように，選挙権について15条1項，3項，44条但書の規定を設けている。これらの規定を通覧し，かつ，右15条1項等の規定が前述のような選挙権の平等の原則の歴史的発展の成果の反映であることを考慮するときは，憲法14条1項に定める法の下の平等は，選挙権に関しては，国民はすべて政治的価値において平等であるべきであるとする徹底した平等化を志向するものであり，右15条1項等の各規定の文言上は単に選挙人資格における差別の禁止が定められているにすぎないけれども，単にそれだけにとどまらず，選挙権の内容，すなわち各選挙人の投票の価値の平等もまた，憲法の要求するところであると解するのが，相当である」と述べ，このことを認めています（最大判昭和51年4月14日民集30巻3号223頁）。

とはいえ，法律に委ねられている部分が多いということは，日本国憲法の特筆すべき特徴であるといえるでしょう。

● IV　選挙制度を知ろう

IIIで見てきたように，日本国憲法の基本原理は，形式的意味の憲法だけでなく，憲法附属法をはじめとしたさまざまな法令によって具体化されています。憲法を勉強するということは，憲法という名前の法（形式的意味の憲法）だけを見ているだけでは足りず，そうした基本原理を具体化する法令（実質的意味の憲法）にまで目を向けなければならないのです。

ここでは，国民主権の具体化としての選挙制度を見ておきましょう。

国民主権を基本原理として採用する日本国憲法のもと，主権者である国民は，代表を通じて行動することとされています。国民は，衆議院と参議院の議員を選挙を通じて選びます。そして，選ばれた国会議員のなかから内閣総理大臣が選出され，その内閣総理大臣によって大臣が選ばれて内閣が作られます。最高裁判所の長官は内閣によって指名されますし，最高裁判所のその他の裁判官は内閣が任命します。このように，国民を起点としながら，統治の正統性の連鎖が続いていることを確認してください。主権者国民にとって，代表を選ぶという選挙がいかに重要であるかがわかるはずです。

本章III1で触れたように，選挙制度について憲法は，選挙事項法定主義を採用し，一定の憲法の枠を定めつつ，その具体的な制度構築を法律に委ねています。そうして構築された日本の国政選挙の仕組みをまとめれば，次の通りです。

◆ 表：国政選挙の仕組み

国会の構成	衆議院		参議院	
選挙権	満 18 歳以上の日本国民			
被選挙権	満 25 歳以上の日本国民		満 30 歳以上の日本国民	
議員定数	465 人		245 人（＊）	
選挙方法	小選挙区	全国 289 の小選挙区から 289 人選出	選挙区	47 都道府県を単位（ただし合区あり）で，147 人選出 ＊3 年ごとの半数改選
	比例区	全国 11 ブロックから 176 人選出 （拘束名簿式。小選挙区選挙との重複立候補できる）	比例区	全国から 98 人選出 （非拘束名簿式。選挙区選挙との重複立候補はできない） ＊3 年ごとの半数改選
投票方法	有権者は 1 人 2 票持ち，1 票は小選挙区の候補者名 1 名を自著し。1 票は比例代表の政党名を自著する。		有権者は 1 人 2 票持ち，1 票は選挙区の候補者名 1 名を自著し，1 票は比例区の候補者名または政党名を自著する。	
任期	4 年（任期途中での解散あり）		6 年（解散なし。3 年ごとの半数改選）	

＊2022 年の選挙以降，参議院の定数は，選挙区選出議員 148 名と比例代表選出議員 100 名の計 248 名になります。

　さて，参議院の合区解消を憲法改正ではなく法律で行うとしたら，どのような方法があり得るでしょうか。政治的な実現可能性を度外視して言えば，例えば，①参議院の比例区を廃止して，その分の議員数を選挙区に配分するという方法が考えられます。その他にも，②議員の絶対数を増やして各都道府県に必ず議席が配分されるようにする，③現在のところ，3 年ごとに行われる参議院選挙においてすべての都道府県（合区を含む）の選挙区から議員を選出できるように，偶数（最低 2 名）を配分していますが，これを廃止して奇数配分（最低 1 名）にする，などの方法が考えられるでしょう。なお，③の方法を採用する場合，議員定数の配分が 1 名の選挙区には，6 年に 1 回しか選挙の機会が回ってきませんので，議員定数が 2 名以上配分され，3 年ごとに選挙の機会がある選挙区と比べると，選挙で意思表示する機会が少なくなってしまいます。そこで，議員定数が 2 名以上配分されていたとしても，すべての都道府県で 6 年に 1 回の選挙が行われるようにする必要が生じます。そのためには，例えば，47 都道府県を二つのグループに分け，今年はグループ 1 の都道府県での選挙，6 年後はグループ 2 の都道府県での選挙，というような調整が必要となるでしょう。

● V　憲法の実効性を確保する ── 裁判所による憲法の保障

1　憲法に反する法令は違憲・無効
── 法の支配の具体化としての違憲審査制

　日本国憲法は，81条で「最高裁判所は，一切の法律，命令，規則又は処分が憲法に適合するかしないかを決定する権限を有する終審裁判所である」と定め，法の支配の実現のために，裁判所に**違憲審査権**を付与しました。

　日本の違憲審査制の特徴は，裁判所に与えられた「司法権」(憲法76条1項) の行使に付随して，必要な限りで，法律などの憲法適合性を審査するとされている点にあります。これを**付随的違憲審査制**と言いますが，具体的な事件になっていない段階で，抽象的に，法律などの憲法適合性を判断することを認めている国もあります (**抽象的違憲審査制**)。

　これまでに最高裁判所で違憲と判断された法律は，次の表に掲げた10件だけです。違憲判断が少ないのは，内閣法制局 (⇒第6章コラム *14*) の審査を中心に，法律が憲法に違反しないように丁寧に作られているからだという意見もありますが，民主的に選ばれた国会議員が制定した法律を，民主的に選ばれたわけではない裁判官が違憲無効とすることに対する躊躇があるからだという意見もあります。

　また，裁判所が判断できる具体的な事件にはなりにくい統治機構に関する問題については，行政機関の**有権解釈** (⇒第3章Ⅲ) が大きな役割を果たしています。

◆ 表：違憲とされた法律の規定

尊属殺人罪を定めた刑法の規定	最大判昭和48・4・4
薬局の距離制限（適正配置）を定めた薬事法の規定	最大判昭和50・4・30
衆議院の議員定数配分を定めた公職選挙法の規定①	最大判昭和51・4・14
衆議院の議員定数配分を定めた公職選挙法の規定②	最大判昭和60・7・17
共有林の分割を制限する森林法の規定	最大判昭和62・4・22
賠償責任を限定する郵便法の規定	最大判平成14・9・11
在外国民に選挙権の行使を認めていなかった公職選挙法の規定	最大判平成17・9・14
一定の場合に日本国籍の付与を認めなかった国籍法の規定	最大判平成20・6・4
非嫡出子の相続分に関する民法の規定	最大決平成25・9・4
女性のみ再婚禁止期間を設けていた民法の規定	最大判平成27・12・16

2　裁判所はどのように人権を護っているの？

　立憲主義は人権保障を求め，日本国憲法も人権の尊重を基本原理としています。裁判所は違憲審査権を行使して，不当に人権を制約する法律や国家行為を違憲と判断することができますが，どのようにして人権を制約する法令等が違憲であるか否かを判断すればよいのでしょうか。

　先ほど述べたように，憲法は人権の限界を「公共の福祉」と表現しています。かつて最高裁判所は，大前提として，「基本的人権といえども絶対無制約ではなく，公共の福祉により制約を受ける」，小前提として「この法律の規制は公共の福祉のためである」，結論として「だからこの法律は合憲である」，という簡単な法的三段論法（⇒第3章Ⅰ1）によって人権を制約する法律を合憲としてきました。しかし，公共のため，社会全体のために制定された法律であれば「公共の福祉」に該当するとなれば，人権の制約はほとんどすべてが「公共の福祉」によって正当化されてしまいかねません。

　現在の最高裁判所は，人権を制約する法令の合憲性を判断するために，一定の利益を確保しようとする目的のために人権の制限が必要とされる程度と，制限される人権の内容や性質，これに加えられる具体的制限の態様および程度等を具体的に衡量して，その合憲性を判断するという**比較衡量**という手法を用いています。

　これに対して学説では，憲法が保障する人権の重要性を比較衡量のなかできちんと評価させるために，**違憲審査基準論**を提唱しています。違憲審査基準論とは，人権を制約している法令の規定を，どのような「目的」で，いかなる「手段」を採用しているのかという目的と手段の関係に整理したうえで，目的の重要度と，目的と手段の結びつきを，重要な権利であればあるほど，そして人権に加えられる制約の度合いが強度であればあるほど，厳格に求めていくべきであるという考え方です。

　最高裁判所も違憲審査基準論の考え方の一部を導入していますが，学説からは，人権の重要性を十分に踏まえていないとの批判が向けられることが少なくありません。

● Ⅵ　発展的なことを考えてみよう —— 受刑者の選挙権制限

> 発展トピック
>
> 　公職選挙法11条1項柱書は，「次に掲げる者は，選挙権及び被選挙権を有しない」とし，2号で「禁錮以上の刑に処せられその執行を終わるまでの者」と定めています。つまりこの規定により，受刑者には選挙権が認められません。

お酒によって友人と喧嘩をして大けがをさせてしまい，傷害罪で懲役刑を受けて刑務所に服役中のXは，「選挙犯罪とは関係ない理由で服役しているのに，刑務所にいる人はみんな選挙権が認められないというのはおかしいのではないか」と考えています。そこで，公職選挙法11条1項2号の違憲性を主張して，訴訟を提起することにしました。

　どのように争うのかという訴訟法上の論点については考えないことにして，この公職選挙法の規定の合憲性はどのように評価できるでしょうか。

　具体例を通じて，どのような方法で法律の規定の合憲性を審査するのかを見ていきましょう。冒頭で扱った トピック が選挙制度でしたので，この 発展トピック では選挙権の事例を用意してみました。

　まず，問題となっているXの権利は選挙権です。これについて述べた有名な最高裁判決があります。国外に居住している日本人に対して選挙権を制限していた公職選挙法の規定を違憲と判断した**在外国民選挙権事件判決**です（最大判平成17年9月14日民集59巻7号2087頁）。この判決は，選挙権について次のように述べました。少し長いですが，とても大切な部分なので，煩を厭わずに引用します。

　　国民の代表者である議員を選挙によって選定する国民の権利は，国民の国政への参加の機会を保障する基本的権利として，議会制民主主義の根幹を成すものであり，民主国家においては，一定の年齢に達した国民のすべてに平等に与えられるべきものである。

　　憲法は，前文及び1条において，主権が国民に存することを宣言し，国民は正当に選挙された国会における代表者を通じて行動すると定めるとともに，43条1項において，国会の両議院は全国民を代表する選挙された議員でこれを組織すると定め，15条1項において，公務員を選定し，及びこれを罷免することは，国民固有の権利であると定めて，国民に対し，主権者として，両議院の議員の選挙において投票をすることによって国の政治に参加することができる権利を保障している。そして，憲法は，同条3項において，公務員の選挙については，成年者による普通選挙を保障すると定め，さらに，44条ただし書において，両議院の議員の選挙人の資格については，人種，信条，性別，社会的身分，門地，教育，財産又は収入によって差別してはならないと定めている。以上によれば，憲法は，国民主権の原理に基づき，両議院の議員の選挙において投票をすることによって国の政治に参加することができる権利を国民に対して固有の権利として保障しており，その趣旨を確たるものとするため，国民に対して投票をする機会を平等に保障しているものと解するのが相当である。

　発展トピック の事例では，公職選挙法11条1項2号により，この選挙権が制約さ

れています。それでは，当該規定が違憲か合憲かをどのように判断すればよいのでしょうか。この点について在外国民選挙権事件判決は，先ほど引用した部分に続けて，次のように述べました。

　　憲法の以上の趣旨にかんがみれば，自ら選挙の公正を害する行為をした者等の選挙権について一定の制限をすることは別として，国民の選挙権又はその行使を制限することは原則として許されず，国民の選挙権又はその行使を制限するためには，そのような制限をすることがやむを得ないと認められる事由がなければならないというべきである。そして，そのような制限をすることなしには選挙の公正を確保しつつ選挙権の行使を認めることが事実上不能ないし著しく困難であると認められる場合でない限り，上記のやむを得ない事由があるとはいえず，このような事由なしに国民の選挙権の行使を制限することは，憲法 15 条 1 項及び 3 項，43 条 1 項並びに 44 条ただし書に違反するといわざるを得ない。

　このように，選挙権の制限を正当化するには，かなり厳しい審査をパスしなければならないことが分かりますね。別の角度から言えば，当該規定を合憲であると主張したい国側は，この審査基準を用いられないように反論をしていくことになります。具体的には，選挙事項法定主義などを強調しながら，国会に認められた広い裁量を強調しつつ，ここで引用した「自ら選挙の公正を害する行為をした者等の選挙権について一定の制限をすることは別として」という部分（「等」とあることに着目してください）に，受刑者が含まれるのだから，ここまで厳しい基準が用いられるべき事案ではない，などと主張するはずです。

　このように，法律の規定の合憲性を判断する基準を確定させたら，残る作業は，当該規定が制定された理由や根拠など（立法事実）を，基準に照らして評価することです。この部分は「当てはめ」と言われることがあります。それでは，どのような理由で，なぜ受刑者を一律に扱っており，それは以上の審査基準に照らすとどのように評価されるでしょうか。

　この点については，同規定を違憲とした大阪高判平成 25 年 9 月 27 日判例時報 2234 号 29 頁と，合憲とした広島高判平成 29 年 12 月 20 日裁判所ウェブサイトを対比してみるとよいでしょう。判例を読んでみるというのは，法学の基本中の基本です。訴訟法上のややこしい論点についても触れられていますが，その部分は読み飛ばしても構いませんから，各自でチャレンジしてみてください。

　代表的な憲法の教科書として，①芦部信喜（高橋和之補訂）『憲法〔第7版〕』（岩波書店，2019年），②高橋和之『立憲主義と日本国憲法〔第5版〕』（有斐閣，2020年）を挙げておきたいと思います。まずは教科書を通読して，憲法の全体像の把握に努めてください。なお，本章の執筆者が関わった教科書として，③曽我部真裕・新井誠・佐々木くみ・横大道聡『憲法Ⅰ　総論・統治』『憲法Ⅱ　人権』（日本評論社，2016年）があります。併せて参照していただければと思います。

　条文ごとに法令の説明をすることを逐条解説と言いますが，憲法の逐条解説として，④木下智史＝只野雅人編『新・コンメンタール憲法〔第2版〕』（日本評論社，2019年）などが便利です。辞書代わりに使用してもよいでしょう。

◆第 8 章◆
行 政 法

┌─ トピック ─

　この 4 月から大学生になる A さんは，大学入学前の春休みを利用して自動車の運転免許を取ろうと思い，合宿免許に申し込むことにしました。諸費用込みで 30 万円！！　必死で貯めたアルバイト代がすべて消えてしまいました。

　自動車学校でのスケジュールはすでにきちんと組まれています。教室で道路交通法についての授業を受けたり，学校内のコースで運転したり，応急救護の実習を受けたりと，なかなか忙しい日々が続きます。「大学の授業よりもちゃんと聞いているかも」と笑うのは，仲良くなった別の大学に通う 2 つ年上の B さんです。

　順調に仮免許を取得し，路上での運転の経験もして，卒業検定にも合格。これで終わりかと思いきや，最後の関門，運転免許試験場での試験（適性試験と学科試験）が残っています。ドキドキしながら，自分の受験番号が電光掲示板に表示されるのを待つ瞬間は，大学の合格発表を思い出します。……やった！合格だ！　今度は自動車を買うためにアルバイトを頑張らなければと意気込む A さん。でも勉強もちゃんとしてくださいよ。

　さて，A さんの運転免許の取得は，法的にはどのように見える行為なのでしょうか。

● I　行政法を学ぼう

1　私たちと行政とのかかわり

　自動車はとても便利ですが，時として危険な凶器にもなる乗り物です。そこで，国民全体の安全を守りながら自動車の便利さを享受できるように，道路交通法という法

律によって自動車の運転や交通のルールが決められています。

　これは，行政が私たちの日常生活とかかわり合う場面のほんの一例にすぎません。今日のお昼ご飯を食べたイタリアンのお店も行政から営業許可を受けていますし（食品衛生法など），サークルの飲み会で終電を逃したときに乗ったタクシーの営業やメーターの料金設定にも行政が関わっています（道路運送法やタクシー業務適正化特別措置法など）。皆さんが住んでいるマンション（建築基準法など），通う大学（学校教育法など），いきつけの銭湯（公衆浴場法など）も，行政と無縁ではいられません。

　これらの法律はすべて行政法に分類されます。民法や刑法のように，行政法という名前の法律が存在しているわけではなく，行政に関する法を総称して行政法というのです。

2　行政法で学ぶこと

　行政法に分類される法規範（法律だけに限られません）は，「犬も歩けば行政法にあたる」とか，「六法の半分ぶんどる行政法」などと言われることもあるほど，膨大な数にのぼります。「そんなたくさん勉強できないよ！」と思った方，安心してください。行政法という学問分野では，個別の法律を見ていくことよりも，そこに共通する考え方や理論を明らかにしていくことに主眼が置かれています。

　行政の活動している領域は，外交，防衛，警察，福祉，文教，国土建設，環境，産業，経済，金融，放送等々，実に多岐に渡りますが，実際に行われている活動をよく見てみると，行政の活動の仕方ないし手法（**行為形式**），あるいは私たち国民とのかかわり方と言ってもいいかもしれませんが，それらに共通点があることに気が付きます。例えば，法律によってひとまず禁止した行為を行政が個別に解除することを行政法では**許可**といいますが，Aさんの運転免許も，法律により国民全体に対して公道での自動車の運転を禁止したうえで，一定の知識と技能を有することを証明できた者に限り，禁止を解除するという性質を有しますので，行政法では許可に分類されます（法令のなかで「許可」という言葉が使われているとは限らないことに注意してください）。この許可という行政の手法は，行政の特定の活動領域に限定されて用いられる手法ではなく，領域横断的に用いられます。行政の活動の仕方ごとに類型化して，その特徴を明らかにしておけば，初めて読む法律であっても，その意味が理解できるようになりますね。行政法で学ぶのは，そうした事柄です。

> ■ **コラム 19　行政の活動と行政の組織**
> 　憲法上，行政権を有するのは内閣ですが（65条），内閣総理大臣や国務大臣が自ら行政

を行っているわけではありません。「内閣総理大臣は，内閣を代表して……行政各部を指揮監督する」（72条）と定められているように，実際に日々の行政を担っているのは**行政各部**，つまり行政機関です。

　法律上，内閣の統轄の下にある機関で，内閣府以外のものを**国の行政機関**といいます（国家行政組織法1条）。国の行政機関は，「省」，「庁」，「委員会」の3種類です。庁と委員会は，省または府に置かれますが，職務の特殊性から**外局**として一定の独立性が保障されます。外務省や文部科学省，消費者庁や原子力規制委員会など，新聞やテレビで見聞きしたことがあると思いますが，それらの行政機関の名前や，担っている仕事から，国の行政が何をしているのかをイメージができるでしょう。なお，所掌事務を分掌する**地方支分部局**が置かれることもあります。

省	委員会	庁
総務省	公害等調整委員会	消防庁
法務省	公安審査委員会	出入国在留管理庁，公安調査庁
外務省		
財務省		国税庁
文部科学省		スポーツ庁，文化庁
厚生労働省	中央労働委員会	
農林水産省		林野庁，水産庁
経済産業省		資源エネルギー庁，特許庁，中小企業庁
国土交通省	運輸安全委員会	観光庁，気象庁，海上保安庁
環境省	原子力規制委員会	
防衛省		防衛装備庁

　なお，内閣府は，内閣の重要政策に関する内閣の事務を助けることを任務とする機関です。内閣の統括を補佐する機関でもあることから，特別扱いされていますが，基本的な仕組みは国の行政機関とほぼ同じです。内閣府の外局として，宮内庁，金融庁，消費者庁，公正取引委員会，国家公安委員会，個人情報保護委員会，カジノ管理委員会が置かれています。

3　行政は権力的活動をすることができる

　民法を中心とする私法の原則は，**私的自治の原則**です（⇒第9章）。この原則のもと，個人は対等な立場から，自由な意思に基づいて活動をします。これに対して行政の活動は，社会全体の利益である公益の追求を目的とするものですから，場合によっては一部の国民の意思に反してでも，公益の実現を図る必要が生じることもあります。このことを土地の取引を例に説明してみましょう。

私人同士で土地の売買をする場合，「売りたい」という意思と「買いたい」という意思が合致すれば契約は成立します。土地の所有者が売りたくないと考えている場合には，どうしようもありません。これに対して，行政が道路の拡張工事のために私人の土地がどうしても必要になった場合，最終的には，金銭の補償をしたうえで，強制的にその土地の所有権を移転することができるのです（土地収用法）。

　このように，行政の活動は，国民に対して一方的にその権利義務関係を変動させたり，強制を加えたりするという権力的性格を持つことが通常です。

　下の表の「行政の手法」は，行政が私たち国民とかかわり合うときに用いられる手法を類型化したものです。このなかには，行政契約や行政指導のように必ずしも権力的とはいえない行為や，行政計画や行政調査のように，権力的にも非権力的にも行われることがある行為も含まれますが，本章では，権力的な行政の行為であり，もっとも典型的な行政の活動手法である行政処分を中心に，行政法の基本的な考え方に学んでいきたいと思います。

表：行政の手法（行為形式）

行政基準	行政機関による規範の定立行為。
行政処分	権力的に，相手方私人の権利義務関係を一方的に変動させる行為。
行政契約	行政目的を達成するために契約を締結する行為。
行政指導	行政目的を達成するために国民に対して任意的な協力を求める行為。
行政計画	行政目的を設定し，そのための政策手段を作成・提示する行為。
行政調査	行政目的を達成するためにおこなう情報収集行為。
行政上の強制執行	行政上の義務を負う国民が自発的に履行しない場合に，この義務を強制的に実現させる行為。
行政上の即時強制	行政上の義務の存在を前提とせずに，国民の身体や財産に強制を加える行為。

4　行政法の種類

　なお，行政法をその内容に基づいて細分すれば，行政の組織について定める**行政組織法**，行政と私人の法関係に関する**行政作用法**，そして行政の活動によって私人に生じた損害などの救済について定める**行政救済法**に区別することができます。この区別によれば，本章での議論の中心は，行政作用法ということになります。

● II　行政法の大原則 —— 法律による行政の原理（法治主義）

　行政法にとっての最も基本的かつ重要な原則が，**法律による行政の原理**です。法律を作るのは，主権者国民による選挙で選ばれた国会議員によって構成される国会でしたね（⇒第6章）。行政の活動は，国会によって制定された法律に基づき，法律に従って行われなければならないという原則が，法律による行政の原理です。

　法律による行政の原理は，具体的には，①法律の法規創造力，②法律の留保，③法律の優位の3つの原則から構成されます。以下，それぞれの内容を見ていきましょう。

1　行政機関も法を制定する —— 法律の法規創造力

⑴　行政による法規範の定立

　法律の法規創造力とは，国民の権利・義務に関係する規範（これを**法規**と言います）を創り出すことができるのは法律だけであるという原則です。憲法41条は，国会を「国の唯一の立法機関」と位置づけていますが，ここでいう立法とは，国民の権利・義務に関係する規範（法規）を制定することです。法規を制定できるのは国会の制定する法律だけですから，行政機関は法規を創り出すことが許されません。

　ただし，法律によって認められている場合には，行政機関も法規を含む規範を創り出すことが可能です。法律の制定には時間がかかりますし（⇒第6章），あらゆる事項をあらかじめ法律で定めておくことは現実的ではありません。法律では原理・原則的なことや基本的な事項について定めておき，詳細は日常的に法律の執行を担う行政機関に委ねたほうが合理的です。こうして法律による委任がある場合には，行政機関もまた立法することが許されるのです（**行政基準の定立**）。行政機関が制定する法規範のことを**命令**と言い，憲法でも行政機関が命令を制定することが予定されています（16条，73条6号，81条，98条1項）（⇒第1章II 2）。

　例えば，Aさんが自動車学校で勉強した信号機について，道路交通法4条4項は「信号機の表示する信号の意味その他信号機について必要な事項は，政令で定める」と定め，その詳細を政令に委任しています。これを受けて，道路交通法施行令2条，3条，さらに道路交通法施行規則4条は図まで用いて（別表第一，別表第一の二），信号機の詳細を規定しています（ちなみに，道路交通法施行令は政令，道路交通法施行規則は内閣府令です）。

　国民の権利・義務に変動を及ぼさない行政基準もあります。行政の内部で策定した

法律の解釈基準や運用指針などがこれに該当しますが，このような行政基準を**行政規則**といいます。課税関係の法律の解釈について国税庁が出している通達などがその例です。行政規則は法規を創造するものではないので，法律の根拠は必要ないですが，国民の生活と密接に関係する場合も少なくありません。

(2) 命令制定の限界

行政機関による命令の制定には限界があります。

まず，命令の制定を認める法律側は，国会を「唯一の立法機関」と位置付けたことを台無しにしてしまうことがないように，「命令でなんでも作っていいよ」といったような包括的な白紙委任をすることが禁止されます。個別的・具体的な委任でなければなりません。

次に，法律の根拠に基づいて制定される命令側は，委任の趣旨を逸脱した命令を制定することができません。最近の例を挙げると，最高裁判所は，一部の医薬品をインターネットで販売することを禁止していた薬事法施行規則の規定について，それは薬事法の趣旨に適合せず，薬事法の委任の範囲を逸脱した違法なものであるとして無効と判断しました（最判平成25年1月11日民集67巻1号1頁）。

(3) 国民の意見は大切 ── パブリックコメント

行政規則も含め，命令を定めようとする場合，命令を制定する機関は，その案と関連する資料をあらかじめ公示し，意見の提出先と，意見の提出のための期間（公示の日から30日以上）を定めて，広く一般の意見を求めなければならないとする**意見公募手続**，いわゆる**パブリックコメント**の制度が導入されています（行政手続法39条）。

上述したように，命令は国民の権利義務に関係するものが少なくありませんので，その内容に国民の意見を反映させることが重要になってきます。行政機関は提出された意見に法的に拘束されるわけではありませんが，それを考慮する義務と，その結果を公示する義務が課されており（同法40条～43条），国民の意見への配慮することが法的に求められているのです。

■ コラム20　同じ「命令」なのに名前が違う!?

行政機関が制定する法である命令は，制定する機関によって名称が異なります。例えば，内閣が制定する命令を**政令**（憲法73条6号），内閣総理大臣がその所掌する行政事務について発する命令を**内閣府令**（内閣府設置法7条3項），各省大臣がその所掌する行政事務について発する命令を**省令**（国家行政組織法12条1項）と言います。また，委員会，庁の長官，そして会計検査院・人事院が制定する**規則**（内閣府設置法58条4項，国家行政組織法13条1項，会計検査院法38条，国家公務員法16条1項）などがあります。

なお，省令には，根拠となる法律の名前が付けられた「○○法施行規則」という名称の

ものが少なくありません。名前は規則ですが，これも命令（省令）ですので，注意してください。さらに，最高裁判所規則や衆議院規則，参議院規則は，規則という名前ですが命令ではありません。ややこしいですね。

2　法律の根拠があることが大事 —— 法律の留保

法律の留保は，行政が活動するためには，原則として法律の根拠（法律による授権）がなければならないとする原則です。行政の活動は，国民の代表によって構成された国会が制定した法律に基づくべきであるという民主主義的な要請と，恣意的な権力発動を防ぎ，国民生活の自由を守るという自由主義的な要請から，この原則が導き出されます。

ここで法律の留保といっても，すべての行政の活動について法律の根拠が必要とされるわけではないということに注意が必要です。実務では，行政が人の権利を制限したり，一定の行為を行うように義務付けたり，強制したりする場合など，**侵害行政**を行う場合には法律の根拠が必要であるとされており（**侵害留保説**といいます），補助金の交付のように国民に利益を付与する**給付行政**は，法律の根拠がなくても行うことができることになります。

学説では，侵害行政以外にも法律の留保が求められる行政活動があると主張されていますが，どこまで法律の留保を及ぼすべきなのかについて，行政のすべての活動に法律の根拠が必要であるとする説（**全部留保説**）や，本質的な決定を行政に委ねてはならず，それについては法律の根拠が必要であるとする説（**重要事項留保説**）など，対立が見られます。

なお，法律の留保が必要であるか否かとは別に，どの程度まで具体的に法律が定めておくべきなのか（規律密度）をめぐる議論もあります。

■ コラム 21　自動車の一斉検問

忘年会や新年会のシーズンである年末年始，歓送迎会のシーズンである3月や4月には，飲酒運転を取り締まるために自動車一斉検問をしている様子を目にすることがあります。この自動車一斉検問をめぐる興味深い事件があります。検問中によって酒気帯び運転が発覚して検挙された者が，「自動車の一斉検問には法的根拠がないから違法だ！　違法な方法で得られた証拠（違法収集証拠）は裁判で用いることはできない」などと主張したのです。

この主張は，法律の留保に関係します。確かに，自動車一斉検問をすることができると具体的に認めている法律の規定は存在していません。それでは法律の留保の原則に照らして，自動車一斉検問は違法と判断されなければならないのでしょうか。

最高裁判所は，「警察法2条1項が『交通の取締』を警察の責務として定めていること

に照らすと，交通の安全及び交通秩序の維持などに必要な警察の諸活動は，強制力を伴わない任意手段による限り，一般的に許容されるべきものである」としたうえで，「警察官が，交通取締の一環として交通違反の多発する地域等の適当な場所において，交通違反の予防，検挙のための自動車検問を実施し，同所を通過する自動車に対して走行の概観上の不審な点の有無にかかわりなく短時分の停止を求めて，運転者などに対し必要な事項についての質問などをすることは，それが相手方の任意の協力を求める形で行われ，自動車の利用者の自由を不当に制約することにならない方法，態様で行われる限り，適法なものと解すべきである」と結論付けました（最決昭和55年9月22日刑集34巻5号272頁）。

　警察法2条1項は，「警察は，個人の生命，身体及び財産の保護に任じ，犯罪の予防，鎮圧及び捜査，被疑者の逮捕，交通の取締その他公共の安全と秩序の維持に当ることをもつてその責務とする。」という規定であり，また警察法は，警察の組織について定める組織法なのですが（警察の活動手段について定める法律は，別に警察官職務執行法があります），それが自動車一斉検問を行う法律上の根拠であるとしたのです。法律の根拠はあるものの，規律密度は低いといわざるを得ませんが，その実施の仕方が合理的で任意協力に基づくものである点を強調して，法律の留保がなされていると判断したと理解することができます（任意調査であるから法律の根拠は不要とした判例であるとも理解でき，評価は分かれています）。

3　法律は命令よりも絶対に優先 ── 法律の優位

　法律の優位とは，行政の活動は，法律の定めに違反して行われてはならないとする原則です。この原則により，法律の規定と行政の活動が抵触する場合には前者が優位し，違法な行政活動は取り消されたり，無効となったりすることになります。

　2で述べたように，行政の活動のすべてに法律の留保が求められるわけではありませんが，法律の優位は行政の活動のすべてに及びます。また，法律の優位の原則に照らし，法律に基づいて行われる行政の活動だとしても，その法律や別の法律に違反することは許されません。

4　手続も重要 ── 適正な手続

　行政法全体のもう一つの大原則である**適正手続**にも触れておきたいと思います。

　憲法31条は，「何人も，法律の定める手続によらなければ，その生命若しくは自由を奪われ，又はその他の刑罰を科せられない」と定め，刑罰を科す場合の適正手続の保障について規定していますが，この趣旨は行政手続にも及ぶとされます（最大判平成4年7月1日民集46巻5号437頁）。そしてこの趣旨を具体化した法律が行政手続法です。この法律の1条1項の目的規定には，「処分，行政指導及び届出に関する手続並びに命令等を定める手続に関し，共通する事項を定めることによって，行政運営における公正の確保と透明性……の向上を図り，もって国民の権利利益の保護に資する

ことを目的とする」とうたわれており，憲法が求める適正手続の保障を具体化するものであることが示されています。

● III 典型的な行政の活動 —— 行政処分

1 行政処分という活動

Aさんへの運転免許の交付や，これまでに挙げた例 —— 大学の設置，特定業種の営業許可，土地の収用など —— は，行政法では**行政処分**という手法，行為形式に該当します（**行政行為**と言われることもあります）。その他の行政処分の例として，違法な建築物の除却命令（建築基準法），食中毒を出してしまった飲食店に対する営業停止（食品衛生法），生活保護の決定（生活保護法）などを挙げることができます。

行政処分とは，法律に基づき，①国民の権利義務を形成したり，その範囲を確定する法的効果を有し，②その効果が私人の権利義務に具体的に及ぶものであり，③相手方の私人の同意を必要とせずに一方的になされる，という特徴をもった行政の活動のことをいいます。上に見た例が，いずれも①から③に該当する行政手法であることを確認してみてください。

2 行政処分は特別？ —— 行政処分に認められる特別な効力

行政処分は，たとえ違法なものであっても，その違法が重大かつ明白なものでない限りは，それを取り消すことのできる権限を有する機関によって取り消されない限り，拘束力を有します（最判昭和30年12月26日民集9巻14号2070頁）。これを行政処分の**公定力**といいます。そのため，行政処分を受けた相手方である国民は，不服申立てをして行政機関に処分を取り消してもらうとか，裁判を提起して裁判所に処分を取り消してもらわなければなりません（これらは，行政救済法に関係します）。

行政処分は，処分をした側（これを行政庁と言います）が，自ら事後的に取り消すことができますが，国民の側から取り消しを主張するときは，限られた期間内にそれを行わなければなりません。行政事件訴訟法では，取消訴訟は処分があったことを知った日から起算して6か月以内に提起しなければならないと定め（14条），行政不服審査法では，審査請求は処分があったことを知った日の翌日から起算して3月以内（処分があったことを知らない場合は処分の翌日から1年以内）と定めているからです（18条）。この期間を経過してしまうと，もはや行政処分の効力を争うことができなくなります。このことを行政処分の**不可争力**といいます。

もっとも，行政処分の違法性が重大かつ明白な場合には，出訴期限に限定はなく，無効を主張して訴訟を提起することが可能です（行政事件訴訟法3条4項の無効確認の訴え）。

■ **コラム 22　公定力が認められるのはどうして？**

　行政処分に公定力が認められるのはなぜでしょうか。本章Ⅱでみた法律による行政の原理を踏まえるなら法律上の根拠が必要となるはずですが，公定力について直接これを認める法律の規定は存在しません。学説は，行政事件訴訟法が行政処分の取消しを求めて訴えるという訴訟類型を規定しているということは，処分に違法がある場合には，この訴訟を通じて争うべきだとする考え方，逆に言えば，行政処分は取消しが認められない限りは有効だと考えているというように説明します（難しい言い方をすれば，**取消訴訟の排他的管轄**の効果としての公定力，ということです）。なぜそのような仕組みにしたのかということですが，行政法関係を安定させるために必要であるなどと説明されるのが一般的です。

● Ⅳ　行政の判断も尊重するべき！？

1　行 政 裁 量

　行政の活動は法律に基づき，法律に従って行われるものですが，「○○である場合には，△△することができる」というように定められていることが少なくありません。ここでは法律によって，行政機関が権限を行使するための「要件」（○○の部分）と「効果」（△△の部分）についての判断の余地（裁量）が認められていることがわかります。この法律の枠内で行政機関に認められた判断の余地のことを**行政裁量**といいます。

　行政裁量は，法律であらかじめ具体的に詳細を定めるよりも，行政の判断に委ねたほうが妥当である場合に法律によって認められるものです。例えば，隠れてタバコを吸った高校生がいたとします。その生徒に対してどのような措置を取るかは，法律で一律に決めてしまうのではなく，現場の先生に教育効果を勘案しながら判断してもらうほうが妥当だと思いませんか。こうした考え方に基づき，学校教育法11条は，「校長及び教員は，教育上必要があると認めるときは，文部科学大臣の定めるところにより，児童，生徒及び学生に懲戒を加えることができる。ただし，体罰を加えることはできない」と定め，校長らに裁量を認めているのです。ちなみに，「文部科学大臣の定めるところにより」の部分に関して，学校教育法施行規則26条に詳細な定めが置かれていますし，同条5項は，学長は，学生に対する退学，停学，訓告の処分についての手続を定めなければならないと定め，さらに詳しく懲戒についてあらかじめ決め

ておくことを求めています。

　行政裁量は教育だけに限られません。科学技術に関する専門組織の知識を尊重する必要性がある場合や，事柄の性質上，政治的な判断が必要な場合にも，広い行政裁量が認められています。

2　行政裁量の限界

　もちろん，裁量には一定の限界があり，それを越えてしまえば違法になります。行政事件訴訟法 30 条が，「行政庁の裁量処分については，裁量権の範囲をこえ又はその濫用があつた場合に限り，裁判所は，その処分を取り消すことができる」と定め，このことを確認しています。

　具体的には，重大な事実誤認に基づいて行政処分がなされたり，法が認めていない目的や動機によって行政処分がなされたような場合，さらには，正当な理由なく同様の状況にある別の人とまったく異なる処分を行った場合や，軽微な行為に対して重大な処分を科したりした場合など，裁量権の逸脱濫用があったとされます。先ほどの高校生の喫煙を例にすれば，実はタバコを吸っていたのは別人だったのに停学処分がされた場合であるとか，「あいつは反抗的だから学校から追い出そう」という動機で処分が選択された場合，特段の理由もなく一緒にタバコを吸った別の生徒とは別の処分がされた場合などには，裁量権の逸脱濫用が認められるでしょう。

　また，裁量を行使するという結論に至るまでのプロセスに着目して，考慮すべきことをきちんと考慮し，考慮すべきでないことを考慮して判断してはいないかなどを審査して，裁量権の限界について検討することもあります（**判断過程審査**）。

　行政裁量が広く認められるということは，裁判所による審査する余地が狭くなることを意味します。裁判所は，法律がどのような定め方をしているのか，どのような問題についての裁量なのか，国民のいかなる権利をどの程度まで侵害するのかなどを勘案しながら審査密度を決定して判断しています。

● V　行政上の義務を守らせるには

　行政上の義務が課されているにもかかわらず，これに違反してしまう人がいます。例えば，自動車を運転するときには免許証を携帯しなければなりませんが（道路交通法 95 条 1 項），うっかり忘れてしまうこともありますよね。あるいは，違法建築物の除却命令（建築基準法 9 条 1 項，7 項，10 項）が出たのにこれに従わない人，あるい

は，大学進学を機に親元を離れて一人暮らしを始めたのに，転出・転入届などの届け出をしていない人（住民基本台帳法 22 条〜24 条。心当たりのある人は少なくないかもしれませんね）。そういう義務違反が増えてしまっては困りますので，行政上の義務の実効性を確保するために様々な手法が採られています。

1 代わりにできるなら —— 行政代執行

　私人に義務を課す行政処分の場合で，かつ，具体的な法律の根拠がある場合に限られますが，行政は，行政処分の内容を，裁判所の強制執行手続によらずに，自力で実現することが認められる場合があります。これを**自力執行力**といいますが，私人の場合には自力救済が認められていないことと対照的です。一般的な根拠法として行政代執行法と国税徴収法があり，個別の法律によって認められる場合もあります。

　行政代執行という方法について，行政代執行法 2 条は，「法律……により直接に命ぜられ，又は法律に基き行政庁により命ぜられた行為（他人が代つてなすことのできる行為に限る）について義務者がこれを履行しない場合，他の手段によつてその履行を確保することが困難であり，且つその不履行を放置することが著しく公益に反すると認められるときは，当該行政庁は，自ら義務者のなすべき行為をなし，又は第三者をしてこれをなさしめ，その費用を義務者から徴収することができる」と定めています。先の例で挙げた違法建築物の除却命令に従わない者がいる場合ですが，これは本人が行わなくても義務の履行状態を実現することができますよね（そのような義務のことを**代替的作為義務**といいます）。そのため最終的には，行政代執行という方法をとることが認められています（建築基準法 9 条 12 項）。

2 従わないと制裁がありますよ —— 行政罰

　転出・転入・転居届の提出義務の実効性を確保するために採られている方法は，「五万円以下の過料に処する」というものです（住民基本台帳法 52 条 2 項）。これは**行政罰**の一種である秩序罰という方法です。行政罰とは，行政上の義務を履行しない者に対して制裁を加えることですが，これには，刑法上の刑罰（⇒第 12 章）を科す場合である**行政刑罰**と，それ以外の制裁を加える**秩序罰**があります。秩序罰の場合，刑罰の一種である「科料」ではなく，「過料」とされることに注意してください（同じ読み方なので，混同しないように前者を「とがりょう」，後者を「あやまちりょう」と読むのが法律家の読み方です）。「過料」は刑罰ではないので，刑事訴訟法（⇒第 15 章）の適用を受けません。非訟事件手続法などに基づき，裁判所が過料の裁判を行います。

　では，免許証の不携帯はどうでしょうか。道路交通法は「二万円以下の罰金又は科

料に処する」と定めています（121条1項10号）。これは「科料」なので行政刑罰です。あれ？　自動車学校では免許証の不携帯は反則金3,000円だと習ったですって。よく気が付きましたね。その通りです。免許証の不携帯など，道路交通法に違反する行為は毎日たくさん生じていますが，それらのすべてを起訴して刑罰を科すのはとても大変です。そこで道路交通法は，**交通反則金**という制度（125条以下）を導入しました。これは，道路交通法に違反する行為のうち，比較的軽い違反行為を反則行為としたうえで，反則行為をした者が任意に反則金を納付した場合には刑事訴追をしないとする制度です。免許証不携帯の反則金3,000円というのは，道路交通法125条1項および3項に基づき，道路交通法施行令45条で定められています。自動車学校で習ったのはこのことなのです。

● Ⅵ　発展的なことを考えてみよう ── パンデミック対策

発展トピック

2020年，新型コロナウイルスのまん延によるパンデミック（感染爆発）を受けて，新型インフルエンザ等対策特別措置法（以下，特措法）が改正され，新型コロナウイルスが同法の対象とされました。この特別措置法は，対象となる感染症の発生に備えて，その対策についての政府行動計画や都道府県行動計画等を定めるように求め（6〜13条），その発生時には，内閣総理大臣を長とする政府対策本部や，都道府県対策本部を設置して対応に当たる旨を定めています（14〜31条）。

そして，対象となる感染症の全国的かつ急速なまん延によって国民生活・国民経済に甚大な影響を及ぼすなどの事態が発生したと認めるときには，政府対策本部長（内閣総理大臣）は，緊急事態宣言を出すことができるとしています（法32条1項）。緊急事態宣言が出され，緊急事態措置を実施すべき区域とされた都道府県の知事（これを特定都道府県知事といいます）は，①一定の場所と期間を決めて，住民に対して，みだりに外出しないことなどの協力を要請したり（45条1項），②多数の者が利用する施設の管理者等に対して，その使用を停止したりする休業要請を出すことができるようになります（45条2項）。加えて，③正当な理由がないの②の休業要請に応じない者がいたときには，必要な措置を講じるように指示することも可能となります（45条3項）。④なお，③の指示に従わなくても罰則などはありませんが，「遅滞なく，その旨を公表しなければならない」とされています（45条4項）。

以上に見た特措法で採用されている行政の手法について，これまでに見てき

た行政処分などとの対比しながらその特徴を検討してみてください。

この特措法で採用されている行政の手法は，本章が主に見てきた行政処分とは異なるということに気が付いたでしょうか。

まず，政府行動計画や都道府県行動計画は，**行政計画**という手法です。行政計画とは，行政機関が達成すべき目標を定めて，そのために必要とされる政策手段について総合的に定めたもの，あるいは定める行為のことです。**都市計画**が代表的ですね。新型コロナウイルス対応は，基本的に事前に定めていたこの計画に沿って行われました。

次に，緊急事態宣言が出された後に，特定都道府県知事によって出される休業要請（特措法45条2項）ですが，これは**行政指導**という行為形式です。行政指導とは，行政手続法2条1項6号の定義によれば，「行政機関がその任務又は所掌事務の範囲内において一定の行政目的を実現するため特定の者に一定の作為又は不作為を求める指導，勧告，助言その他の行為であって処分に該当しないもの」とされます。行政指導は，「（行政）処分に該当しないもの」とされていることから分かるように，国民の権利義務に変動を及ぼすものではなく，権力的性格を持ちません。したがって，行政指導に従う法的な義務はありません（その一方，行政処分ではないので，取消しを求めて訴訟を起こすことは認められません）。そのため行政指導は，法律の根拠なく行うことができますが，任意とはいえ行政の意向に逆らうことは容易ではありませんから，事実上の効果は小さくありません。行政指導が多用されてしまうと，法律による行政という行政法の大原則が揺らいでしまいます。そうしたこともあり，行政手続法は，一定の行政指導について手続的な統制を定めるなどしています。

なお，緊急事態宣言前にも，都道府県対策本部長（当道府県知事が務めます）は，「当該都道府県の区域に係る新型インフルエンザ等対策を的確かつ迅速に実施するため必要があると認めるときは，公私の団体又は個人に対し，その区域に係る新型インフルエンザ等対策の実施に関し必要な協力の要請をすることができる」と定められており（特措法24条9項），同法に基づく要請も行われていました。これも行政指導になります。

第三に，休業要請に従わない者に対する指示ですが，これは，「行政庁が，法令に基づき，特定の者を名あて人として，直接に，これに義務を課し，又はその権利を制限する処分」（行政手続法2条1項4号），すなわち，休業指示は行政処分といえるでしょう。行政処分に該当するわけですから，公定力や不可争力を有することになります。

第四に，特措法上，指示に至った場合には，その内容を公表することが求められています（特措法 45 条 4 項）。これは行政上の義務の実効性を確保するための手段として，行政罰ではなく，**公表**という手法が選択されているということです。公表は，情報提供を目的として行う場合と，制裁を目的として行う場合があります。特措法 45 条 4 項の公表は，指示に応じない施設名などを広く周知することによって，そこに行かないように注意喚起し，合理的な行動をとるように期待するという考え方によるものであると説明されていますが，制裁的側面があることは否定できません。

　休業指示に従わなかったために施設名などが公表された場合，被公表者は，何をどのように争えばよいでしょうか。詳細は行政救済法とくに行政事件訴訟法で学んでいただきたいですが，ごく簡単に触れてきましょう。まず，行政処分である休業指示に対しては取消訴訟を提起できる可能性がありますが，公表は事実行為なので取消訴訟の対象になりません。公表に対しては，その差止めか損害賠償を請求することが可能です。

　どの争い方が妥当かについては，非公表者の救済という観点から考えていくことになります。その際，特措法上，指示と同時に公表となっていること（即時公表）がポイントになるでしょう。

◆ もっと学ぼう ─────────────────────────

　まず，行政法の基本を学ぶのにうってつけなのが，最高裁判所の裁判官も務めた行政法学者による①藤田宙靖『行政法入門〔第 7 版〕』（有斐閣，2016 年）です。
　次に，定評のある概説書である，②櫻井敬子・橋本博之『行政法〔第 6 版〕』（弘文堂，2019 年）などを通じて，行政法の全体像を把握しましょう。
　本章で十分に触れられなかった行政救済法については，①，②でも触れられていますが，現在最高裁判所の裁判官を務めている著者による③宇賀克也『行政法概説Ⅱ ── 行政救済法〔第 6 版〕』（有斐閣，2018 年），行政組織法については，④宇賀克也『行政法概説Ⅲ ── 行政組織法/公務員法/公物法〔第 5 版〕』（有斐閣，2019 年）が詳細で読みごたえがありますので，チャレンジしてみてください。

◆第 ⑨ 章◆
民法(1) ── 民法の全体像と契約法

トピック

　この４月から大学生になったＡさんは，サークルの新入生歓迎会で知り合っ
た先輩から，「法律学科は，講義のスピードが速くて，ノートを取るのが大変だ
から，持ち運びに便利なノートパソコンを一台買っておいたほうがいいよ。そ
のうち，ゼミも始まって，レポートや論文を書く機会も増えるからね。」と言わ
れたので，早速，帰り道に近所の家電量販店に立ち寄りましたが，残念ながら，
持ち運びに便利でお手頃価格のパソコンは，在庫切れとなってしまっていまし
た。Ａさんが「明日から民法の講義が始まるのにどうしよう…」と困っていた
ところ，店員さんが「オンラインストアであれば，在庫があるかもしれません」
と教えてくれたので，スマートフォンから家電量販店の公式オンラインストア
にアクセスしてみることにしました。すると，欲しがっていたパソコンの商品
情報が「在庫あり，今すぐのご注文で今日の 21 時までにお届け！」と表示され
ていたので，Ａさんは，「それなら明日から始まる民法の講義にも間に合う！」
と考えて，その場で注文手続きを完了させました。ところが，予定の 21 時を過
ぎてもパソコンが届く様子はなく，３日後にようやく届いたパソコンは，Ａさ
んが注文したモデルとは違うものでした。
　さて，この場合，Ａさんと家電量販店との間には，どのような法律関係が成
立しているのでしょうか。また，注文したパソコンとは違うものが届いたこと
について，Ａさんは，民法上の規定に基づいて，どのような請求をすることが
できるのでしょうか。

● Ⅰ　民法を学ぼう ── 民法の全体像

　本章では，主に，民法上の重要な制度の一つである「契約」について説明していき

ますが，具体的な内容に入る前に，まずは，民法がどのような法律であるのか，その全体像を確認しておきましょう（⇒さまざまな法律の中における民法の位置付けについては，第4章「法の分類」をご覧ください）。

　民法は，私たちの日常生活にもっとも密着した身近な法律の一つであり，私たち一般市民の生活関係を「権利」と，その裏返しである「義務」という法的概念に置き換えて規律しています。六法全書の目次を見てもらえば分かるように，民法は，①総則，②物権，③債権，④親族，⑤相続という5つの編から構成されています。講学上の概念として，②・③は「財産法」（一般市民の経済活動を規律するルール），④・⑤は「家族法」（家族生活・身分関係を規律するルール）に分類されていますが，この財産法・家族法というのは，あくまでも分類のための名称であり，財産法・家族法という名前の法律があるわけではありませんので，間違えないようにしましょう。

　それでは，民法を構成する5つの編には，それぞれどのような規定が置かれているのでしょうか。家族法に分類される④親族，⑤相続については，本書の第11章で取り上げますので，ここでは，①総則編に加えて，財産法に分類される②物権編と③債権編の概要を見ておきましょう。

1　第1編「総則」の規定内容

　総則というのは，あまり聞き慣れない言葉かもしれませんが，民法の冒頭に置かれている総則編には，その後に続く物権，債権，親族，相続の多くに共通する内容，つまり，「民法全体に共通する内容に関する規定」が置かれています。すでに説明したように，民法は，私たちの生活関係を「権利」とその裏返しである「義務」という法的概念に置き換えて規律しているわけですから，民法全体に共通する内容に関する規定というのは，権利（裏返せば義務）に関する規定ということになります。具体的には，民法総則では，①誰が権利の担い手となることができるのか（権利の主体に関する規定：2章「人」，3章「法人」），②どのようなものが権利の対象となることができるのか（権利の客体に関する規定：4章「物」），③権利は，どのようにして発生し，移転し，そして消滅するのか（権利の変動に関する規定：5章「法律行為」，7章「時効」）といった内容に関する規定が置かれています。なお，日本民法のように，民法全体に共通する規定内容を総則として冒頭に置く法典の編纂形式は，**パンデクテン方式**と呼ばれています（⇒第1章IV2）。

2　第2編「物権」の規定内容

　民法の第2編に規定が置かれている**物権**とは，端的に言えば，「人が物を支配する

権利」を意味しています。物権の代表例としては，**所有権**が挙げられます（民法206条以下）。例えば，ある人がマンションの一室について所有権を有している場合，その人は，所有者として，①自らその部屋に住むことができるだけでなく（使用），②その部屋を誰かに貸し出すことによって家賃収入を得ることもできます（収益）。③また，その部屋を別の誰かに売却することもできます（処分）。

　上記のように，所有権は，①使用，②収益，③処分という３つの権能を兼ね備えていますが，実は，これらの権能の一部を所有権から切り離して，１つの独立した物権として他人に与えることもできます。所有権から切り離された権能が，①使用と②収益である場合，これによって形成される物権を**用益物権**（一定の目的のために他人の土地を使用・収益するための権利）といい，③処分である場合，これによって形成される物権を**担保物権**（後述の債権を回収するための担保として，他人の物の経済的価値を把握するための権利）といいます。なお，所有者が所有権の権能の一部を切り離して，その権能によって形成される用益物権や担保物権を他人に与えた場合には，その権能について所有者の所有権が制限されることになりますので，講学上，用益物権と担保物権を合わせて，**制限物権**と呼んでいます。

　使用・収益の権能によって形成される用益物権には，①他人の土地で建物などの工作物または竹木を所有するために，その土地を使用する権利としての**地上権**（民法265条以下），②小作料を支払って他人の土地で耕作または牧畜をする権利としての**永小作権**（民法270条以下），③自宅から公道に出るために他人の土地を通行したり，他人の土地から水を引いたりするなど，自己の土地の便益のために，他人の土地を使用する権利としての**地役権**（民法280条以下），④村落共同体に属する住民が，実質的に村落に帰属する山林・原野などの入会財産を共同で利用するための慣習上の権利としての**入会権**が含まれます。

　また，用益物権が他人の土地を使用・収益するための権利であるのに対して，担保物権は，物の使用・収益をすることなく，その経済的価値のみを把握する権利になります。民法が規定する担保物権には，①ある物に関して債権が発生した場合に，債権者が債権の弁済を受けるまで，その物を自分の手元に留め置くことのできる権利としての**留置権**（民法295条以下），②一定の債権を有する者が，他の債権者に優先して債務者の財産から債権の弁済を受けることのできる権利としての**先取特権**（民法303条以下），③債権者が債務者または第三者から受け取った物を保管し，かつ，債権の弁済を受けることができない場合には，その物について，他の債権者に優先して債権の弁済を受けることのできる権利としての**質権**（民法342条以下），④債権者が債権の弁

済を受けることができない場合に，他の債権者に優先して，担保として提供された不動産（土地・建物）を競売にかけるなどして得られる利益から債権の弁済を受けることのできる権利としての**抵当権**（民法369条以下）があります。このうち，①・②は，一定の事情がある場合に，法律上当然に認められる担保物権であることから，**法定担保物権**と呼ばれています。これに対して，③・④は，債権者と債務者（または第三者）の間の契約によって成立する担保物権であるため，**約定担保物権**と呼ばれています。なお，担保物権については，これまでの説明の中で，何度か「債権」という言葉が出てきたことからも分かるように，民法第3編の債権法と密接に関連しているため，民法の規定の順番とは前後しますが，ある程度債権法の学習をした後に改めて詳しく学ぶのもおすすめの学習方法です。

　ここまで，所有権を含む9種類の物権について説明してきましたが，物権編の2章に規定されている**占有権**（民法180条以下）は，これまでの9種類の物権とは，性質が大きく異なります。所有権とその制限物権が，物の利用価値や交換価値を把握するものであるのに対して，占有権は，ある人が物の支配をしているという状態を保護するための制度ですので，区別しておきましょう。

3　第3編「債権」の規定内容

　民法は，人が物に対して有する権利としての物権に続いて，**債権**という権利について規定しています。債権とは，「特定の人が，特定の人に対して，金銭の支払いや品物の引渡しなど特定の行為を行うことを請求することのできる権利」をいいます。民法の第3編「債権」は，1章「**総則**」，2章「**契約**」，3章「**事務管理**」，4章「**不当利得**」，5章「**不法行為**」という5つの章から構成されています。1章の総則では，債権という権利の性質や発生から消滅に至るまでのプロセスに関する規定が置かれているのに対して，2章以下では，契約・事務管理・不当利得・不法行為という4つの債権発生原因に関する規定が置かれています。この4つの債権発生原因の中で，とりわけ高い割合を占めているのが，これから本章で説明する契約と，10章で取り上げる不法行為になります。

　なお，図1は，総則・財産法を中心とする民法の全体像を図式化したものですので，ここまでの説明と照らし合わせながらご覧ください。

◆ 図1：民法の全体像

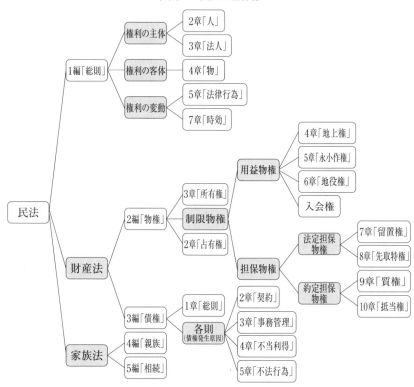

＊網掛けは,講学上の分類・名称です。

■ コラム 23　物権と債権の違いを学ぼう

　物権と債権は，人が物に対して有する権利なのか，それとも，人が人に対して有する権利なのか，という点で違いがあるだけでなく，物権が，すべての人に対して権利を主張することのできる「絶対的な支配権」であるのに対して，債権は，債務者以外の第三者に対しては権利を主張することができない「相対的な請求権」である点でも異なります。すべての人に対して自分の物権を主張できることを**物権の排他性**といいますが，このような排他性を有することから，一つの物に対して，同じ内容の物権は一つしか成り立たないとされています（**一物一権主義**）。この点，債権は，原則として，特定の債務者に対してしか権利を主張することができず，排他性が認められないため，両立することのできない内容を有する債権が複数成立することもあります。例えば，ある有名歌手が，同じ日の同じ時間に放送される歌番組のスタジオに生出演するという内容の契約を，間違えて２つのテレビ局と結んでしまった場合，この歌手は，どちらか一方のスタジオにしか行くことができませんが，出演契約自体は２つとも成立するため，どちらのテレビ局もこの歌手に対して

自社の歌番組にスタジオ生出演するよう請求することのできる債権を取得します。ただし、結果的に生出演できなかったほうのテレビ局に対しては、このあと説明する債務不履行制度に基づいて、損害賠償を支払わなければなりません。

　また、原則として人々が自由に創設することのできる債権とは異なり、物権は、民法などの法律で定められたものに限って成立し、人々がこれを自由に創設することはできません（**物権法定主義**、民法175条）。なぜなら、排他性を有する物権は、物権者以外の人に対しても法的影響を与えるものであり、そうした強力な権利を人々が自由に創設できるとなると、他者の行動の自由を制限してしまう可能性があるからです。

● II　契約を学ぼう ── 私たちの身の回りにあるさまざまな契約

　「契約」という言葉を聞いて、読者の皆さんは、どのようなものを思い浮かべるでしょうか。もしかすると皆さんの中には、「契約という言葉自体は聞いたことがあるけれども、ビジネスの世界で使われるものであって、私たちの日常生活とは、あまり関係がないのではないか」という印象を持っている方もいるかもしれませんが、実は、私たちの身の回りにおける生活関係の多くは、この契約という民法上の制度によって成り立っています。

　例えば、トピックのAさんが、朝起きてから大学に行き、帰り道で家電量販店に立ち寄るまでの行動を以下のように仮定してみましょう。

①午前6時：いつもより早めに起床し、歯磨きや洗顔をして、念入りに身支度を整える。

②午前7時：お気に入りのレシピで作ったフレンチトーストを食べる。

③午前9時：自宅の最寄駅で通学定期を購入し、電車を乗り継いで、少し緊張した面持ちで大学に向かう。

④午前10時〜午後3時：新入生ガイダンスと新入生歓迎会に参加する。

⑤午後4時：大学の最寄駅近くにある家電量販店に立ち寄り、店員さんの説明を聞きながら、さまざまなパソコンを見てみたものの、欲しかったモデルは、在庫切れだったため、オンラインストアで注文手続きを完了させる。

　午前6時に起きてから午後4時にパソコンの注文手続きを完了させるまでの間におけるAさんの行動は、どれもありふれたものばかりですが、その後ろには、いくつもの契約という法律関係が隠れています。まず、歯磨きや洗顔をする際に、蛇口をひねると水が出てくるのは、水道事業者との間で「給水契約」が成立しているからです。つぎに、お気に入りのレシピでフレンチトーストを作るためには、当然いろいろな食材が必要になるわけですが、食パンや卵、バニラエッセンスといった食材が手元にあ

るのは，これらの食材を購入したスーパーマーケットとの間で「売買契約」を結んだからにほかなりません。オンラインストアでパソコンを購入するというのもまた，「売買契約」に当たります。そして，大学の行き帰りに通学定期を使って電車に乗るという行為も，鉄道会社との間の「旅客運送契約」に基づいています。なお，大学に行って新入生ガイダンスや新入生歓迎会に参加するのは，契約とは無関係な行為であるようにも見えますが，大学が主催する新入生ガイダンスへの参加は，Aさんと大学との間で成立している「在学契約」に基づくものと見ることもできます。

　このように，私たちの身の回りにはさまざまな契約が存在しており，私たちの日常生活と密接に関連しています。それでは，契約というのは，民法上，どのような概念として理解されているのでしょうか。また，どのようなプロセスを経て成立するのでしょうか。さらに，契約を締結した当事者は，契約が成立したことによってどのような影響を受けることとなるのでしょうか。

1　契約とは ── 契約の定義と成立プロセス

　日常用語としての契約は，約束という意味も持ち合わせていますが，法律学では，「反対の目的（内容）を有する複数の意思表示が合致して成立する法律行為」と定義されています。この定義には，①**意思表示**と，②**法律行為**という2つの重要なキーワードが含まれています。

　まず，①**意思表示**とは，「他人との間で，一定の法律効果を発生させたいと考えている人が，その旨の意思を表明すること」をいいます。例えば，家電量販店に立ち寄ったAさんが，欲しいと思っていたパソコンを見つけて，近くにいた店員さんに「このパソコンをください」と声を掛けた場合，Aさんは「パソコンの購入という法律効果を発生させたい」との意思を表明していますので，Aさんのこの行為は，意思表示に該当します。また，Aさんの意思表示を受けて，家電量販店の店員さんが「このパソコンでお間違いないでしょうか。こちらのレジでお会計を承ります」と返事をした場合には，「パソコンの販売という法律効果を発生させたい」との意思を表明していますので，この店員さんの行為もまた，意思表示に該当します。したがって，このような商品の売り買いに関する「売買契約」であれば，買主の「この物を買いたい」という意思表示と，売主の「この物を売りたい」という意思表示が互いに一致することで成立します。

　このように，契約は，反対の内容を有する複数の意思表示が一致することによって成立しますが，先になされた意思表示は「申込み（の意思表示）」，この申込みの意思

表示を受けて後からなされる意思表示は「承諾（の意思表示）」と呼ばれています。

つぎに，②**法律行為**とは，「意思表示を要素とする権利変動原因」をいいます。例えば，前記のAさんと家電量販店との間における売買契約は，Aさんが「このパソコンを買います」という申込みの意思表示をし，家電量販店の店員さんが「このパソコンを売ります」という承諾の意思表示をしたことによって成立していますので，意思表示を要素としています。また，売買契約が成立すると，その効果として，それまで家電量販店が持っていたパソコンの所有権がAさんに移転する，という権利変動が発生しますので，売買契約は権利変動原因の一つとして位置付けることができます。以上のことから，売買契約は，意思表示を要素とする（意思表示によって構成された）権利変動原因であり，法律行為に該当します。

なお，法律行為は，これを構成する意思表示の個数と目的の違いに応じて，①2つの意思表示から構成される**契約**，②契約の解除や遺言のように，1つの意思表示だけで構成される**単独行為**，③一般社団法人の設立のように，複数の意思表示が同一の目的でなされる**合同行為**の3つに分類されます。したがって，契約は，権利変動を引き起こす法律行為の一類型ということになりますが，法律行為の多くは，契約であるといわれていますので，法律行為の概念をうまく理解することができないうちは，法律行為という言葉が出てきたら，契約に置き換えて読んでみるといいかもしれません。

2　契約が成立すると ── 契約の法的効果

先ほどの例で挙げたように，大学生のAさんからパソコンの購入に関する申込みの意思表示がなされて，これを受けて家電量販店の店員さんが承諾の意思表示をすると，Aさんと家電量販店の間でパソコンに関する売買契約が成立します。それでは，この売買契約という法律関係が形成されることによって，契約当事者であるAさんと家電量販店は，それぞれどのような法的影響を受けるのでしょうか。

前記1で説明したように，契約は，当事者が意思表示を一致させ，合意することによって成立しますので，合意をした当事者は，その契約に拘束され，契約を守らなければならない立場に置かれることになります。Aさんの例でいえば，パソコンを購入したのが店頭であるか，オンラインストアであるかにかかわらず，Aさんと家電量販店との間でパソコンの売買契約が成立すると，買主のAさんは，売主の家電量販店に対して「パソコンの代金を支払わなければならない義務（債務）」を負担することになります。また，売主の家電量販店は，買主のAさんに対して「売買の目的物である

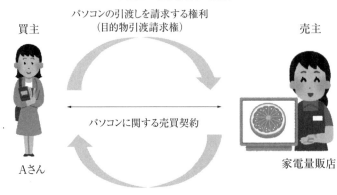

◆ 図2：売買契約の効果

買主　　パソコンの引渡しを請求する権利　　売主
　　　　　（目的物引渡請求権）

パソコンに関する売買契約

Aさん

パソコン代金の支払いを請求する権利
（代金支払請求権）

家電量販店

パソコンをAさんに引き渡さなければならない義務（債務）」を負担することになります（図2参照）。義務が権利の裏返しであるように，債務も債権の裏返しですので，買主のAさんが代金の支払いに関する債務を負っているということは，売主の家電量販店は，Aさんに対して「代金の支払いを請求することのできる権利（債権）」を持っているということになります。同じように，売主の家電量販店が目的物の引渡しに関する債務を負っているということは，買主のAさんは，家電量販店に対して「目的物であるパソコンの引渡しを請求することのできる権利（債権）」を持っているということになります。

　なお，ここまで例として挙げてきた売買契約であれば，買主と売主の間で申込みの意思表示と承諾の意思表示が一致することによって成立し，その効果として，契約当事者の双方に代金の支払いまたは目的物の引渡しに関する債務が発生しますが，ある契約が，意思表示の合致のみによって成立するのか，契約当事者の双方ともに債務を負うのかといった点は，契約の種類によって異なります（⇒コラム 24）。

■ コラム 24　契約のさまざまな分類
　私たちの身の回りにはさまざまな契約が存在していますが，それらは，主に①意思表示の合致のみで成立するか否か，②契約当事者の双方が債務を負うか否か，③契約の当事者間で，売買における商品と代金のように対価的価値の交換が行われているか否かといった性質ごとに，以下のように分類されます。
　① 意思表示の合致のみで成立するか否か ── 諾成契約・要物契約・要式契約
　まず，諾成契約とは，売買契約のように，意思表示の合致のみによって成立する契約を指します。契約の多くは，諾成契約であるといわれていますが，他にも，意思表示の合致

に加えて目的物の引渡しが必要とされる**要物契約**や，契約書の作成など一定の形式が必要とされる**要式契約**があります。要物契約の具体例としては，他人からお金や物を借りて消費し，借りたものと同じ種類・品質・数量で返還する消費貸借契約（民法587条），要式契約の具体例としては，他人の債務を代わりに負担することを約束する保証契約（民法446条2項）が挙げられます。

② 契約当事者の双方が債務を負うか否か ── 双務契約・片務契約

つぎに，売買契約のように，契約当事者の双方に債務が発生する契約を**双務契約**といいます。これに対して，他人に物やお金をプレゼントする贈与契約（民法549条）は，プレゼントをする側（贈与者）だけがプレゼントを引き渡す債務を負うため，片方の当事者のみが債務を負担する**片務契約**に分類されます。

③ 対価的価値の交換があるか否か ── 有償契約・無償契約

さらに，契約の当事者が商品と代金という対価的価値を交換する売買契約は，**有償契約**にも分類されます。一方で，贈与契約は，贈与者が自分の財産を契約の相手方に引き渡すだけで，対価的価値の交換は行われないため，**無償契約**に分類されます。

以上のことから，ここまで例として挙げてきた売買契約は，諾成契約・双務契約・有償契約という3つの性質を兼ね備えているといえます。

● Ⅲ　もし相手方が契約を守ってくれなかったら ── 債務不履行

契約が成立すると，当事者は，その契約関係に拘束され，自分が負っている契約上の債務を履行しなければならない立場に置かれることになります。しかし，トピックのAさんの例のように，約束の日時になっても購入したパソコンが届かない，注文したものとは違うモデルのパソコンが手元に届いたなど，契約の相手方がきちんと約束通りに債務の履行をしてくれないこともあります。そこで，民法では，相手方が契約を守ってくれない場合に備えて，**債務不履行**という制度が用意されています。

1　債務不履行とは

民法415条1項本文の規定によれば，債務不履行とは，債務者がその債務の本旨（本来の趣旨）に従った履行をしないこと，債務の履行が不能であることをいいますが，従来の学説は，債務不履行を①履行遅滞，②履行不能，③不完全履行の3つに分類していました。

① まず，**履行遅滞**とは，約束の日（履行期）を過ぎても，相手方が契約上の債務を履行してくれないことをいいます。例えば，トピックのように約束の日になっても商品が届かないとか，約束の日になっても買主が商品の代金を支払ってくれないといったトラブルが，これに当たります。

② つぎに，**履行不能**とは，もはや債務を履行することができないことをいいま

す。例えば，家電量販店で販売されているパソコンの値段があまりにも高かったため，Ａさんは，近所のリサイクルショップで中古のパソコンを購入したが，手荷物が多くて持ち帰ることができなかったため，週末に取りに行くことにしたところ，リサイクルショップで火事が発生し，購入した中古パソコンが焼失してしまったとしましょう。この場合，売主であるリサイクルショップは，もはやＡさんにその中古パソコンを引き渡すことができないため，売主の目的物引渡義務は履行不能となります。

③ そして，**不完全履行**とは，履行はなされたものの，約束していた内容とは違っていた場合を指します。ﾄﾋﾟｯｸの例では，注文したパソコンとは違うモデルのものがＡさんの手元に届いていますので，不完全履行が生じています。

2　債務不履行が発生したら──契約の解除と損害賠償請求

契約の一方当事者について債務不履行が生じた場合，約束を守ってもらえなかった他方当事者は，⑴契約の解除，⑵損害賠償の請求をすることができます。

⑴　契約の解除

まず，契約の解除から見ていきましょう。例えば，Ａさんが家電量販店のオンラインストアでパソコンを注文したのに，お届け予定日を過ぎても一向にパソコンが届かない場合，Ａさんとしては，当然「契約をキャンセルしたい」と考えるでしょう。特に，まだ代金を払っていない場合には，「自分が買主として負担している代金の支払債務もなくしたい」と思うことでしょう。このとき，Ａさんにとって家電量販店との間におけるパソコンの売買契約をなかったことにできるのが，この**契約の解除**という制度です（民法 540 条以下）。

債務不履行をされた債権者が，相手方の債務者に対して，一方的な意思表示によって契約を解除すると，当事者間で成立していた契約関係は解消され，契約当事者には，契約が成立する前の状態に戻さなければならない義務（**原状回復義務**）が発生します（民法 545 条 1 項本文）。したがって，例えば，買主がすでに代金を支払っていた場合には，この原状回復義務に基づいて，売主に対して支払済みの代金の返還を請求することができます。なお，契約の解除は，1 つの意思表示だけで「契約関係の解消」という法律効果を発生させるため，法律行為の中の単独行為に分類されます。

ただし，契約の相手方に債務不履行があるからといって，いきなり契約の解除をすることができるわけではありません。債務者が約束通りの履行をしない場合，債権者は，原則として，一定の期間を定めて，債務者に債務の履行を促す必要があります（**催告**）。それでも期間内に債務が履行されなかった場合に初めて解除をすることがで

きます（民法541条本文）。例外的に，債務の全部の履行が不能である場合や，債務者が債務の全部の履行を拒否している場合などは，催告したとしても債務者による債務の履行が期待できないので，催告なしに解除をすることができます（民法542条）。なお，債務不履行の程度が軽微である場合には，契約の解除をすることができないので，注意しておきましょう（民法541条但書）。

(2) 損害賠償請求

つぎに，債務者の債務不履行によって，債権者が損害を受けた場合には，債権者は，原則として債務者に**損害賠償請求**をすることができます（民法415条1項本文）。損害賠償の方法については，金銭賠償の原則が採られていますので，債権者は，自分が被った損害を金銭に換算して，その支払いを請求することになります（民法417条）。

それでは，債務不履行によって発生した損害は，すべて債務者に賠償を請求することができるのでしょうか。これは，**損害賠償の範囲**の問題となりますが，結論からいえば，必ずしもすべての損害が賠償の対象となるわけではありません。債務不履行によって発生した損害は，①債務不履行によって通常生ずべき損害（**通常損害**）と，②特別の事情によって生じた損害（**特別損害**）に分けられ，①通常損害は，当然に損害賠償の対象となるのに対して，②特別損害は，当事者がその特別の事情を予見し，または，予見するべきであったときに限って賠償の対象となります（民法416条）。例えば，新築のマンションを購入したものの，不動産会社の都合によって引渡しが1か月遅れてしまったという例を考えてみましょう。買主が居住用にマンションを購入しており，引渡しが遅れたことによって一時的にホテルなどに宿泊しなければならなくなった場合には，そのための宿泊費は，一般に通常損害として損害賠償の対象となります。これに対して，高値で転売するために購入したが，引渡しが遅れたことで転売できなくなった場合に，転売予定価格と購入価格の差額を損害賠償として請求するためには，買主が一般人であるときは，その差額は特別損害に当たると考えられますので，買主の転売を売主も予見していた，または，予見すべきであったと認められる必要があります。

● IV　もし売主が契約を守ってくれなかったら
── 売主の契約不適合責任

ここまでの債務不履行に関する説明では，売買契約の例を用いてきましたが，債務

不履行が問題となるのは，売買契約だけではありません。売買契約以外の契約であっても，契約の当事者が債務を履行しなかった場合には，債務不履行責任の成否が問題となります。ただし，売買契約に代表される有償契約の当事者が契約を守らない場合には，債務不履行責任の成否とは別に，**契約不適合責任**の成否も問題となります。

　契約不適合責任とは，例えば，売主から買主に引き渡された商品が購入した商品と異なっている，商品に欠陥や傷がある，個数が足りないなど，「契約に基づいて引き渡された目的物が種類・品質・数量に関して契約の内容に適合しないもの」である場合に，買主が売主に対して追及することのできる責任をいいます。具体的な責任追及の方法として，買主は，売主に対して，**①目的物の修補による履行の追完，②代替物の引渡しによる履行の追完，③不足分の引渡しによる履行の追完**を請求することができます（民法 562 条 1 項本文）。したがって，トピックの例でいえば，Ａさんは，手元に届いたパソコンが注文したモデルと違うものであることを理由に，家電量販店のオンラインストアに対して，②代替物の引渡しを請求することができます。

　なお，契約内容に適合しない目的物を引き渡した売主に対して，買主が相当の期間を定めて，目的物の修補・代替物の引渡し・不足分の引渡しによる履行の追完の催告をしたにもかかわらず，その期間内に履行の追完がなされない場合には，買主は，その目的物の不適合の程度に応じて，**代金の減額**を請求することができます（民法 563 条 1 項）。もちろん，履行の追完が不可能である場合や売主が履行の追完を明確に拒絶した場合など，買主が催告をしても履行の追完を受ける見込みがないことが明らかな場合には，買主は，催告をすることなく，ただちに代金の減額を請求することができます（民法 563 条 2 項）。

● V　契約の成立過程に問題があったら ── 契約の無効と取消し

　本章Ⅲの債務不履行で説明したように，契約の相手方が契約を守ってくれない場合には，契約を解除することによって，その契約関係を解消することができます。このほかにも，民法では，契約を含む法律行為の成立過程に何らかの問題があったことを理由に，一度成立した法律行為を無効にしたり，取り消したりすることで，その効力を否定することが認められています。法律行為の成立過程に問題がある場合というのは，以下のように，意思表示をした人の判断能力に問題がある場合と，意思表示が本人にとって不本意なものであった場合とに分けられます。

1 意思表示をした人の判断能力に問題がある場合
── 未成年者による契約

　民法3条1項が「私権の享有は，出生に始まる」と規定しているように，私たちは，生まれたときから，つまり，赤ん坊であっても権利の主体になることができます（権利の主体になることができる資格のことを**権利能力**といいます）。しかし，権利の主体になることができるというのは，単にその人に権利や義務が帰属しうるという意味にすぎず，契約を締結するといった自らの行為によって権利を取得し，義務を負担するためには，法律行為を一人で確定的に有効に行うことができる資格（**行為能力**）を別途備えていることが必要となります。

　行為能力は，権利能力とは異なり，すべての人が持っているわけではありません。民法は，正しい判断に基づく意思表示をすることができないおそれのある①**未成年者**，②**成年被後見人**，③**被保佐人**，④**被補助人**を，**制限行為能力者**として指定し，「一定の法律行為を自分一人では確定的かつ有効に行うことができない」との理由から，その行為能力を制限しています。また，これらの人々については，その行為能力が制限される代わりに，保護者が付けられており，保護者が本人に代わって法律行為を行うか，または，本人が保護者の同意を得て法律行為を行わなければならないと定められています。

　例えば，未成年者については，判断能力が未熟であると考えられているため，行為能力が制限されており，法律行為を行うためには，親権者など法定代理人による同意を得なければなりません（民法5条1項本文）。未成年者が法定代理人の同意を得ることなく，契約などの法律行為をした場合には，未成年者本人または法定代理人が，その法律行為を取り消すことができます（民法5条2項）。ただし，①金銭の贈与を受けるなど，もっぱら未成年者の利益になる法律行為（民法5条1項但書），②親から使い道を指定されて，または，指定されずにもらったお小遣いで買い物をするなど，処分を許された財産の処分（民法5条3項），③許された営業に関する法律行為（民法6条1項）については，未成年者が一人で確定的かつ有効に行うことができるとされていますので，これらを取り消すことはできません。したがって，例えば，家電量販店との間でパソコンの売買契約を締結したAさんが，後日，パソコンの値段が高かったことを後悔して，自分が未成年者であることを理由にパソコンの売買契約を取り消そうとしても，パソコンの購入がおこづかいの範囲内で行われたものであり，②処分を許された財産の処分に該当する場合には，Aさんによる取消しは認められないことになります。

2　意思表示が本人にとって不本意なものであった場合

　一人で確定的かつ有効に法律行為を行うことのできる行為能力を備えている人であっても，勘違いで契約をしてしまったり，騙されて契約をしてしまったりすることがあります。そこで，民法では，不本意な意思表示によって契約などの法律行為を成立させてしまった場合についても，その効力を否定するための制度が用意されています。不本意な意思表示には，①嘘や冗談で自分の真意とは異なる意思表示をする**心裡留保**（民法93条），②相手方とグルになって（通謀して），自分の真意とは異なる虚偽の意思表示をする**（通謀）虚偽表示**（民法94条），③勘違いによって，無意識のうちに自分の真意とは異なる意思表示をしてしまう**錯誤**（民法95条），④他人の詐欺を受けて意思表示をしてしまう**詐欺（による意思表示）**（民法96条），⑤他人の強い圧迫を受けて意思表示をしてしまう**強迫（による意思表示）**（民法96条）があります。

　一定の要件を満たした場合，①・②の意思表示は無効となり，③・④・⑤の意思表示はこれを取り消すことができます。③錯誤を例にとると，家電量販店にパソコンを買いに行ったAさんが，X社製のパソコンを購入しようと思っていたのに，デザインが類似しているY社製のパソコンをX社製のものと勘違いして購入してしまった場合，Y社製のパソコンをX社製のものと勘違いしたことは，「法律行為の目的及び取引上の社会通念に照らして重要なものである」と考えられるため，Aさんは，「Y社製のパソコンを買います」という錯誤に基づく意思表示を取り消すことができます（民法95条1項）。ただし，Y社製のパソコンをX社製のものと勘違いしたのがAさん自身の重大な落ち度（過失）によるものであった場合には，その意思表示を取り消すことはできません（民法95条3項）。

● Ⅵ　民法におけるさまざまな契約 ── 13種類の典型契約

　ここまで，契約がどのようなプロセスを経て成立するのか，契約が成立すると当事者間でどのような法的効果が発生するのか，相手方が契約を守ってくれないときにどのような法的責任を追及することができるのかといったことについて，主に売買契約の例を用いて説明してきました。しかし，すでに述べたように，私たちの身の回りにあるのは，売買契約だけではありません。民法という法律は，「平等な立場にある個人と個人は，お互いの自由な意思に基づいて社会生活上の法律関係を形成していくべきである」との理念（**私的自治の原則**）を掲げており，契約についても，反社会的なものでない限り，当事者が自由に好きな内容で取り交わすことを認めています（**契約**

自由の原則）。そのため，私たちが暮らす社会には，多種多様な契約が存在していますが，民法は，そのうちの13種類を代表例として規定しており，民法の中に規定が置かれている契約は，**典型契約（有名契約）**と呼ばれています。

　民法が規定している典型契約には，お金や物をプレゼントする**贈与契約**（民法549条以下），物を売り買いする**売買契約**（民法555条以下），消費する前提で物を借りて同じ種類・品質・数量の物を返す**消費貸借契約**（民法587条以下），ただで物を借りる**使用貸借契約**（民法593条以下），対価を払って物を借りる**賃貸借契約**（民法601条以下），誰かを雇って労働させる代わりに報酬を与える**雇用契約**（民法623条以下），建物の建設など一定の仕事の完成を目的とする**請負契約**（民法632条以下），物を保管してもらう**寄託契約**（民法657条以下）などがあります。

● Ⅶ　保証人になってしまったら── 普通保証と連帯保証の違い

　これまで見てきたように，私たちは，契約などによって，他者との間でさまざまな債権・債務に関する法律関係を作り出しています。しかし，時には，債務者が契約通りに債務を履行してくれないという状況も発生します。その場合，本章Ⅲで説明したように，債権者としては，債務者に対して債務不履行の責任を追及することができますが，債務者の債務不履行に備えて，あらかじめ第三者（保証人）との間で「債務者が債務を履行しない場合には，保証人が債務を履行する」という内容の**保証契約**を締結することもできます。例えば，銀行Bが顧客Cに100万円を貸し付ける場合，銀行Bは，顧客Cの友人であるDとの間で「債務者Cが100万円を返済できない場合には，保証人Dが代わりに100万円を返済する」という内容の保証契約を締結することができます。仮に，保証人Dが債務者Cから「保証人になってくれないか」と頼まれて保証人になった場合でも，保証契約は，債権者Bと保証人Dとの間で成立しますので注意しましょう。また，保証契約が成立すると，保証人Dは，主債務者C（保証契約が成立すると，債権者Bとの関係では，保証人Dも保証債務の債務者となるため，両者を区別するために，債務者Cは，主債務者と呼ばれています）が債務を履行しない場合に，主債務者Cに代わって100万円を返済する義務を負います。このように，いわゆる**普通保証**であれば，保証人は，最終的に主債務者が債務を履行できない場合にのみ主債務者に代わって債務を履行する義務を負うため，債権者から債務の履行を求められたとしても，「先に主債務者に請求してくれ」という**催告の抗弁**（民法452条）と，「主債務者にも財産があるはずだから，先に主債務者の財産から回収してくれ」とい

う**検索の抗弁**（民法453条）によって，債権者の請求を拒むことができます。これに対して，主債務者と保証人の間に連帯関係がある**連帯保証**の場合には，連帯保証人は，催告の抗弁権と検索の抗弁権を有しないため，債権者が，主債務者に債務の履行を請求する前に，連帯保証人に対して債務の履行を請求したり，連帯保証人の財産から債権回収を図ろうとしたりしても，連帯保証人は，これを拒むことはできません。

● Ⅷ 発展的なことを考えてみよう
── 複数の契約と債務不履行による解除

| 発展トピック |

　結婚30周年を迎えたE夫妻は，子供の独立を機に，郊外で夫婦水入らずの老後生活を送ろうと考えていたところ，郵便ポストに，リゾートマンションの建築・管理等を業とする不動産会社Fのチラシが投函されていたので，自宅近くにあるFの営業所に行って，リゾートマンションの販売に関する説明を受けることにしました。Fの従業員の説明によれば，Fは，首都圏から車で1時間ほどの場所にあるαリゾートマンションを4,500万円前後で販売しており，αリゾートマンションには，マンション購入者を会員とするβスポーツクラブが併設されており，テニスコート・屋外プール・サウナ・レストラン等を完備しているのみならず，翌年の秋には，屋内温水プール等の施設の完成も予定されています。

　Fの従業員による説明を聞いたE夫妻は，「車で1時間ほどであれば，首都圏へのアクセスも便利だし，価格も予算5,000万円以内に収まっていて，屋内温水プールが完成すれば，季節を問わず趣味の水泳を楽しむことができる」と考えて，Fから，αリゾートマンションの一室を買い受けることにし，代金4,500万円を支払いました。同時に，E夫妻は，Fから，βスポーツクラブの会員権一口を購入し，登録料・保証金として合計250万円を支払いました。なお，αリゾートマンションに関する売買契約書には，「βスポーツクラブ会員権付きである」旨の記載があり，βスポーツクラブの会則には，「マンションの区分所有権を譲渡した場合には，会員たる地位を失う」旨が定められていました。

　Fは，新聞広告等でも，βスポーツクラブには，テニスコート・屋外プール・サウナ・レストランが完備されており，翌年秋には，屋内温水プール等の施設が完成予定である旨を明示していましたが，E夫妻がFに対して，屋内温水プールの建設を何度も要求したにもかかわらず，完成予定期日から1年近くが経過しても，まだ着工されていません。

この場合，Ｅ夫妻は，屋内温水プール等が予定期日から１年近く経過しても未着工であることを理由に，Ｆとの間で締結したαリゾートマンションに関する売買契約を解除することができるのでしょうか。

　本問において，Ｅ夫妻とＦとの間では，①αリゾートマンションの一室に関する売買契約と，②βスポーツクラブの利用を内容とする会員権契約という２つの契約が成立しています。すでに本章Ⅱ・Ⅲで説明したように，契約が成立すると，当事者は，その効力に拘束されて，契約を守らなければならない立場に置かれることになります。そうであるにもかかわらず，相手方が契約を守ってくれない場合には，債務不履行を理由に，契約を解除することができます。それでは，同一の当事者間で２つの契約が成立している場合に，そのうちの１つの契約に関する債務不履行を理由に，もう１つの契約を解除することもできるのでしょうか。つまり，ここでは，Ｅ夫妻が，②βスポーツクラブの会員権契約に関する債務不履行を理由に，①αリゾートマンションに関する売買契約をも解除することができるのかが問題となります。

　この問題について，判例（最判平成8年11月12日民集50巻10号2673頁）は，「同一当事者間の債権債務関係がその形式は甲契約及び乙契約といった２個以上の契約から成る場合であっても，それらの目的とするところが相互に密接に関連付けられていて，社会通念上，甲契約又は乙契約のいずれかが履行されるだけでは契約を締結した目的が全体としては達成されないと認められる場合には，甲契約上の債務の不履行を理由に，その債権者は，法定解除権の行使として甲契約と併せて乙契約をも解除することができる」との判断を示しています。

　本問についてみると，Ｅ夫妻が購入したαリゾートマンションは，屋内プールを含むスポーツ施設の利用を主な目的とするものであり，Ｅ夫妻も，そのような目的を有する物件として，αリゾートマンションを購入していると考えられます。そうであるにもかかわらず，Ｆによる屋内プールの完成の遅延という②βスポーツクラブ会員権契約に関する債務不履行（履行遅滞）によって，①αリゾートマンション売買契約の目的を達成することができなくなってしまっていますので，Ｅ夫妻は，Ｆによる屋内プールの完成の遅延を理由に，αリゾートマンションに関する売買契約も解除することができると考えられます。

本章を読んで,「民法の契約制度についてもっと学んでみたい」,「売買契約以外の契約についてもどのようなルールが設けられているのか知りたい」と思った方は,ぜひ①池田真朗『スタートライン債権法〔第7版〕』(日本評論社,2020年)を手に取ってみてください。まるで実際に講義を聞いているかのような臨場感あふれる文章で書かれており,初めて民法・契約法を学ぶ人でも,最後まで楽しく読み切ることのできる入門書です。また,本章では深入りすることのできなかった物権・担保物権を詳しく学んでみたい方には,さまざまな具体例を用いて物権・担保物権の基礎を分かりやすく説明している②松井宏興『物権法〔第2版〕』(成文堂,2020年),③松井宏興『担保物権法〔第2版〕』(成文堂,2019年)をおすすめします。

◆第 10 章◆

民法(2) ── 不法行為法

┌─ トピック ─┐

　大学 1 年生の 8 月，初めての期末試験を終えた A さん（18 歳）は，同じサークルの友人たちと夏休みの予定について話していたところ，友人の一人が「大学生らしくドライブで海にでも行こうよ！」と言ったので，唯一免許を持っていた A さんの運転で，近くの海までドライブに行くことになりました。A さんは，大学入学直前の春休みに普通自動車の運転免許を取得していましたが，それ以降は，一度もハンドルを握ったことがなかったため，久しぶりの運転に不安を感じて，ドライブ前夜もなかなか眠りにつくことができませんでした。

　ドライブ当日，A さんは，午前 6 時過ぎに自宅を出発して，友人らとの待ち合わせ場所である大学の最寄駅に向かいました。しかし，途中で住宅街に入り込んでしまい，道が分からなくなってしまったので，運転のスピードを落としながら，友人ら宛てにスマートフォンで「待ち合わせ時間に遅れそう」というメッセージを作成していたところ，前方を歩いていた女性 B さんに誤って衝突し，全治 3 か月の怪我をさせてしまいました。

　さて，不注意によって交通事故を起こしてしまった A さんは，民法上，どのような責任を負うことになるのでしょうか。

● I　不法行為制度を学ぼう

　トピックの A さんのように，不注意によって交通事故を起こして他人に怪我をさせた者は，大きく分けて 3 つの法的責任を追及されることになります。まず，①刑事上の責任として，過失運転致傷罪等に問われて，懲役・禁錮・罰金といった刑罰を科される可能性があります（⇒第 12 章）。また，②行政上の責任として，運転免許

の停止や取消しなどの処分を受けることがあります（⇒第8章）。さらに，③**民事上の責任**として，加害者は，被害者に発生した治療費や入院費などの損害を賠償しなければなりません。こうした加害者の損害賠償責任について規定しているのが，これから学ぶ民法709条以下の**不法行為**という制度です。あとで説明するように，不法行為が成立すると，被害者は，加害者に対して**損害賠償請求権**と呼ばれる債権を取得します。そのため，不法行為は，債権の発生原因の1つとして位置付けられており，債権各論の中に規定されています。

■ **コラム25　ながら運転の増加と厳罰化**

　近時，自動車や原付バイクなどの運転中に，スマートフォンやカーナビの画面を注視していたことによる交通事故が増えてきており，いわゆる「ながら運転」として社会問題となっています。警察庁の統計データによれば，平成30年中の携帯電話使用等による交通事故件数は，約2,790件であり，過去5年間で1.4倍に増加しています。また，携帯電話使用等の場合における死亡事故率（死傷事故に占める死亡事故の割合）は，使用なしの場合の約2.1倍に及んでいます。

　こうした状況を受けて，2019年12月1日から施行された改正道路交通法では，ながら運転に対する罰則等が強化されることとなりました。例えば，(1)運転中に携帯電話等を持って通話したり，画像を注視したりする行為を行った場合，①罰則は5万円以下の罰金→6か月以下の懲役または10万円以下の罰金，②違反点数は1点→3点，③普通車の反則金は6,000円→1万8,000円に改正されています。また，(2)運転中に携帯電話等を持って通話したり，画像を注視したりすることによって事故を起こした場合は，①罰則が3か月以下の懲役または5万円以下の罰金→1年以下の懲役または30万円以下の罰金，②違反点数が2点→6点，③普通車の反則金が9,000円→適用なしに，それぞれ改正されています。なお，反則金の適用なしというのは，携帯電話等を持って通話したり，画像を注視したりすることによって交通事故を起こした場合には，反則金制度の対象外となり，すべて罰則（懲役刑または罰金刑）の対象になるということを意味しています。

　読者の皆さんの中には，すでに自動車運転免許を取得した方も，これから自動車運転免許を取得しようとしている方もいるでしょう。免許を取ってから一定期間が経過すると，運転にも余裕が出てきて，つい「このくらいなら大丈夫！」と油断して，ながら運転をしてしまいがちですが，悲惨な事故を引き起こす可能性のある極めて危険な行為ですので，絶対にやめましょう。交通ルールを遵守し，交通マナーを実践しながら，安全運転を心がけるようにしましょう。

● **II　不法行為が成立するのは ── 不法行為の成立要件**

　ある人の行為が他人に不利益をもたらすことは，さまざまな場面において発生します。トピックの例のように，交通事故を起こして他人に怪我をさせてしまうこともあれば，スポーツ中に誤って相手にボールを当ててしまい，怪我をさせてしまうこと

もあるでしょう。また，他人が経営している飲食店の隣に，新たな大型飲食店を開業すれば，以前からあった飲食店の売り上げに対して，いくらか打撃を与えることになるでしょう。

　こうした行為は，いずれも他人に不利益をもたらすものではありますが，必ずしもそのすべてが不法行為と評価されて，損害賠償責任を問われるわけではありません。ある人が他人に不利益を与えるような行為をした場合，その人に損害賠償責任が生じるのは，その人の行為が，一定の要件を満たした場合に限られています。

　その一定の要件を定めているのが，不法行為制度の一般規定である民法 709 条です。同条は，「①故意又は過失によって②他人の権利又は法律上保護される利益を侵害した者は，④これによって③生じた損害を賠償する責任を負う」と規定しており，①故意または過失，②権利侵害（違法性），③損害の発生，④因果関係の 4 つを不法行為の成立要件として定めています。つまり，ある人の行為が，この 4 つの成立要件をすべて満たす場合，その人は，加害者として被害者に対する損害賠償責任を負うことになります。以下では，この 4 つの成立要件について，それぞれ詳しく見ていきましょう。

1　不法行為の成立要件①──故意または過失

　不法行為の成立が認められるためには，まず，加害者に，**故意**または**過失**があったことが必要となります。この「故意」と「過失」という言葉自体は，読者の皆さんも，これまでの日常生活の中で何度か耳にしたことがあるのではないでしょうか。そして，多くの方は，故意とは「わざと何かをすること」であり，過失とは「うっかり何かをしてしまうこと」であると理解しているのではないでしょうか。もちろん，そのイメージ自体は正しいのですが，民法 709 条における故意と過失は，より厳格な意味合いを持った言葉として理解されています。

⑴　故　意　と　は

　民法 709 条における故意は，一般に「他人の利益を害する結果の発生を認識し，かつ，その結果の発生を認容すること」と定義されています。つまり，自分の行為が他人に不利益を生じさせることを知っていながら，他人に不利益が生じてもよいと思って加害行為を行った場合には，故意があると判断されることになります。

　しかし，故意犯処罰の原則が妥当する刑法の世界とは異なり，民法の世界では，不法行為制度における故意の意義に関する議論は，これまであまり重視されてこなかったといわれています。その理由としては，故意による不法行為の発生件数が過失によ

る不法行為よりも少ないことに加えて，不法行為の場合には，原則として，加害者の行為が故意によるものなのか，それとも過失によるものなのかによって法律効果が異なるわけではないことが挙げられます。詳しい説明は第12章に譲りますが，刑法においては，「加害者に故意があったかどうか」がきわめて重要な意味を持ちます。例えば，ある人の行為によって他人が死亡したとしても，加害者に故意があれば，刑法199条の殺人罪（死刑又は無期若しくは5年以上の懲役）に問われますが，過失しかなかったのであれば，刑法210条の過失致死罪（50万円以下の罰金）に問われることになります。つまり，加害者の行為が故意によるものなのか，それとも過失によるものなのかによって異なる犯罪行為が成立し，刑罰の内容も変わってくるのです（⇒第12章Ⅴ，Ⅷ1(3)(i)）。これに対して，民法の不法行為制度では，709条が「故意又は過失によって」と規定していることからもわかるように，加害者の行為が故意によるものであるか，過失によるものであるかにかかわらず，損害賠償責任を負わなければならないという法的効果が発生します。また，故意と過失では，一般に過失の立証のほうが容易であるといわれており，過失の立証によっても同様の法的効果が認められるのであれば，あえて立証困難な故意を要件として加害者の責任を追及する必要はないため，故意と過失の境界を論じる意味は乏しいと考えられています。

(2) 過失とは

その一方で，民法709条における過失が何を意味するのかについては，戦後，さまざまな議論が重ねられてきました。

かつての伝統的見解は，過失の概念を「結果を予見すべきであったのに予見しなかったという心理状態である」と理解していました。この見解によれば，トピックの例における過失とは，Ａさんにおいて，歩行者への衝突という結果を予見しなければならなかったのに，スマートフォンを注視してメッセージを作成していたために，その予見をしなかったこと，つまり，Ａさんの緊張を欠いた心理状態をいいます。しかし，こうした伝統的な見解に対しては，「過失を主観的な心理状態であるとしながら，過失の有無の判断に際しては，標準人を基準としている点で問題を抱えている」といった厳しい批判が加えられました。

そこで，現在の多数説は，過失について「結果の発生を予見することができ，かつ，注意をすれば回避できたにもかかわらず，結果の発生を回避する義務に違反したこと」（**結果回避義務違反**）と定義しています。トピックの例でいえば，Ａさんは，「スマートフォンを注視してしまったら，前方の歩行者に衝突してしまう」ということを予見することができたし，しっかりと前方に注意を払っていれば，「歩行者への

衝突」という結果を回避することができたにもかかわらず，前方不注意で歩行者に衝突してしまっているので，スマートフォンを注視し，前方不注意によって歩行者に衝突したというAさんの行為そのものが過失であると評価されることになります。

(3) 過失責任の原則とその例外

ここまで見てきたように，民法709条は，加害者に故意または過失がある場合に，損害賠償責任が成立すると規定しています。これは，民法の三大原則の一つである**過失責任の原則**を体現したものであるといわれています。過失責任の原則とは，故意または過失の有無を問わずに損害賠償責任の成立を認めてしまうと，人々の活動が阻害されてしまうため，個人の活動の自由を保護するためにも，故意または過失があった場合にのみ責任を負わせよう，という考え方です。

それでは，なぜ，民法はこのような考え方を三大原則の一つとして採用しているのでしょうか。例えば，長らくCさんが経営してきた洋菓子店の隣に，Dさんが新たな洋菓子店を開いて，フランス仕込みのレシピを活かして，安くて美味しいスイーツを販売していたところ，Cさんの洋菓子店からすっかり客足が遠のいてしまい，売上が大幅に減少してしまったとしましょう。この場合，C店の売上減少は，D店の開業によって引き起こされた結果であるため，Cさんとしては，「Dさんのせいで，こんなことになってしまった！」と主張して，Dさんに対して責任追及をしたいと考えるかもしれません。しかし，Dさんは，美味しい洋菓子をできる限りお手頃価格で提供しようと努力を重ねていたにすぎません。そうであるにもかかわらず，不法行為による損害賠償責任を問われることになれば，Dさんは，「美味しいレシピを開発しよう」，「お手頃価格で提供しよう」というモチベーションを失ってしまうでしょう。場合によっては閉店を決心してしまうかもしれません。

このように，他人に不利益を及ぼしたからといって，故意または過失の有無にかかわらず，損害賠償責任を負わせてしまうと，人々の行動を萎縮させることになりかねません。それでは社会の健全な発展も阻害されてしまうため，民法は，過失責任の原則を採用して，人々の活動の自由を保護しています。ただし，どんな場合であっても，故意または過失がなければ，加害者は，損害賠償責任を負わなくていいのかというと，必ずしもそうではありません。例えば，ある商品の欠陥によって，それを使用した人に損害が発生した場合（ある化粧品に深刻な肌荒れを引き起こす成分が含まれていた場合など），その商品を製造した企業は，①危険な商品を作り出したことに対する責任（**危険責任**）として，また，②その商品によって利益を得る者が負うべき責任（**報償責任**）として，損害賠償を支払わなければならないこともあります（⇒本章Ⅷ）。

2 不法行為の成立要件② ── 権利侵害（違法性）

　民法709条は，文言上，他人の権利または法律上保護される利益を侵害したこと（**権利侵害**）を2つ目の成立要件として定めていますが，従来の学説は，これを「加害行為に違法性があったこと」（**違法性**）という要件に読み替えてきました。民法709条には，違法性という文言がないにもかかわらず，このような読み替えがなされている理由は，簡単に説明すれば，「民法709条が規定している権利侵害は，違法性が明らかな場合の例示にすぎないため，要件として位置付けるべきは，権利侵害の背後にある違法性である」と考えられていたからです。

　権利侵害を違法性に読み替えた場合，違法性の有無は，加害行為の態様とそれによって引き起こされた結果の重大さとの相関関係によって判断されることになります。つまり，加害行為自体は，それほど悪質ではなかったとしても，それによって引き起こされた結果が重大なものである場合には，違法性が肯定されます。また，加害行為の態様が著しく悪質である場合には，それによって引き起こされた結果が軽微なものであったとしても，同様に違法性が認められます。なお，加害行為の態様が著しく悪質であり，それによって引き起こされた結果も重大なものである場合には，言うまでもなく違法性があると判断されます。

　ただし，少し発展的な内容にはなりますが，近年では，過失が主観的な心理状態ではなく客観的な結果回避義務違反であると理解されるようになったことに伴い，「過失」と「違法性」を区別する必要性の有無が問題となっています。学説の中には，いずれも加害行為の態様に関する要件であるから，違法性を独立の要件として扱う必要はなく，過失の有無のみを論じればよい，との見解もありますので留意しておきましょう。

3 不法行為の成立要件③ ── 損害の発生

　仮に，[トピック]の例において，運転中のAさんが前方不注意によってBさんに衝突したものの，Bさんが日頃からしっかりと身体を鍛えていたことが功を奏し，かすり傷一つ負わずに済んだとしましょう。この場合，たしかにAさんは不適切な行為を行っていますが，相手方のBさんに何ら不利益が生じていないのであれば，Aさんに損害賠償責任を負わせる必要はないと考えられます。そこで，民法709条は，被害者における**損害の発生**を3つ目の要件として規定しています。

　図1のように，損害は，(1)**財産的損害**と，(2)精神的損害をはじめとする**非財産的損害**に分類されます。(1)前者の財産的損害は，さらに，①**積極的損害**と，②**消極的**

損害に分けられます。①積極的損害とは，実際に支払った治療費など，いわば「財布からお金が出ていってしまう」タイプの損害を指します。これに対して，②消極的損害とは，入院をしていなければ得られたはずの給与など，いわば「財布に入ってくるはずだったお金が入ってこない」タイプの損害を指します。①積極的損害は，被害者が実際に支出をしているため，被害者の手元にある領収書に記載された金額をもとに，比較的容易に賠償金額を確定させることができますが，②消極的損害は，入ってくるはずだった金額のすべてについて賠償を認めてしまうと，かえって被害者を有利に扱ってしまう可能性もあるので，慎重に算定しなければならないと指摘されています。

　また，(2)後者の非財産的損害に対して支払われる損害賠償を**慰謝料**といいます。先ほど説明したように，財産的損害であれば，被害者の手元にある領収書や給与基準などに基づいて算出することができますが，非財産的損害に対する慰謝料については，明確な算出基準が存在しないため，実際の訴訟では，裁判官が類似の不法行為に関する先例などを参照しながら，各自の裁量で慰謝料の金額を確定させています。

　以上のことから， トピック の例では，Aさんが引き起こした交通事故によって，Bさんが全治3か月の怪我をしてしまっているので，Bさんには，怪我の治療に必要な診察料・入院費・手術費・通院費（積極的損害），怪我による収入の減少（消極的損害），精神的・肉体的苦痛（非財産的損害）といった損害が生じていると考えられます。

◆ 図1：損害の分類

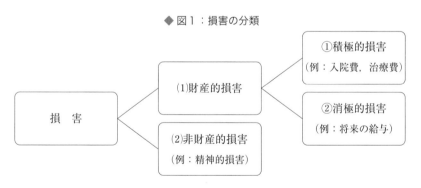

4　不法行為の成立要件④ ── 因果関係

　4つ目の要件は，加害行為と損害との間に**因果関係**があったことです。つまり，加害行為と損害との間に，その加害行為がなければ，その損害も発生しなかったという，あれなければこれなしの**条件関係**があることが必要となります。3で述べたように， トピック のBさんには，怪我の治療費をはじめとする各種損害が発生していますが，Aさんによる衝突行為がなければ，これらの損害も発生しなかったといえる

ため，Ａさんの加害行為とＢさんが被った損害との間には，あれなければこれなしの
条件関係があると考えられます。

　もっとも，条件関係が成立することのみをもって因果関係を肯定してしまうと，加
害者に過大な責任を負わせてしまう可能性があります。例えば，トピックの例にお
いて，交通事故で怪我をしたＢさんが病院に搬送されたところ，担当医師の医療ミス
によって死亡してしまったと仮定しましょう。この場合，Ａさんが交通事故を起こさ
なければ，Ｂさんが病院に搬送されることはなく，病院に搬送されていなければ，担
当医師の医療ミスによって死亡することもなかったわけですから，Ａさんが引き起こ
した交通事故とＢさんの死亡との間には，あれなければこれなしの条件関係があると
考えられます。しかし，だからといって交通事故を引き起こしたＡさんに，Ｂさんが
怪我したことの責任だけでなく，死亡したことの責任まで負わせてしまうのは，あま
りにも酷であると読者の皆さんも思われることでしょう。そこで，伝統的な学説は，
「加害行為の時点で加害者が予見していた事情と予見できた事情をもとに，被害者に
発生した結果に関する責任を，どの範囲で加害者に負担させるのが適切であるのかを
判断した上で，適切な範囲においてのみ加害者に責任を負わせるべきである」との考
え方を採用しています（**相当因果関係説**）。

● Ⅲ　不法行為が成立すると —— 不法行為の法的効果

　これまでに説明した４つの要件を満たすと，不法行為が成立し，加害者は，被害者
に対して損害賠償責任を負うことになります。不法行為による損害賠償の方法を定め
た民法722条は，民法417条を準用していますので，不法行為によって発生した損害
は，原則として金銭によって賠償されることになります（**金銭賠償の原則**）。例外的
に，加害者の行為が名誉毀損に該当する場合には，裁判所は，被害者の請求によっ
て，損害賠償に代えて，または，損害賠償とともに新聞の謝罪広告などの名誉を回復
するのに適当な処分を命じることもできます（民法723条）。

　トピックの例についてみると，Ｂさんに自動車を衝突させたというＡさんの行為
は，不法行為の４つの成立要件を満たしているため，Ａさんは，被害者のＢさんが全
治３か月の怪我をしたことについて損害賠償責任を負わなければならず，怪我の治療
費や肉体的・精神的苦痛に対する慰謝料などを支払わなければなりません。なお，自
動車を運転していたＡさんに前方不注意という過失があっただけではなく，前方を歩
いていたＢさんにも突然車道に飛び出したといった過失があった場合，裁判所は，被

害者であるBさんの過失を考慮して，損害賠償の額を決定することができます（民法722条2項）。これを**過失相殺**（かしつそうさい）といいます。つまり，交通事故によってBさんに発生した損害が1,000万円と評価されるものであり，その損害の発生に関するAさんの過失が8割，Bさんの過失が2割である場合，裁判所は，Aさんの損害賠償額を1,000万円から800万円に減額することができます。

● IV　未成年者などによる不法行為

　本章II・IIIでは，不法行為の成立要件をすべて満たした場合には，損害賠償責任を負わなければならないという原則論を前提に説明してきましたが，実は，不法行為の成立要件を満たしたとしても，必ずしもすべての人が損害賠償責任を負うことになるわけではありません。最終的に，不法行為の損害賠償責任を負うためには，加害者に，その責任を負うだけの能力（**責任能力**）があることが必要であり，責任能力を持たない者は，いわゆる**責任無能力者**として不法行為責任を免除されることになります。

　民法が定める責任無能力者には，①自己の行為の責任を弁識するに足りる知能を備えていない未成年者（民法712条）と，②精神上の障害により自己の行為の責任を弁識する能力を欠く状態にある者（民法713条）の2種類があります。

　① まず，前者については，すべての未成年者が責任無能力者に該当するのではなく，未成年者の中でも，自己の行為の責任を弁識するに足りる能力を有しない者だけが責任無能力者として扱われることになります。ここにいう「自己の行為の責任を弁識するに足りる能力」とは，一般に，何らかの法的責任が生じることを弁識する能力をいいます。つまり，「この行為を行うと，法律上，何かしらの償いをしなければならないことになってしまう」ということを理解しているのであれば，責任能力があると判断されることになります。

　それでは，だいたいどれくらいの年齢から責任能力が肯定されるのでしょうか。従来の裁判例を見てみると，11歳以下の加害者について責任能力を認めたものはなく，14歳以上の加害者については例外なく責任能力が認められています。したがって，12歳～13歳が未成年者の責任能力の有無に関するボーダーラインであるといわれています。なお，読者の皆さんの中には，トピックの例では，交通事故を起こしたAさんは，18歳の未成年者であるため，その行為自体は不法行為を構成するとしても，損害賠償責任を負わないのではないかと思われた方もいるかもしれません。しかし，すでに言及したように，14歳以上の未成年者は一般に責任能力があると判断されま

すので，まだ学生であるとしても，民法上はＡさん自身が損害賠償責任を負わなければなりません。そうはいっても，未成年の学生であるＡさんが損害賠償をするのに必要な財産を持っている可能性はきわめて低いため，被害者としては，Ａさんの監督義務者である親などに対して，監督義務違反に基づく不法行為責任を追及することも考えられますが，常に，監督義務者である親に対する損害賠償請求が認められるわけではありません（⇒本章Ⅴ，Ⅹ）。

　②　これに対して，後者の場合は，加害者の年齢ではなく，加害者が精神上の障害によって責任を弁識する能力を欠くことを理由に，損害賠償責任が否定されています。精神上の障害というと，統合失調症などを思い浮かべるかもしれませんが，超高齢社会に突入した日本では，認知症と診断される高齢者が増えてきており，そうした認知症高齢者が加害者となる事案においても，症状の程度によっては責任無能力者であると判断されることがあります。

　ただし，精神上の障害によって責任を弁識する能力を欠く者については，そうした責任弁識能力を欠く状態が故意または過失によって生じたものである場合には，責任能力がないことを理由とする免責は認められないと規定されています（民法713条但書）。したがって，自分で薬物を服用して不法行為を行った場合には，その行為を行った時点で，一時的な精神障害を起こしていたとしても損害賠償責任を負わなければなりません。

● Ⅴ　他人の不法行為に基づく責任①──監督義務者の責任

　Ⅳで見たように，民法712条と713条では，不法行為が成立したとしても，その加害者が責任弁識能力を欠く未成年者または精神上の障害によって責任弁識能力を欠く者である場合には，これらの者は損害賠償責任を負わないとされています。このような規定自体は，社会的弱者の保護に資するものとして一定の合理性があると考えられます。しかし，加害者が損害賠償責任を負わないとすると，被害者は自分が被った損害をすべて負担しなければならず，被害者救済に欠ける結果となってしまいます。そこで，民法714条は，「前２条の規定により責任無能力者がその責任を負わない場合において，その責任無能力者を監督する法定の義務を負う者は，その責任無能力者が第三者に加えた損害を賠償する責任を負う」と規定して，加害者が責任無能力者であるために損害賠償責任を負うことができない場合に備えて，監督義務者が加害者に代わって損害賠償責任を負うことを認めています。

それでは，ここにいう監督義務者とは，どのような人のことを指すのでしょうか。

① まず，加害者が未成年者の責任無能力者である場合，親権者または親権を行使する者が，いわゆる法定監督義務者に当たると考えられています。なぜなら，親権者は，民法820条に基づいて子を監護する義務を負っているからです。また，未成年後見人も，民法857条と820条の規定により親権者と同一の義務を負うため，法定監督義務者に該当します。

② つぎに，加害者が精神上の障害によって責任能力を欠く者である場合は，従来，成年後見人が監督義務者に当たると考えられてきました。しかし，現在では，成年後見人が負担する身上配慮義務は，成年被後見人に対する現実の介護や行動の監督を内容とするものではないと理解されていることから，成年後見人は，法定監督義務者には該当しないと考えられています。しかし，それでは，精神上の障害を理由とする責任無能力者には，法定監督義務者が存在しないことになってしまいます。そこで，判例（最判平成28年3月1日民集70巻3号681頁）は，監督義務を引き受けたとみることができる者については，「法定の監督義務者に準ずべき者」として法定監督義務者と同視することができ，民法714条1項の類推適用によって損害賠償責任を負うことになると解釈しています（⇒類推適用については，第3章II3⑵参照）。

● VI　他人の不法行為に基づく責任② ── 使用者責任

前記のように，未成年者などが責任無能力者である場合には，損害賠償責任を負うことができないため，民法714条の要件を満たす場合には，その監督義務者が補充的に損害賠償責任を負うこととなります。これ以外にも，直接の加害者でない者が損害賠償責任を負う制度としては，民法715条の**使用者責任**が挙げられます。

民法715条1項によれば，ある事業のために他人（被用者）を使用する者（使用者）は，被用者がその事業の執行について第三者に加えた損害を賠償する責任を負わなければなりません。したがって，例えば，ピザ屋CでアルバイトをしているDさんが，バイクでピザを配達している最中に，前方不注意によってEさんに衝突し，怪我をさせてしまった場合には，加害者であるDさん本人のみならず，Dさん（被用者）をアルバイトとして雇っているピザ屋C（使用者）についても損害賠償責任が成立します。

このとき，被害者であるEさんとしては，直接の加害者であるDさんに対して，民法709条の不法行為に基づく損害賠償を請求することもできれば，使用者Cに対して，民法715条1項の使用者責任に基づく損害賠償を請求することもできます。後者

の場合には，損害賠償請求に応じた使用者Cは，民法715条3項の規定により，Dさんに対して「あなたに代わって被害者に損害賠償を支払ってあげたのだから，その分のお金を支払ってください」と言って求償をすることができます。

　ところで，なぜ，使用者は直接の加害者ではないにもかかわらず，損害賠償責任を負わなければならないのでしょうか。この使用者責任という制度の背後には，「使用者の経済活動に伴う事故については，使用者が損害賠償責任を負担すべきである」という価値判断が存在していると考えられています。つまり，使用者は，被用者を使用することで自らの活動領域を拡大させており，それによって経済的な利益を得ているのであるから，その拡大された領域において生ずるリスク（危険）についても，使用者が負担すべきであると考えられているのです。

　なお，民法715条1項但書では，使用者が被用者の選任とその事業の監督について相当の注意をしたとき，または相当の注意をしても損害が生ずべきであったときは，使用者は損害賠償責任を負わないと規定されていますが，実際の裁判では，使用者の免責事由（被用者の選任や事業の監督について相当の注意をしていたことなど）に関する証明は，必ずしも容易ではありません。そのため，使用者責任については事実上の無過失責任であるといわれています。

● Ⅶ　危険な物を所有していることによる責任 —— 工作物責任

　例えば，Fさんが歩道を歩いていたところ，Gさんが所有し，HさんがGさんから借りているビルの外壁が剥がれ落ちてしまい，その破片でFさんが負傷したとしましょう。のちに，外壁の剥がれが，ビルの建設工事を請け負った建設業者Iの手抜き工事によるものであったと判明した場合，ビルの外壁が剥がれ落ちたことによって負傷してしまったFさんは，誰に対して損害賠償請求をすればよいのでしょうか。

　建物・塀・道路・橋のように，土地に接着して建造されている設備のことを**土地の工作物**といいますが，土地の工作物によって発生した損害の賠償責任については，民法717条が次のように規定しています。①民法717条1項本文によれば，土地の工作物の設置または保存に瑕疵があることによって他人に損害を生じたときは，まず，その工作物の占有者が，被害者に対してその損害を賠償する責任を負います。したがって，上記の例では，Gさん所有のビルを借主として占有しているHさんが損害賠償責任を負うことになります。②もっとも，民法717条1項但書によれば，占有者が損害の発生を防止するのに必要な注意をしたときは，所有者がその損害を賠償しなけ

ればなりません。したがって，Ｈさんが外壁の剥がれを防止するのに必要な注意をしていたときには，ビルの所有者であるＧさんがＦさんの損害を賠償しなければなりません。この所有者の損害賠償責任は，占有者の損害賠償責任とは異なり，免責の証明が認められていませんので，占有者が損害賠償責任を負わない場合には，必ず所有者が損害賠償責任を負わなければなりません。③なお，民法 717 条 3 項によれば，損害の原因について他にその責任を負う者がいるときには，占有者または所有者は，その者に対して求償権を行使することができますので，損害賠償を支払ったＨさん（占有者）またはＧさん（所有者）は，手抜き工事によって外壁の剥がれを引き起こした建設業者Ｉに対して，Ｆさんに支払った損害賠償分の金額を支払うよう請求することができます。

● Ⅷ　製造物によって発生する責任 —— 製造物責任法（PL法）

　例えば，Ｊさんが家電量販店Ｋで，Ｌ社製のテレビを購入したところ，このテレビからの出火によってＪさんの自宅が全焼してしまった場合，Ｊさんは，誰に対して損害賠償請求をすることになるのでしょうか。

　まず，出火の原因となったテレビについて，Ｊさんと直接の契約関係を有するのは家電量販店Ｋであるため，買主のＪさんとしては，売主の家電量販店Ｋに対して債務不履行責任や不法行為責任を追及することが考えられます。しかし，多くの場合，売主は，仕入れた製品をそのまま販売しているにすぎず，製品に欠陥があることを知る由もありません。そうすると，欠陥のある製品を引き渡したという債務不履行は，債務者の責めに帰することができない事由によるものであるということになるため，売主の債務不履行責任を問うことは難しいと考えられます（民法 415 条 1 項但書）。また，売主の不法行為責任を追及しようにも，売主には過失がないと判断されることになるでしょう。したがって，買主のＪさんにとっては，テレビを製造したＬ社に対して不法行為責任を追及することが民法上の最後の手段となりますが，加害者のＬ社に故意・過失があったことは，被害者のＪさんが証明しなければなりません。

　もっとも，Ｊさんのような消費者にとって，Ｌ社のような製造業者が「故意または過失によって欠陥のある商品を製造したこと」を証明するのは，決して容易なことではありません。そこで，被害者による故意・過失の証明が困難であるという民法 709 条の問題点を克服するために，製造者の過失を要件としない**製造物責任法**（PL法）が 1994 年に制定されることとなりました。製造物責任法 3 条によれば，製造業者等

は，製造物の欠陥によって他人の生命・身体・財産を侵害したときは，これによって生じた損害を賠償しなければなりません。製造物責任法3条では，製造物の「欠陥」という要件が，製造業者等の過失に代わるものとして定められていますが，欠陥の定義については，製造物責任法2条2項において「当該製造物が通常有すべき安全性を欠いていること」と規定されていますので，Jさんの例のように，通常の使用方法によってテレビが発火した場合には，製造業者等の過失を立証するよりも，テレビに欠陥があったことを立証するほうが容易であるといえるでしょう。したがって，Jさんとしては，製造物責任法の関連規定に基づき，L社に対してテレビの発火によって生じた損害の賠償を請求すべきであると考えられます。

● IX　複数人による不法行為 —— 共同不法行為

　不法行為の加害者は，必ずしも一人だけとは限らず，二人以上いることもあります。ある不法行為について複数の加害者がいる場合，これを共同不法行為といいます。民法719条1項の前段によれば，数人が共同の不法行為によって他人に損害を加えたときは，各自が連帯してその損害を賠償する責任を負うことになるのですが，ここにいう「各自が連帯してその損害を賠償する責任を負う」とは，何を意味しているのでしょうか。

　例えば，トピックの例において，Aさんが近所に住む友人Mさんを助手席に乗せて待ち合わせ場所に向かっていたところ，Aさんの運転する車両（図2の車Ⓐ）が青信号で交差点に進入した際に，同じく青信号で交差点に進入してきたNさんの運転する対向右折車（図2の車Ⓑ）と衝突してしまい，助手席のMさんが重傷を負ったとしましょう。また，この事故において，Aさんには安全な速度と方法で進行する義務を怠ったという2割の過失があり，Nさんには直進車の通過を待つ義務を怠ったという8割の過失があったとします。

　まず，AさんとNさんが起こした事故によって被害者のMさんに6,000万円の損害が生じた場合，Mさんは，AさんとNさんの過失割合にかかわらず，どちらに対しても最大6,000万円の損害賠償を請求することができます。ただし，Mさんに対して損害賠償責任を負っている加害者が2人いるといっても，Mさんに1億2,000万円の損害が発生しているわけではないので，AさんとNさんの両方から6,000万円ずつ受け取ることができるわけではありません。

　つぎに，AさんまたはNさんのどちらか一方が，一部または全部の損害賠償を支

◆ 図2：共同不法行為の例

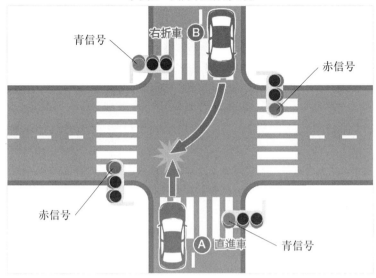

払った場合には，Mさんは，6,000万円から支払済みの金額を差し引いた残額のみ請求することができます。したがって，例えば，Mさんからの請求に対してNさんが6,000万円を支払った場合，Mさんは，すでに損害賠償の全額について支払いを受けていますので，それ以上の損害賠償を請求することはできません。なお，全額の損害賠償を支払ったNさんは，最終的に負担すべき金額を超えて支払った分について，Aさんに対して求償をすることができます。この事故では，Aさんの過失が2割であり，Nさんの過失が8割であるため，それぞれが最終的に負担すべき金額は，Aさんが1,200万円，Nさんが4,800万円となります。つまり，6,000万円全額を支払ったNさんは，Aさんに対して1,200万円の支払いを求めることができます。

● X　発展的なことを考えてみよう
── 未成年者による不法行為と両親の損害賠償責任

発展トピック

　Oさんは，とある私立の小中高一貫校に，中学校から特待生として進学しました。しかし，周囲は，裕福な家庭で育った人が多く，身に付けているものもハイブランドの高価なものばかりだったので，貧しい家庭で育ったOさんは，

なかなか馴染むことができずにいました。友人と会話をしていても、ハイブランドの流行に疎いOさんは、みんなの話についていくことができず、次第に、クラスの中で孤立するようになりました。

　ある日、Oさんは、クラスメートたちを見返すためにハイブランドの新作の財布を買おうと思い立ち、父親にお小遣いをねだりましたが、「うちの家計は、俺の酒代を賄うので精一杯なんだよ！」と叱りつけられてしまいました。父親に怒鳴られたことに対して激しい苛立ちを覚えていたOさんは、翌日、クラスメートのPさんが「お父さんから10万円のお小遣いをもらったの」と自慢しているのを聞いた途端、頭に血がのぼってしまい、Pさんを何度も殴打して重傷を負わせるとともに、Pさんが持っていた10万円を無理やり奪い取りました。

　なお、Oさんの父親は、日頃より収入の大半を飲酒で消費していたため、ほとんどOさんにお小遣いをあげたこともなく、酔っ払って帰宅しては、OさんとOさんの母親を叱りつけるといった行為をくり返していました。家にも学校にも居場所がないと感じたOさんは、次第に非行に走るようになり、万引きや喫煙などによって警察の補導を受けていましたが、両親は、Oさんが非行に走るようになったことについて見て見ぬふりをしていました。

　さて、この場合、Oさんが15歳であったとすると、Oさんによって重傷を負わされ、10万円を強奪されたPさんは、誰に対して、どのような責任を追及することができるのでしょうか。

　本問において、Oさんは、①故意によって、②Pさんに重傷を負わせ、10万円を強奪しているため、Pさんの身体と財産を違法に侵害しています。また、③Pさんには、殴打を受けたことによる負傷と10万円の財産の減少という損害が発生しており、④この損害は、Oさんの加害行為によって生じたものであるため、OさんがPさんに重傷を負わせて10万円を強奪したという行為は、民法709条が規定する不法行為の4つの成立要件を満たしているといえます。

　当時15歳だったOさんは、まだ未成年者ではありますが、本章Ⅳで言及したように、すでに責任能力を備えていると考えられるため、Pさんに生じた損害を賠償する責任は、Oさん自身が負うことになります。仮に、Oさんが責任能力を有しない11歳以下の未成年者であれば、Pさんは、民法714条1項に基づいて、Oさんの監督義務者である両親に対して損害賠償を請求することができますが、民法714条1項における監督義務者の責任は、加害者である未成年者の責任能力が認められない場合にのみ成立する補充的責任であるため、Oさんが責任能力を有する以上、Pさんは、Oさんの両親に対して監督義務者責任を追及することはできません。

しかし，同じ未成年者による不法行為であるにもかかわらず，加害者が責任能力を有しない場合には，監督義務者である親に損害賠償を請求することができるのに対して，加害者が責任能力を有する場合には，未成年者自身に対して損害賠償を請求することしかできないとすると，後者の場合には，資力に乏しい未成年者による賠償は期待できず，被害者救済に欠ける結果となります。そこで，未成年者の親に対して，民法714条以外の規定に基づいて損害賠償責任を追及できるかが問題となります。

　この問題について，判例（最判昭和49年3月22日民集28巻2号347頁）は，「未成年者が責任能力を有する場合であっても監督義務者の義務違反と当該未成年者の不法行為によって生じた結果との間に相当因果関係を認めうるときは，監督義務者につき民法709条に基づく不法行為が成立するものと解するのが相当」であると判断しており，責任能力を有する未成年者の親については，民法709条によって損害賠償責任を負う可能性があることを認めています。

　本問の場合，Ｏさんの両親は，Ｏさんが非行に走っていたことを知っていたにもかかわらず見て見ぬふりをするなど，適切な措置を取ることなく放任しています。また，Ｏさんの父親は日常的に酔った勢いでＯさんを叱りつけていただけでなく，Ｏさんにほとんどお小遣いを与えておらず，両親の愛情や物質に対するＯさんの欲求を満たしていなかったといえます。そして，その結果，ＯさんのＰさんに対する加害行為が発生していますので，Ｏさんの両親による監督義務違反とＰさんに生じた損害との間には相当因果関係があるといえます。したがって，Ｐさんは，民法709条に基づいて，Ｏさんの両親に対して損害賠償請求をすることができると考えられます。

◆ もっと学ぼう

　本章を読んで，民法の不法行為制度についてもっと学んでみたいと思った方は，①潮見佳男『基本講義 債権各論II 不法行為法〔第4版〕』（新世社，2021年），②窪田充見『不法行為法 —— 民法を学ぶ〔第2版〕』（有斐閣，2018年），③池田真朗『新標準講義 民法債権各論〔第2版〕』（慶應義塾大学出版会，2019年）を読んでみることをおすすめします。いずれも不法行為制度の基本的な内容がさまざまな具体例を通して説明されているだけでなく，2020年施行の改正民法における不法行為制度の変更点も分かりやすく解説されています。

◆第 11 章◆
民法(3) —— 家族法

┌─ トピック ─┐

　法律学科を卒業したAさんは，弁護士になって人助けをしたいという目標を実現させるために，法科大学院に進学しました。法科大学院では，講義の予習と復習，中間試験や学期末試験など各種試験の準備に追われる日々が続き，十分な睡眠時間を確保することもできませんでしたが，そんな中で，Aさんにとって心のよりどころとなったのがクラスメートのBくんの存在でした。AさんとBくんは，お互いに切磋琢磨しながら受験勉強に励み，法科大学院を卒業した年に見事二人揃って司法試験への合格を果たすことができました。法科大学院時代は，お互いを良き仲間の一人として見ていたAさんとBくんですが，司法修習の修習地が離れ離れになったことで恋愛感情を抱くようになり，遠距離での交際をスタートさせました。AさんとBくんは，それぞれの修習地を行き来しながら順調に交際を重ねていくうちに，自然と結婚を意識するようになったことから，司法修習を終えたタイミングで婚約し，ほどなくして婚姻届を提出しました。晴れて夫婦となったAさんとBくんは，それぞれ希望していた法律事務所に入所し，長年憧れていた弁護士としての第一歩を踏み出しましたが，そんな公私ともに充実した幸せな日々は，長くは続きませんでした。AさんもBくんも仕事が多忙を極めていたことから，だんだんと心の余裕が失われていき，些細なことでも大ゲンカするようになるなど，次第に気持ちがすれ違うようになりました。そんな中，Bくんが法科大学院時代の友人Cさんと不倫していることが発覚したため，Aさんは，Bくんとの離婚を決意しました。

　さて，この場合において，Aさんは，どのようにしてBくんとの離婚を成立させていくことになるのでしょうか。また，離婚が成立した場合，AさんとBくんの身分関係や財産関係はどのように変化するのでしょうか。

● Ⅰ　家族法を学ぼう

　第9章の冒頭で触れたように，民法では，総則・物権・債権に続いて，第4編で「親族」，第5編で「相続」に関する規定が置かれており，講学上は，この2編を合わせて「家族法」と呼んでいます（場合によっては，第4編「親族」のみを指すこともあります）。第4編「親族」は，主に，「家族」というコミュニティを構成している人々の相互の法律関係を対象としており，総則・婚姻・親子・親権・後見・保佐および補助・扶養という7つの章から構成されています。その中でも，特に重要だとされているのが，婚姻と親子に関する規定です。また，第5編「相続」は，ある人の死亡によって発生する財産の移転に関して，誰が相続するのか，どのくらいの割合で相続するのかといった問題に関するルールを定めており，総則・相続人・相続の効力・相続の承認および放棄・財産分離・相続人の不存在・遺言・配偶者の居住の権利・遺留分・特別の寄与の10章から構成されています。

　本章では，家族法について，婚姻関係を成立させるためには，法律上，どのようなことが必要とされているのか，また，婚姻関係や相続をめぐる争いはどのように解決されるのか，といったことを中心に学んでいきます。なお，親子関係に関する規定については，婚姻の規定との関連において適宜言及します。

　おそらく読者の皆さんにとって，この家族法という言葉は，前章までの契約法や不法行為法よりも身近に感じられるのではないかと思います。ぜひ皆さん自身の家族をめぐる具体的な状況を思い浮かべながら読み進めていってください。

● Ⅱ　婚姻を成立させるためには ── 婚姻の成立要件

　トピックの例において，AさんとBくんは，司法修習を終えたタイミングで婚約し，その後婚姻届を提出して夫婦となりましたが，婚姻を成立させるためには，法律上，どのような要件を満たすことが必要とされているのでしょうか。また，婚姻の成立に先立って，AさんとBくんのように婚約をすることも少なくないのですが，この婚約という行為は，民法上，どのような意味を持つのでしょうか。

　民法の規定の順番とは前後しますが，婚姻を成立させるためには，①当事者間で婚姻意思が合致していること，②婚姻の届出がなされていること，③婚姻障害がないこと，という3つの要件を満たすことが必要となります（**法律婚主義**）。

1 婚姻の成立要件① ── 当事者間で婚姻意思が合致していること

　まず，憲法 24 条 1 項（「婚姻は，両性の合意のみに基いて成立」する）と民法 742 条
1 号（「人違いその他の事由によって当事者間に婚姻をする意思がないとき」には，婚姻は
無効となる）の規定により，婚姻の両当事者間における**婚姻意思**の合致（合意）は，
婚姻を成立させるためのもっとも基本的な要件として位置付けられています。

　しかし，ここにいう「婚姻意思」が何を意味するのかについては議論があり，学説
では，「精神的・肉体的結合を発生させようとする実質的な意思である」とする見解
（実質的意思説）と，「ただ単に婚姻届を提出しようとする意思である」とする見解
（形式的意思説）とが対立しています。これに対して，判例（最判昭和 44 年 10 月 31 日
民集 23 巻 10 号 1894 頁）は，子どもに嫡 出 子としての法的地位を得させるために婚
姻をした事案について，民法 742 条 1 号にいう「『当事者間に婚姻をする意思がない
とき』とは，当事者間に真に社会観念上夫婦であると認められる関係の設定を欲する
効果意思を有しない場合を指すものと解すべき」であり，当事者間に「法律上の夫婦
という身分関係を設定する意思はあったと認めうる場合であっても，それが単に他の
目的を達するための便法として仮託されたものにすぎないものであって，……真に夫
婦関係の設定を欲する効果意思がなかった場合には，婚姻はその効力を生じないもの
と解すべきである」と解釈しています。つまり，婚姻意思とは，真に夫婦関係を成立
させようとする意思であり，何らかの目的を達成するために，もっぱらその手段とし
てなされた婚姻については，効力が否定されています。なお，嫡出子とは，「婚姻関
係にある夫婦の子」であり，その法的地位に関する保護が図られているほか，2013
年の改正前までは，民法 900 条 4 号において「非嫡出子の相続分は嫡出子の 2 分の
1」と定められていたため，嫡出子であるか否かによって相続することのできる財産
の割合も異なっていました（⇒本章Ⅶ 2）。

2 婚姻の成立要件② ── 婚姻の届出がなされていること

　つぎに，婚姻を成立させるためには，**婚姻の届出**を行う必要があります（**届出婚主
義**）。民法 739 条 1 項によれば，婚姻は，戸籍法の規定にしたがって届け出ることに
よって効力を生じ，民法 742 条 2 号によれば，当事者による届出がなされていない婚
姻は無効となりますが，この婚姻の届出というのは，どのようにして行われるべきも
のなのでしょうか。

　婚姻の届出は，市役所等に備え付けられている用紙を使用することが一般的である
とされており，婚姻の当事者と二人以上の成年の証人が署名し（民法 739 条 2 項），か

つ，夫婦が称する氏（苗字）と法務省令で定められたその他の事項（戸籍法74条）を記入した上で，届出人の本籍地または所在地（一時滞在地を含む）の市役所・区役所・町村役場に提出することによって行われます。市役所等への提出方法については，直接の提出だけでなく，郵送による提出や第三者への委託による提出も認められています。なお，婚姻の届出は，口頭で行うことも可能であり，その場合には，婚姻の当事者と二人以上の証人が市役所等に行って，婚姻届に記載すべき事項を陳述し，その陳述内容が記された書面に署名・押印することによって行われます（⇒図1）。

3　婚姻の成立要件③ ── 婚姻障害がないこと

　婚姻の成立にあたっては，当事者間の婚姻意思が一致していること，婚姻の届出がなされていることに加えて，**婚姻障害**（婚姻の成立を妨げる事由）がないことも必要となります。民法が規定する婚姻障害には，(1)婚姻適齢，(2)重婚の禁止，(3)再婚禁止期間，(4)近親婚の禁止の4つがあります。以下では，それぞれの具体的な内容について見ていきましょう。

(1)　婚姻適齢（民法731条）

　2020年現在の民法731条は，男性は18歳に，女性は16歳にならなければ婚姻をすることができないと規定していますが，2022年4月1日より，成年年齢が20歳から18歳に引き下げられることに伴い，婚姻できる年齢（**婚姻適齢**）は男女ともに「18歳」となります。民法731条が規定する婚姻適齢に達していない者が婚姻した場合（民法740条によれば，市役所等に提出された婚姻届については，法令違反の有無を確認しなければ受理することができないため，婚姻障害事由の有無も確認されることになりますが，婚姻障害があるにもかかわらず何らかの手違いによって婚姻届が受理されてしまうこともあります），その婚姻は，当然に無効となるわけではなく，各当事者とその親族，検察官による取消しの対象となります（民法744条1項）。

(2)　重婚の禁止（民法732条）

　民法732条は，配偶者のある者は，重ねて婚姻（**重婚**）をすることができないと定めており，いわゆる**一夫一婦制の原則**を明示しています。(1)で言及したように，通常は，婚姻届の受理に際して，婚姻障害事由の有無も併せて確認されるため，重婚状態が発生することはほとんどありませんが，例えば，配偶者の認定死亡を受けて再婚したが，再婚後に前配偶者が生きていたことが判明した場合など，当事者の主観では重婚に該当しないと思っていたものの，客観的には重婚状態が発生してしまっている，という可能性はあります。仮に，このような重婚状態が発生した場合には，前記

◆ 図1：婚姻届

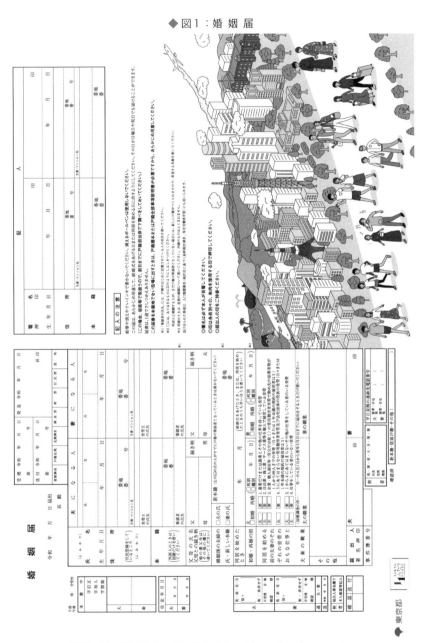

（出典：東京都オリジナル婚姻届：https://www.futari-tory.metro.
tokyo.lg.jp/marriageregistration/paper1_200227.pdf）

(1)の婚姻適齢の場合と同じように，重婚関係にある当事者とその親族，検察官による取消しの対象となります（民法744条1項）。また，重婚関係にある当事者の配偶者（後婚の配偶者）や前配偶者（前婚の配偶者）による取消しも認められています（民法744条2項）。なお，このとき，取消しの対象となるのは，重婚状態を発生させた後婚のほうになります。

(3) 再婚禁止期間（民法733条）

民法733条1項は，女性の再婚について100日間の**再婚禁止期間**を設けており，女性は，前婚の解消または取消しの日から起算して100日を経過した後でなければ，再婚をすることはできないと定めています。

それでは，なぜ，女性についてのみ100日間という再婚禁止期間が設けられているのでしょうか。前提として，民法772条2項は，ある女性から生まれた子どもとその父親の父子関係について，①婚姻の成立から200日が経過した後に生まれた子どもと，②婚姻の解消・取消しの日から300日以内に生まれた子どもは，その婚姻中に懐胎（妊娠）したものと推定する旨を規定しています。仮に，女性も前婚の解消・取消し後すぐに再婚できるとすると，図2のように，後婚成立の201日目から前婚解消・取消しの300日目までの100日間に子どもが生まれた場合には，前婚の夫と後婚の夫の両方について，民法722条の嫡出推定が働くこととなります。つまり，その100日間に生まれた子どもとの関係では，前婚の夫も後婚の夫も父親として推定されることになります。そうすると，結局どちらが父親なのか分からなくなってしまう可能性がありますので，そうした混乱を避けるために，女性の再婚については，100日間という再婚禁止期間が設けられています（⇒図2）。

◆ 図2：前婚の解消・取消し後すぐに再婚した場合の父子関係

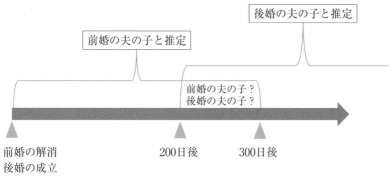

ただし，①女性が前婚の解消・取消しの時点において懐胎していなかった場合，②前婚の解消・取消し後（再婚禁止期間中）に出産した場合は，前婚の夫と後婚の夫のどちらが父親なのか分からないという問題が生じないため，例外的に，再婚禁止期間の適用対象外とされています（民法733条2項）。

　なお，再婚禁止期間中に成立した婚姻関係についても，民法744条1項に基づいて，これを取り消すことができますが，①前婚の解消・取消しからすでに100日が経過している場合，②女性が再婚後（再婚禁止期間中に）出産した場合には，その取消しが制限されることとなります（民法746条）。

⑷　近親婚の禁止（民法734条〜736条）

　読者の皆さんも一度は耳にしたことがあるのではないかと思いますが，民法は，一

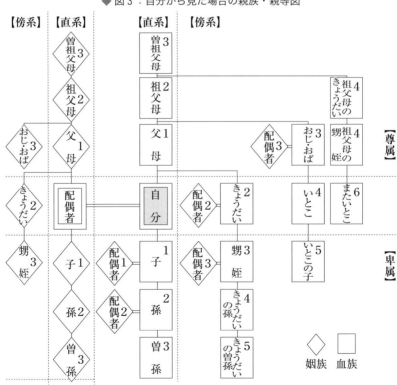

◆ 図3：自分から見た場合の親族・親等図

*右側の数字は，自分から見た親等数です。

（出典：窪田充見「家族法 —— 民法を学ぶ〔第4版〕」（有斐閣，2019年）43頁）

定の親族間における婚姻（**近親婚**）を禁止しており，①直系血族間の婚姻（民法734条1項本文：自分の父母・祖父母・子との婚姻など），②三親等内の傍系血族間の婚姻（民法734条1項本文：自分の兄弟姉妹・おじ・おば・甥・姪との婚姻など），③直系姻族間の婚姻（民法735条：自分の配偶者の父母・祖父母，自分の子の配偶者との婚姻など），④養親子間等の婚姻（民法736条：養子と養親，養子と養親の親，養親と養子の配偶者との婚姻など）は，婚姻障害事由に該当すると定められています（⇒図3）。

● Ⅲ　婚姻が成立すると —— 婚姻の効力

　民法731条以下の成立要件を満たし，婚姻届が受理されると，婚姻が成立することとなります。 トピック のAさんとBくんのように晴れて夫婦となった二人の間には，婚姻の効力によってさまざまな法律効果が発生します。以下のように，婚姻の効力は，大きく身分関係に関するものと，財産関係に関するものとに分けられます。

1　身分関係に関する婚姻の効力

　身分関係に関する婚姻の効力については，民法750条〜754条で規定されており，主に，①**夫婦同氏**（同姓），②**同居・協力・扶助義務**，③**貞操義務**が挙げられます。

　① まず，民法750条において，夫婦は，婚姻の際に定めるところに従い，夫または妻の氏を称すると規定されています（**夫婦同氏の原則**）。「婚姻の際に定めるところに従い」というのは，図1の婚姻届を見てもらえば分かるように，「婚姻後の夫婦の氏」という項目中に，夫または妻の氏のいずれを使用するのかを選択する欄ありますので，そこで選択した氏が，婚姻の際に定めた婚姻後の夫婦の氏となります。

　なお，夫婦同氏の原則を定めた民法750条については，憲法違反であるとの訴訟（**夫婦別姓訴訟**）が提起されましたが，判例（最大判平成27年12月16日民集69巻8号2586頁）は，「直ちに個人の尊厳と両性の本質的平等の要請に照らして合理性を欠く制度であるとは認めることはできない」として，その違憲性を否定しました。ただし，違憲でないとの判断が下されたからといって，選択的夫婦別姓をはじめとするその他の制度設計の可能性が判例によって否定されているわけではないので，今後の議論の行方を見守っていく必要があるでしょう。

　② 続いて，民法752条は，「夫婦は同居し，互いに協力し扶助しなければならない」として，夫婦の**同居・協力・扶助義務**を定めています。**同居義務**とは，夫婦が二人で相談して決めた場所と住宅において，夫婦として同居しなければならないこと

をいい，夫婦の一方が同居を拒否しているなどの場合には，他方は，家庭裁判所に対して同居の調停・審判を申し立てることができます（家事事件手続法244条）。このとき，夫婦の他方は，調停の申立てをすることなく，最初から審判の申立てをすることもできますが，家庭裁判所は，調停を行うことができる事件については，職権で調停に付することができるため，まずは調停を試みることが多いといわれています。ただし，同居義務は，任意に履行されるべきものであると考えられているため，同居の審判が下されてもなお同居義務を履行しなかった場合には，離婚原因としての「悪意の遺棄」に該当する可能性はありますが（民法770条1項2号），その者に対して，裁判所が同居義務の履行を強制することはできません（大決昭和5年9月30日民集9巻926頁）。また，**協力義務**は，日常生活の維持や子どもの養育などの精神的・事実的な援助を意味し，**扶助義務**は，経済的な援助を意味しています。

　③ さらに，民法上の明文規定はありませんが，民法770条1項1号が「不貞行為」（配偶者以外と性的関係を持つこと）を離婚原因の一つとして位置付けていることから，夫婦は，互いに**貞操義務**を負うと考えられています。夫婦間の貞操義務をめぐっては，例えば，トピックの例において，AさんとBくんが大学院時代の友人Cさんと不貞行為を行った場合，Cさんは，Aさんに対する不法行為に基づく損害賠償責任を負うのかが問題とされています。この点について，判例（最判昭和54年3月30日民集33巻2号303頁）は，夫婦の一方の配偶者Bくんと肉体関係を持った第三者Cさんは，故意または過失がある限り，Bくんを誘惑するなどして肉体関係を持つに至らせたかどうか，BくんとCさんの関係が自然の愛情によって生じたかどうかにかかわらず，他方の配偶者Aさんの妻としての権利を侵害しており，その行為は違法性を帯び，Aさんが被った精神上の苦痛を慰謝すべき義務があるとして，民法709条に基づく損害賠償責任を認めています。もっとも，学説の中には，Cさんの不法行為責任を否定すべきであるとの見解もあります。

2　財産関係に関する婚姻の効力 ── 夫婦財産制

　婚姻成立後の夫婦の財産関係については，民法755条〜762条に規定が置かれています。民法755条によれば，夫婦は，婚姻の届出前に，特別の合意（**夫婦財産契約**）をすることによって婚姻後の財産関係を定めることができます。しかし，実際に夫婦財産契約を結んで，婚姻後の財産関係に関するルールを定めている夫婦はきわめて少なく，多くの夫婦は，民法760条以下の**法定夫婦財産制**に関する規定の適用を受けることになります。

法定夫婦財産制は，①婚姻費用の分担（民法 760 条），②日常家事債務に関する夫婦の連帯責任（民法 761 条），③夫婦別産制（民法 762 条）から構成されています。

　民法の規定の順番とは前後しますが，まずは，婚姻と財産との関係を考える際の出発点となる③夫婦別産制から見ていきましょう。夫婦の財産の帰属について，民法762 条は，夫婦の一方が婚姻前から有する財産と婚姻中に自己の名で取得した財産は，その者が単独で有する「特有財産」となり（1 項），夫婦のいずれに属するのか明らかでない財産については，夫婦の共有に属するものと推定される（2 項）と定めています。つまり，簡単にいうと，婚姻関係にある夫婦であったとしても，その財産関係については，原則として「自分の物は，自分の物」という財産法のルールによって処理されることになります。ただし，夫婦の一方が死亡した場合，死亡した者の財産は，本章Ⅶで取り上げる「相続」という制度によって，その者の配偶者を含む相続人に帰属することになります。また，婚姻が解消された場合には，夫婦が婚姻中に協力して取得した財産は，民法 768 条における財産分与の規定によって清算されることになります。

　このように，民法は，夫婦の財産関係について，夫婦別産制を原則としていますが，夫婦である以上は，共同生活を営む必要があることから，①婚姻費用と②日常家事債務については，例外的な取り扱いがなされています。まず，①婚姻費用については，「夫婦は，その資産，収入その他一切の事情を考慮して，婚姻から生ずる費用を分担する」と定められています（民法 760 条）。ここにいう「婚姻から生ずる費用」（婚姻費用）とは，夫婦とその未成熟子（独立して生計を立てることができない子）の共同生活を維持するのに必要な費用であり，衣食住の費用・子どもの教育費・医療費などが含まれます。なお，その具体的な分担金額などは，当事者の協議によって決まりますが，協議が調わない場合には，家庭裁判所による調停・審判で決定することとなります（家事事件手続法 244 条，別表第 2 第 2 項）。また，②日常家事債務については，夫婦の一方が日常の家事に関して第三者と法律行為（契約など）をしたときは，その配偶者は，これによって生じた債務について連帯責任を負うと定められています（民法 761 条本文）。日常家事とは，夫婦と未成熟子が共同生活を営む上で通常必要となる行為であり，食料の購入費用や子どもの養育費・教育費，医療費などに関する債務が日常家事債務に該当します。日常家事は，家庭の共同生活を維持するために行われた行為であるため，日常家事債務については，原則として，夫婦のどちらか一方ではなく，二人で共同して（連帯して）責任を負うべきであると考えられています。したがって，例えば，新婚生活を始めるにあたって，夫が大家さんとの間で新居の賃貸借

契約を締結した場合，妻は，その賃貸借契約の当事者ではないとしても，大家さんとの関係では，賃料支払債務などを履行する責任を負う可能性が高いと考えられます。

● Ⅳ　婚姻を解消するためには ── 離婚の成立プロセス

トピック のＡさんとＢくんも，結婚をした際には，多くの友人から「末永くお幸せに」と声を掛けられたことでしょう。しかし，夫婦の婚姻関係は，必ずしも永遠に続くものではなく，何らかの事情によって解消されることもあります。婚姻の解消は，夫婦の一方の死亡による場合と離婚による場合とがありますが，以下では，後者の場合について，離婚の成立プロセスと法的効果を中心に見ていきましょう。

1　離婚の成立プロセス① ── 夫婦の協議による「協議離婚」

前提として，憲法 24 条が規定するように，婚姻は，当事者の合意のみによって成立するため，婚姻関係の解消もまた当事者の合意によって行うことができます。そこで，民法 763 条は「夫婦は，その協議で，離婚をすることができる」と定めています。夫婦の協議による離婚を**協議離婚**といいますが，協議離婚を成立させるためには，①夫婦間で離婚意思が合致していることに加えて（実質的要件），②離婚の届出がなされていることが必要となります（形式的要件，民法 764 条による婚姻の届出に関する民法 739 条の準用）。①における離婚意思とは，離婚の届出を行う意思を意味しており，事実上は，婚姻関係を維持しているにもかかわらず，何らかの事情によって協議離婚の届出がなされた場合でも，両当事者に法律上の婚姻関係を解消する意思があるのであれば，判例は，離婚意思の存在を認めています（最判昭和 38 年 11 月 28 日民集 17 巻 11 号 1469 頁）。なお，夫婦の一方は，他方が無断で提出した離婚届が受理されてしまわないように，あらかじめ**離婚届不受理申出**をすることができます。離婚届不受理申出に関する届出がなされた場合，申出をした本人が窓口に来ていることが確認できたときに限って離婚届が受理されることになります。

2　離婚の成立プロセス②
── 家事調停委員会の調停による「調停離婚」

前記 1 の協議離婚は，日本社会において，もっとも多く利用されている離婚の方式であるといわれており，厚生労働省の平成 21 年度の「離婚に関する統計」によれば，夫婦ともに日本国籍である場合には，協議離婚が離婚全体の 87.2％を占めています。
しかし，この統計データからも分かるように，常に協議離婚が成立するわけではあ

りません。例えば，トピックの例において，BくんとCさんの不倫を知ったAさんが，Bくんとの婚姻関係を解消するために離婚の協議を持ちかけたものの，Bくんが「Cさんとの不倫は，魔が差しただけであって，これからも君との結婚生活を継続したい」と言って，Aさんとの離婚を拒み続けた場合，協議離婚は成立しません。

さて，Bくんとの協議離婚が成立しないとなると，Aさんは，どうすればよいのでしょうか。読者の皆さんの中には「裁判を起こせばよいのでは？」と思った方もいるかもしれませんが，協議離婚が成立しないからといって，ただちに離婚訴訟を提起することができるわけではありません。家事事件手続法 257 条 1 項では，「調停を行うことができる事件について訴えを提起しようとする者は，まず家庭裁判所に家事調停の申立てをしなければならない」と定められていますので，まずは，家庭裁判所に調停を申し立てて，離婚に向けた話し合いを行います（**調停前置主義**）。調停では，裁判官または家事調停官（5 年以上の経験を有する弁護士で，最高裁判所によって任命されます）1 人と，弁護士資格や専門的知識経験・社会生活上の豊富な知識経験を有する調停委員 2 人以上（原則として 40 歳以上 70 歳未満）から構成された「家事調停委員会」が，離婚の合意だけでなく，離婚に伴う財産分与・慰謝料，子どもの親権者・養育費などの離婚条件についても合意が成立するよう，間に入って話し合いを進めていきます。話し合いの結果，両当事者間で合意が成立すると，合意の内容をまとめた調停調書が作成され，調停による離婚が成立します（**調停離婚**，家事事件手続法 268 条）（⇒第 2 章Ⅳ 2）。

3　離婚の成立プロセス③ —— 家庭裁判所の審判による「審判離婚」

調停が成立しなかった場合でも，調停前置主義の要件は満たされていますので，当事者は，このあと 4 で説明するように，離婚の訴えを提起することができます。ただし，例えば，調停において，離婚の合意は成立したものの，財産分与などの離婚条件についてちょっとした意見の食い違いがあったために，調停が成立しなかった場合など，家庭裁判所が相当と認めるときは，家庭裁判所の職権で調停に代わる審判を行うことができます（**審判離婚**，家事事件手続法 284 条 1 項）。なお，調停に代わる審判は，確定判決と同一の効力を有しますが（家事事件手続法 287 条），当事者から適法な異議の申立てがあったときは，その効力を失います（家事事件手続法 286 条 5 項）。

4　離婚の成立プロセス④ —— 最終手段としての「裁判離婚」

調停離婚が成立せず，調停に代わる審判も下されなかった場合や，調停に代わる審判は下されたものの，異議申立てによってその効力を失った場合，離婚を望む当事者

は，離婚訴訟を提起して，裁判による解決を試みることになります（**裁判離婚**）。

　裁判離婚は，原則として，民法770条1項各号に規定されている離婚原因がある場合に成立します。民法770条1項各号が規定する離婚原因には，①配偶者の不貞行為（自由な意思に基づいて配偶者以外の者と性的交渉を行うこと），②悪意の遺棄（配偶者を捨てて家出をしたり，配偶者を家から追い出したりするなど，正当な理由なく同居・協力義務を履行しないこと），③3年以上の生死不明，④強度の精神病（婚姻生活における協力・扶助を十分に果たすことができない程度の精神障害），⑤その他婚姻を継続し難い重大な事由（性格の不一致によって婚姻が破綻しており，回復の見込みがない場合など）の5つがあります。なお，①〜④の離婚原因に基づく離婚訴訟においては，そのいずれかに該当する事由が存在する場合であっても，民法770条2項の規定により，裁判所は，一切の事情を考慮して婚姻の継続を相当と認めるときは，離婚の請求を棄却することができます（裁量棄却）。

● V　婚姻が解消されると —— 離婚の法的効果

　前記Ⅳのプロセスを経て離婚が成立すると，夫婦の身分関係や財産関係，夫婦と子どもとの関係について，以下のような法的効果が生じます。

1　夫婦の身分関係に関する効果

　① まず，離婚によって夫婦間の婚姻関係が解消されると，各当事者は，再婚をすることができるようになります。ただし，本章Ⅱ 3(3)で前述したように，民法772条2項における父性推定の重複を避けるために，女性は，原則として前婚解消の日から100日を経過した後でなければ再婚をすることはできません（民法733条）。

　② つぎに，民法750条は，婚姻の効力として夫婦同氏の原則を定めていますが，婚姻が解消されると，婚姻によって氏を変更した夫または妻は，婚姻前の氏に戻ります（**離婚復氏**，民法767条1項，771条）。また，離婚の日から3か月以内に「離婚の際に称していた氏を称する届」を提出すると，離婚後も婚姻時の氏を継続して使用することができます（**婚氏続称**，民法767条2項，771条）。

　③ さらに，夫や妻の父母など，配偶者の血族のことを姻族といいますが，婚姻によって形成された姻族関係も離婚によって当然に終了します（民法728条1項）。ただし，直系姻族間における婚姻の禁止を定めた民法735条の婚姻障害は，そのまま存続します（民法735条後段）。

2 夫婦の財産関係に関する効果 —— 財産分与

　離婚によって夫婦間の婚姻関係が解消された場合，離婚をした者の一方は，相手方に対して**財産の分与**を請求することができます（民法768条1項，民法771条）。何を，どのように分与するのかという財産分与の内容は，もちろん当事者間の協議で取り決めることができますが，当事者間で財産分与に関する合意が成立しなかった場合には，家庭裁判所に対して，協議に代わる処分（審判）を請求することができます（民法768条2項本文）。このとき，家庭裁判所は「当事者双方がその協力によって得た財産の額その他一切の事情」（財産の額・取得・維持に関する各当事者の寄与の程度，婚姻の期間，婚姻中における協力・扶助の状況，各当事者の年齢・職業・収入など）を考慮して，そもそも財産を分与させるべきかどうかを判断し，分与させるべきなのであれば，分与の額および方法を決定します（民法768条3項）。なお，通常は，家庭裁判所の審判に先立って調停が行われます。

　また，離婚に伴う財産分与には，一般に，①清算的機能，②扶養的機能，（③慰謝料的機能）が含まれているといわれています。まず，①清算的機能とは，動産・不動産・金銭・預金債権など，夫婦が婚姻中に協力して築き上げた財産を財産分与によって清算することをいいます。夫婦が婚姻中に協力して築き上げた財産には，民法762条2項によって共有の推定がなされる「夫婦のいずれに属するか明らかでない財産」だけでなく，夫婦の一方が婚姻中に自己の名で取得した財産も含まれますが，各当事者が婚姻前から有していた財産や婚姻後に相続等によって取得した財産は，夫婦が協力して得たものではないため，財産分与の対象とはなりません。つぎに，②扶養的機能とは，離婚によって生活が困窮してしまう配偶者の扶養を財産分与によって実現することをいいます。婚姻関係が解消されているにもかかわらず，かつての配偶者に対する扶養が認められている根拠は，必ずしも明らかではありませんが，近時では，女性が婚姻によって専業主婦になった場合などには，女性の所得能力が減少するため，それを回復させるために離婚後の扶養が認められている，といった説明もなされています。そして，③慰謝料的機能とは，配偶者の暴力・虐待などによって離婚に至った場合や，配偶者の不貞行為によって離婚に至った場合などに，他方配偶者が被った精神的苦痛を財産分与によって埋め合わせることをいいます。学説の中には，配偶者による暴力・虐待・不貞行為自体が不法行為に該当するため，財産分与としてではなく，不法行為に基づく損害賠償請求として，他方配偶者による慰謝料請求を認めるべきであるとの見解もありますが，判例は，財産分与請求権と慰謝料請求権の性質が異なることを前提としつつも，財産分与の決定に際しては，一切の事情を考慮すべきで

あるから，慰謝料をも含めて財産分与の額・方法を定めることができると解しています（最判昭和46年7月23日民集25巻5号805頁）。つまり，離婚に伴う慰謝料は，財産分与とは別に請求をすることもできれば，財産分与の中で請求をすることもできます。

3　親子関係に関する効果

　夫婦間に未成年の子どもがいる場合，婚姻中は，父母が共同して親権を行いますが（**共同親権**，民法818条3項），離婚によって婚姻関係が解消されると，父母の一方のみが親権者となります（**単独親権の原則**，民法819条1項・2項）。**親権**とは，父母の地位から生ずる法的な権利義務の総称であり，その内容は，①**身上監護権**（子どもの利益のために子どもの監護・教育を行う権利義務，民法820条）と，②**財産管理権**（子どもの財産を管理し，その財産に関する法律行為について子どもを代理する権利義務，民法824条）によって構成されています。父母のどちらが親権者となるのかについては，協議離婚の場合であれば，父母の協議によって決まりますが（民法819条1項），協議が成立しないときは，家庭裁判所が協議に代わる審判をすることもできます（民法819条5項）。また，裁判離婚の場合には，裁判所が親権者を指定します（民法819条2項）。なお，離婚後の親権については，生活を共にしていない父母に親権を共同行使させるべきではないとの理由から，単独親権の原則が採用されていますが，離婚後も共同親権を原則とすべきであるとの考え方も有力に主張されています。

　また，離婚に際して，子どもの父母は，親権者のほかに，「子どもの監護をすべき者」（**監護者**）を定めることができます（民法766条1項）。例えば，父親が親権者となった場合において，母親を監護者として定めておくと，親権者である父親が子どもの財産管理を行い，監護者である母親が子どもを引き取って監護・教育を行うといったことが可能となります。ただし，監護者を定めたからといって，子どもの監護・教育に関する親権者の権利義務が消滅するわけではなく，子どもの監護・教育については，父母が親権者と監護者として共同して行うべきであるとも考えられています。なお，監護者が定められているために子どもを養育していない親権者や，親権者でも監護者でもないために子どもを養育していない親には，民法766条1項によって，子どもとの面会その他の交流（電話・手紙・旅行など）が認められています（**面会交流権**）。

　さらに，離婚に伴って親権者となったか否か，監護者となったか否かにかかわらず，父母は，婚姻中と同様に，子どもに対する扶養義務を負うため，離婚後も子どもの監護に要する費用（**養育費**）を分担しなければなりません（民法766条1項）。

● VI もし婚約を不当に破棄されてしまったら —— 婚約の法的意義

　さて，ここまで婚姻関係を中心に説明してきましたが，トピックにおけるＡさんとＢくんのように，婚姻に先立って**婚約**をすることも少なくありません。婚約という言葉は，読者の皆さんも日常生活の中で何度か耳にしたことがあるかと思いますが，婚約とは，男女間で「将来，結婚をしよう」と言って取り交わされる約束（合意）のことであり，契約としての性質を有すると理解されています。婚約というと，「夜景が見える綺麗なレストランにバラの花束を持った男性がいて，ポケットから取り出した小さな箱をパカっと開けると，そこにはきらりと光る一粒のダイヤが…」といったシチュエーションを思い浮かべるかもしれませんが，実は，婚約指輪の贈呈などは，婚約の成立にとって必要不可欠な行為ではありません。婚約は，当事者間の誠実な合意のみによって成立する諾成契約であるため，婚約指輪の贈呈などは，あくまでも婚約が成立したことを証明するための事実として評価されることになります。

　もっとも，男女間の誠実な合意によって成立した婚約であっても，何らかの事情によって解消されることがあります。婚約を解消するためには，両当事者の合意または一方当事者による意思表示が必要となりますが，一方当事者の意思表示による婚約解消の場合には，婚約を解消する「正当な理由」がなければなりません。正当な理由の有無は，事案ごとに判断されますが，例えば，婚約者が自分以外の異性と性的関係を持っていたことが判明した場合や，婚約者が収入や職業などの重要な事項について虚偽の事実を告げていた場合，婚約者が行方不明になった場合などは，正当な理由があると考えられます。反対に，判例において，正当な理由がないと判断されたものとしては，ある男性Ｄが，女性Ｅと性的関係を持ち，婚約者として交際していたにもかかわらず，別の女性Ｆとも性的関係を持ち，やがて女性Ｆと結婚に至ったことを理由として，女性Ｅとの婚約を破棄した事案が挙げられます（最判昭和38年12月20日民集17巻12号1708頁）。なお，この事案における男性Ｄのように，正当な理由なくして婚約を破棄した者は，それによって相手方に生じた精神的・財産的損害を賠償しなければなりません。

　また，婚約が成立すると，その証として，物品や金銭の贈与を目的とした結納が行われたり，結納という形式的な儀式を伴わなくても，婚約指輪の贈呈や婚約記念品の交換をしたりすることがありますが，婚約が解消された場合，これらの金品は，どのように扱われることになるのでしょうか。一般に，合意によって婚約が解消された場合は，「将来における婚姻の成立」という婚約の目的が果たされていないため，婚約

に際して受け取った物は，民法703条以下に規定されている「不当利得」として，相手方に返還しなければなりません。ただし，判例では，挙式後8か月あまりにわたって夫婦生活を続けており，その間に婚姻の届出も完了し，法律上の婚姻が成立していた事案について，結納品を受け取った妻の申し出によって協議離婚に至ったとしても，その妻には，結納品を返還する義務はないと判断したものもあります（最判昭和39年9月4日民集18巻7号1394頁）。また，下級審の裁判例の中には，正当な理由なく婚約を破棄した男性による結納の返還請求が否定された事案もあります（奈良地判昭和29年4月13日下民5巻4号487頁）。

⬤ Ⅶ　故人の財産のゆくえ ── 法定相続のプロセスを中心に

　仮に，トピックの例において，AさんとBくんが，Bくんの不貞行為によって離婚することなく，息子Gと娘Hを授かって円満な家庭生活を送っていたものの，ある日突然，Bくんが不慮の事故によって亡くなってしまったとしましょう。Bくんに父Ⅰ・母Ｊ・姉Kがいた場合，Bくんが死亡時に有していた財産（5,000万円相当の不動産と3,000万円の貯金）は，誰が，どのくらいの割合で，どの財産を相続することになるのでしょうか。もちろん，亡くなったBくんが生前に遺言を作成していたのであれば，Bくんの財産は，原則として，その遺言にしたがって処分されますが（**遺言相続**），以下では，Bくんが遺言を作成していない場合（**法定相続**）を中心に見ていきましょう。

1　相続人となるのは誰か ── 相続人の範囲と順位

　相続は，被相続人の死亡によって開始し（民法882条），亡くなった被相続人の財産を包括的に承継する人のことを**相続人**といいます。民法によって相続人となることが認められているのは，(1)配偶者と，(2)血族相続人であり，(1)配偶者は，被相続人との婚姻によって取得した配偶者としての地位に基づいて，常に相続人となります（民法890条）。これに対して，(2)血族相続人は，どの血族であるかによって相続順位が決まっており，①第1順位：被相続人の子（子が相続開始以前に死亡している場合は，孫が代襲相続人として，孫も相続開始以前に死亡している場合は，ひ孫が再代襲相続人として第1順位の血族相続人となります。民法887条）→②第2順位：被相続人の父母をはじめとする直系尊属（父母がいない場合は，祖父母が相続人となります。民法889条1項1号）→③第3順位：被相続人の兄弟姉妹（兄弟姉妹が死亡している場合には，その兄弟

姉妹の子である甥・姪が代襲相続人となります。民法889条1項2号，2項）という順番で相続人となります。血族相続人の場合は，先順位の相続人が一人でもいれば，後順位の人が相続人となることはないため，例えば，AさんとBくんの息子Gがすでに亡くなっていたとしても，娘Hがいる以上は，Bくんの父I・母Jが相続人となることはありません。なお，Bくんの例のように，子どもが複数いる場合には，実子であるか養子であるか，嫡出子であるか非嫡出子であるかを問わず，同じく第1順位の相続人となります（⇒図4）。

◆ 図4：相続人の範囲と順位

相続人となることができるのは
┌─(1)配偶者：常に相続人となる（民法890条）
└─(2)血族相続人：以下の順位で相続人となる（民法887条，889条）
　　　┌─①第1順位：被相続人の子など（民法887条）
　　　├─②第2順位：被相続人の直系尊属（民法889条1項1号）
　　　└─③第3順位：被相続人の兄弟姉妹など（民法889条1項2号，889条2項）
　　　（＊先順位の相続人が一人でもいれば，後順位の人が相続人となることはない）

　このように，誰が相続人となるのかは民法で定められていますが，相続人となることが認められている人であっても，必ず相続をしならなければならないというわけではありません。例えば，Bくんが，5,000万円相当の不動産と3,000万円の預金を合わせた8,000万円の資産をはるかに超える借金を抱えていた場合，相続人としては，「Bくんの資産も債務も承継しない」と言って**相続放棄**をすることができます。相続をするか否かについて，相続人が採りうる対応としては，①初めから相続人にならなかったものとみなされる**相続放棄**（民法939条）のほかに，②無限に被相続人の権利・義務を承継する**単純承認**（民法920条），③相続によって得た財産の限度においてのみ被相続人の債務などを弁済する**限定承認**（民法922条）があります。

2　どれだけの割合で相続するのか ── 法定相続分

　それぞれの相続人が，どれだけの割合で被相続人の財産を相続するのかということについて，被相続人の遺言による指定がない場合は，民法900条が規定する**法定相続分**の割合にしたがって相続することになります。

　民法900条によれば，まず，(1)被相続人に配偶者がいる場合には，配偶者とともに相続人となる血族相続人の相続順位によって，配偶者の相続分と血族相続人全体の相続分が決まります（⇒図5）。具体的には，①配偶者と被相続人の子が相続人となる場合には，配偶者の相続分が1/2，子の相続分が1/2（民法900条1号），②配偶者と被

相続人の直系尊属が相続人となる場合には，配偶者の相続分が2/3，直系尊属の相続分が1/3（民法900条2号），③配偶者と被相続人の兄弟姉妹が相続人となる場合には，配偶者の相続分が3/4，兄弟姉妹の相続分が1/4と規定されています（民法900条3号）。

　つぎに，(2)同順位の血族相続人が複数人いる場合には，その複数人で均等に(1)の相続分を持つことになります（**均分相続の原則**，民法900条4号）。例えば，配偶者と被相続人の子が相続人となる場合に，子どもが二人以上いるときでも，民法900条1号に定められている1/2という相続分は変わらず，子ども全員で均等に，この1/2の相続分を持つことになります。Bくんの例でいえば，息子Gと娘Hがそれぞれ1/4ずつ，合計1/2の相続分を有することになります。ただし，父母の一方のみを同じくする半血の兄弟姉妹の相続分は，血縁関係の濃さが異なるとの理由から，父母の両方を同じくする全血の兄弟姉妹の相続分の1/2であると規定されています（民法900条4号但書）。なお，かつての民法900条4号但書では，嫡出子と非嫡出子が相続人となる場合には，非嫡出子の相続分は，嫡出子の1/2であると規定されていましたが，判例（最大決平成25年9月4日民集67巻6号1320頁）によって，法の下の平等を定めた憲法14条1項に違反しているとの判断が下されたことから，嫡出子と非嫡出子の相続分は同等のものとして扱われることとなり，非嫡出子の相続分を嫡出子の1/2と規定していた部分は，2013年の民法改正で削除されました。

◆ 図5：配偶者がいる場合の法定相続分

```
相続人となるのが
├①配偶者＋第1順位の血族相続人である場合
│　配偶者の相続分(1/2)＋子などの相続分(1/2)
├②配偶者＋第2順位の血族相続人である場合
│　配偶者の相続分(2/3)＋父母などの相続分(1/3)
└③配偶者＋第3順位の血族相続人である場合
　　配偶者の相続分(3/4)＋兄弟姉妹などの相続分(1/4)
```

3　遺産はどのように分配されるのか ── 遺産分割

　前述のように，亡くなったBくんは，5,000万円相当の不動産と3,000万円の預金を有していましたが，これらの財産は，相続人間において，どのように分配されることとなるのでしょうか。

　複数の相続人がいる場合に，誰がどの遺産を相続するのかという**遺産分割**の問題について，民法906条は，遺産に属する物または権利の種類・性質，各相続人の年

齢・職業・心身状態・生活状況その他一切の事情が考慮要素となる旨を規定しています。被相続人が遺言で分割を禁止していない限り，遺産分割は，共同相続人間の協議によって行われますが（**遺産分割協議**，民法 907 条 1 項），共同相続人間で分割の協議が調わない場合や，相続人の中に行方不明の人や重病の人がいて協議をすることができないような場合には，各共同相続人は，その分割を家庭裁判所に請求することができます（民法 907 条 2 項）。遺産分割は，審判事項であり（家事事件手続法別表第 2 第 12 項），調停前置主義の適用を受けないため，必ず調停から始めなければならないわけではありませんが，実務上，家庭裁判所は，その職権で調停を先行させているといわれています（家事事件手続法 274 条）。調停が不成立となった場合には，家庭裁判所の審判（遺産分割審判）によって解決されることになります。

4 すべての遺産を特定の人に残すことはできるのか ── 遺言と遺留分

ここまでは，被相続人によって遺言が作成されていない場合の法定相続について説明してきましたが，他方で，被相続人は「誰に，どの財産を，どのくらい残すのか」といったことを，あらかじめ遺言で定めておくこともできます。遺言で定めることのできる事項は，民法で規定されているものに限定されており，相続に関する事項としては，主に，相続分の指定（民法 902 条），遺産分割の方法の指定と分割禁止（民法 908 条）が，相続外に関する事項としては，未成年後見人の指定（民法 839 条 1 項）などが挙げられます。民法で規定された事項以外については，遺言で定めることができないため，例えば，相続の基本的事項である相続人についても，本来相続人でない人を相続人として指定することはできません（例外的に，民法 964 条の包括遺贈が行われた場合は，包括遺贈を受けた包括受遺者は，相続人と同一の権利義務を有することとなるため，相続人の指定に近い意味を持ちます）。

なお，遺言は，遺言者の死亡の時に効力が生ずるものであり（民法 985 条），その効力が発生した時点では，もはや遺言者自身の真意を確かめることはできません。そのため，できるだけ遺言に関する紛争や混乱を生じさせないように，民法 967 条以下に規定されている 3 種類の普通方式（自筆証書遺言・公正証書遺言・秘密証書遺言）と，民法 976 条以下に規定されている 4 種類の特別方式（一般危急時遺言・伝染病隔離者遺言・在船者遺言・難船危急時遺言）を合わせた 7 種類の方式のいずれかによってなされなければならないと定められています（**遺言の要式性**，民法 960 条）。

ただし，被相続人による遺言があったとしても，それが兄弟姉妹を除く相続人に認められた最低限の相続分（**遺留分**）を害するものであった場合には，これらの相続人

は，遺留分権利者として遺留分侵害額に相当する債権（**遺留分侵害額請求権**）を行使し，その遺留分についての利益を確保することができます（民法1046条）。遺留分権利者となる相続人は，①配偶者，②子（代襲者），③直系尊属であり，それぞれの遺留分は，遺留分の計算の基礎となる財産（相続開始時の被相続人の財産の価額＋贈与した財産の価額−債務全額，民法1043条1項）に一定の割合を乗じて算出されます。まず，③直系尊属のみが相続人である場合には1/3を，①配偶者と②子（代襲者）が相続人である場合には1/2を乗じたのが，相続人全体の遺留分となります（**総体的遺留分**，民法1042条1項）。つぎに，この総体的遺留分に，各相続人の法定相続分を乗じたのが，各遺留分権利者の遺留分となります（**個別的遺留分**，民法1042条2項）。そして，このようにして算出された個別的遺留分と，各遺留分権利者が実際に承継した財産とを比較して，実際に承継した財産が個別的遺留分を下回っている場合には，その分だけ遺留分侵害が生じていることになります。Bくんの例でいえば，仮に，Bくんが「自分の全財産を（相続人であるか否かを問わず）特定の誰かに包括贈与する」という遺言を残したとしても，その相続人である配偶者Aさん・息子G・娘Hは，総体的遺留分として，Bくんの8,000万円相当の遺産に1/2を乗じた4,000万円相当を有しており，個別的遺留分としては，Aさんが2,000万円相当，息子Gが1,000万円相当，娘Hが1,000万円相当を有しているため，その遺留分が侵害された範囲で，包括贈与を受けた者に対して遺留分侵害額請求権を取得することになります。

● Ⅷ　発展的なことを考えてみよう ── 有責配偶者による離婚請求

> #### ─発展トピック─
>
> 　ある男性Lと女性Mは，1970年に婚姻し，しばらく子どもができなかったことから，1981年に，知り合いの女性Nの長女と次女を養子として迎え入れました。しかし，その翌年，夫Lと女性Nが不貞行為を継続していたことが発覚したことから，夫Lと妻Mの関係に不和が生じ，夫Lは，同年8月から女性Nと同棲を開始しました。妻Mは，夫との別居後，かつて夫Lから生活保障のために与えられた不動産を売却し，その売却代金を生活資金としつつ，実の兄であるOの家の一部屋を借りて，2011年頃まで雑貨店に勤務しながら生活していましたが，2018年の時点では，無職で資産もなく，夫Lからの援助も受けていませんでした。他方，夫Lは，2つの会社の代表取締役と不動産会社の取締役として勤めるなど，別居後も安定した経済状況にありました。
>
> 　夫Lは，妻Mとの別居開始から3年が経過した1985年頃に一度離婚請求を提

起しましたが，有責配偶者からの離婚請求であるとして棄却されたため，2017年に再び離婚調停を申し立てたものの，それも不調に終わったことから，2018年に離婚訴訟を提起しました。

さて，この場合，夫Lによる離婚請求は認められるのでしょうか。

本問では，不貞行為を行った有責配偶者による離婚請求が認められるかが問題となっています。この問題について，かつての判例は，夫が妻以外の女性と性的関係を持ち，その後，不貞行為の相手方である女性との同棲を開始し，別居から2年後に，民法770条1項5号における「婚姻を継続し難い重大な理由がある」と主張して離婚訴訟を提起した事案において，婚姻を継続し難いのは，夫が妻を差し置いて，他に愛人を有するからであり，結局夫が勝手に愛人を持ち，それによってもはや妻とは同棲することができないから，妻と離婚しようとしているのであって，このような夫の請求が認められるのであれば，妻はまったく俗にいう「踏んだり蹴ったり」であるとの判断を示しており，有責配偶者である夫からの離婚請求を否定していました（**踏んだり蹴ったり判決**，最判昭和27年2月19日民集6巻2号110頁）。

この昭和27年判決のような，婚姻関係を破綻させた有責配偶者からの離婚請求を認めないとする考え方を**消極的破綻主義**といいますが，破綻した婚姻を強制的に維持させることに対する疑問が提起され，裁判において，有責性や破綻原因を証明することが困難なのではないかとの問題点が指摘されるようになったことから，昭和27年判決以降は，夫婦双方に有責性がある場合には，有責性が小さいほうの当事者による離婚請求を認めるなど（最判昭和30年11月24日民集9巻12号1837頁），判例は，昭和27年の踏んだり蹴ったり判決で採用した消極的破綻主義を少しずつ緩和させてきました。

その後，判例の判断は，本問のような事案に関する最大判昭和62年9月2日民集41巻6号1423頁をきっかけとして，大きく変化することになります。この昭和62年判決では，まず，有責配偶者からの離婚請求であっても，夫婦の別居が，両当事者の年齢・同居期間との対比において相当の長期間に及び，夫婦の間に未成熟の子が存在しない場合には，相手方配偶者が離婚により精神的・社会的・経済的に極めて苛酷_{かこく}な状態に置かれるなど，離婚請求を認容することが著しく社会正義に反するといえるような特別の事情が認められない限り，有責配偶者からの請求であるとの理由のみによって当該請求が許されないということはできない，との判断が示されました。その上で，本問のような事実関係のもとで，夫婦の別居期間が約36年という相当の長期

間に及んでおり，夫婦の間には未成熟の子がいないのであるから，上記の特別の事情がない限り，夫からの離婚請求は認められるべきである，との結論に至っています。なお，特別の事情があるか否かに関する判断は，原審に差し戻されていますが，差戻控訴審は，特別の事情は存在しないとして，最終的に夫による離婚請求を認めています（東京高判平成元年11月22日判時1330号48頁）。

◆ もっと学ぼう ────────────────────────

　本章では，民法の家族法について，親族法における婚姻制度を中心に説明してきましたが，親族法の親子関係や相続法についてもっと詳しく学んでみたい方は，家族法の全体像と基本的内容が身近な具体例と図表を通して分かりやすく説明されている①高橋朋子＝床谷文雄＝棚村政行『民法7 親族・相続〔第6版〕』（有斐閣，2020年），②松川正毅『民法 親族・相続〔第6版〕』（有斐閣，2019年），家族法の基本的な内容だけでなく，発展的な論点もユーモアあふれる文章で書かれている③窪田充見『家族法 ── 民法を学ぶ〔第4版〕』（有斐閣，2019年）を読んでみることをおすすめします。なお，これらの書籍では，2018年の相続法大改正をはじめとする家族法の改正内容も分かりやすく解説されています。

◆第 12 章◆

刑　法

┌─ トピック ─

　Xさんは，あるウィルスが世界的に流行したために景気が悪くなってしまい，勤めていた会社を解雇されてしまいました。貯金もなく途方に暮れたXは，金目の物欲しさから空き巣に入ろうと考え，ターゲットとなる家を探しました。そうしたところ，高級住宅街にあるAさんの家の窓に鍵がかかっておらず，人がいる気配もなかったことから，Xさんはその窓からAさん宅に侵入しました。そして，寝室のタンスを物色したところ，大きなダイヤの指輪が置いてあるのを発見したことから，これを持ち去りました。

● I　刑法を学ぼう

　誰しも，一度はテレビのニュースなどで犯罪に関する報道に接したことがあると思います。トピックの事例で中心的に問題となる犯罪が窃盗罪（刑法（以下，本章で刑法の条文を引用するときには単に条文の番号のみを掲げます）235条）であると予想がつく読者も多いのではないでしょうか。そして，このような事件が発生すれば犯人を処罰すべきと考える人は多いでしょう。しかし他方で，国家が好き勝手に個人を処罰できると考える人はいないと思われます。本章では，刑法や刑罰制度がどのような考え方に支えられていて，どのような役割を果たしているのか，その基本的な部分を概観しましょう。

● II 刑法に書かれていること

　そもそも，刑法とは何について規定した法律でしょうか。手元の六法を開いて，199条を見てください。殺人罪について規定されています。非常にシンプルな条文ですが，この条文は，①「人を殺した」という要件に該当すれば，②「死刑又は無期若しくは5年以上の懲役に処する」という効果が生ずることを明らかにしています。刑法の世界では，法律要件に相当する①を**犯罪**と呼び，法律効果に相当する②を**刑罰**と呼びます。

　このように，**刑法**は犯罪と刑罰について定めているので，犯罪と刑罰に関する法と定義することができます。そして，何が犯罪に当たるのか／何を犯罪として規定すべきなのか，その犯罪に対してどのような刑罰を科すべきなのか，これらを探求する学問分野が刑法学です。

● III 刑法は何のためにあるか

　法律とは一定の目的や果たすべき機能があって作られるものと考えられますから，刑法を理解するには，刑法の目的・機能を理解することが重要です。それでは，刑法の目的・機能はどのようなものでしょうか。

1　私たちの利益を守る機能 —— 法益保護機能
(1) 刑法がなければ人々はどのように行動するか

　刑法学に取り組んだことがない人が刑法について考える機会があるとすれば，おそらく犯罪や刑事裁判に関する報道に接する場合が多いと思います。そうだとすれば，刑法の目的を問われたとき，「刑法は犯人を処罰するために存在する」と考える人が相当数いるように思われます。

　もっとも，日本の刑罰には死刑もあり（9条），このような重大な不利益をも科しうる刑法の目的について，ただ「犯人を処罰するため」で片づけてしまうことはできないと思われます。

　そこで，刑法がなければ人々がどのような行動に出るだろうか，という点に思いを巡らせてみましょう。刑法が規定する犯罪の代表例に，窃盗罪があります。窃盗罪は人の財物を窃取した（盗んだ）場合に成立する犯罪ですが，いわゆる万引きも窃盗の一態様に含まれます。もし，窃盗罪の規定がなくなり，万引きをしても警察に連れて

行かれたり刑務所に入れられたりすることがないとすれば，人々はどう行動するでしょうか。誰もが万引きをするようになるとまではいえませんが，万引きをする人は今よりも増えるといえそうです。そうだとすれば，刑法が窃盗罪の規定を設けていることで，窃盗罪が犯される数が少なくなっていると考えられるのです。

　したがって，刑法の目的や機能とは何か聞かれれば，刑法は，犯罪と刑罰について規定することにより，窃盗罪をはじめとする犯罪が行われなくなるようにするために存在する，と回答することができます。

(2) そもそも犯罪とはどのような行為か

　それでは，刑法が防ぎたいと考える犯罪とは，どのような行為でしょうか。

　まず考えられるのが，刑法で犯罪として規定されているものが犯罪である，という解答です（**形式的犯罪概念**）。当たり前のことを言っているだけのようにも思われますが，刑法に規定されている犯罪だけが処罰対象になるということを意味しており，非常に重要な意義を有しています（⇒本章Ⅶ2）。もっとも，この解答だけでは，刑法を改正して新しく犯罪を設けようとする際の指針としては不十分です。そこで，犯罪として規定されている行為とはどのような行為なのか，その実質を考える必要があります（**実質的犯罪概念**）。

　ここまでに挙げた犯罪は殺人罪と窃盗罪ですが，殺人罪は「人を殺した」場合に成立する犯罪で，窃盗罪は「他人の財物を窃取した」場合に成立する犯罪です。人を殺す行為は他人の生命を侵害する行為といえます。他人の財物を窃取する（盗む）行為は，それによって被害者が当該財物を使えなくなってしまいますから，他人の財産を侵害する行為といえます。このように，いずれの犯罪も，生命や財産といった，法によって保護に値する利益，すなわち**法益**を侵害する行為であるということができます。

　法益には3種類あります。第1に，生命・財産等の個人の法益は**個人的法益**と呼びます。第2に，各種放火罪（108条以下）は不特定または多数の生命・身体・財産という公共の安全を危険にさらす行為ですが，公共の安全は社会の法益なので**社会的法益**と呼びます。収賄罪（197条1項）等は公務員の職務の適正とそれに対する社会一般の信頼を危険にさらす行為ですが，公務員の職務の適正等は国家の法益なので**国家的法益**と呼びます。

(3) まとめ──公的利益のための刑罰

　刑法は犯罪が行われることを防ぐために存在し，犯罪とは法益を侵害する／危険にさらす行為といえます。したがって，刑法は法益を保護するために存在する，とまと

めることができるのです（刑法の**法益保護機能**）。

　刑法は犯罪を行った者に刑罰を科しますが，それは法益を保護するためです。刑罰とは，個人の私的な復讐のために（私的な復讐の代行として）科されるものではなく，法益侵害がなされることなく安全に暮らしていけるために，公的利益のために科されるものです。したがって，個人の復讐心や処罰感情は，刑罰を科す際に重視されるべきではありません。

■ **コラム 26　刑法と道徳**

　殺人罪・窃盗罪といった刑法典に規定される犯罪の多くは，反倫理的・反道徳的な行為でもあります。しかし，一般に，刑法は倫理・道徳の保護のために存在するわけではない，倫理・道徳に反することを理由として処罰すべきではないと考えられています。その理由は，個人主義に立脚して価値の多様性を許容する現在の憲法（⇒第 7 章）の下では倫理・道徳に反することを理由として処罰することは許されないこと，倫理・道徳は人・時代・場所によって変遷するものであって刑罰の根拠としてふさわしくないこと，倫理・道徳とは各個人が自らの良心に従って遵守すべきものであって刑罰という外部的な力によって強制されるべき性質のものではないこと，に求められます。

2　好き勝手な処罰を防ぐ機能 ── 自由保障機能

　犯罪と刑罰は法律によって予め規定されていなければなりません（⇒本章Ⅶ 2 ）。したがって，条文に書かれていない行為が処罰されることはなく，また条文に書かれている刑罰を超える刑罰は科されません。刑法は，国家の刑罰権の発動を制限し，条文を超える処罰を否定するという意味で，我々の自由を保障してくれています（**自由保障機能**）。刑罰とは私人が勝手に行えば犯罪となるような厳しい制裁ですから（懲役（12条）に相当することを私人が勝手に行えば監禁罪（220 条）が成立するでしょう），刑罰権が濫用されることは防がなければなりません。刑法の自由保障機能は，法益保護機能に勝るとも劣らない重要な機能です。

● Ⅳ　刑法はどうやって法益を保護するか

　199 条には「人を殺した者」に対して刑罰が科されると規定されているように，刑罰が登場するのは法益侵害が起こってしまった後です。しかし，犯人を処罰しても被害者が生き返るわけではなく，過去に失われた法益を刑罰によって回復することはできません。刑法・刑罰による法益保護には限界があります。

　刑法・刑罰による法益保護は，将来における**犯罪予防**によって達成されます。す

なわち，過去の犯罪に刑罰が科されることで，犯人自身にもその他の一般人にも，その行為が犯罪であって許されないことが示されます。これによって，将来において同様の犯罪を行おうとする者に対して，「その行為は犯罪であって許されないから行ってはならない」というメッセージを発することができます。このメッセージに従って，犯罪をしようとしている人が「これは犯罪だからやめておこう」と考えて犯罪を行うことを差し控えたとすれば，法益が保護されたといえます。このように，刑法は犯罪を行おうとする意思に対する働きかけによって法益保護を図るのです。

　これは，一次的には刑罰を科すぞと予告することによって達せられます。しかし，現実に犯罪が行われたのに処罰がなされなければ，多くの人が刑法のルールを守らなくなってしまうでしょう。したがって，犯人を実際に処罰することが要請されます。実際の処罰によって刑法のルールが存在していることが（再）確認され，刑法のルールは維持されるのです。

● Ⅴ　刑法は原則としてどのような行為を処罰の対象としているか ── 故意犯処罰の原則

　犯罪の原則的な形態は，わざと行われる犯罪，つまり故意犯です。38条1項本文の「罪を犯す意思」のことを故意と呼ぶので，この条文によって**故意犯処罰の原則**が明らかにされています。不注意で行われる犯罪，つまり過失犯の処罰は例外的なのです（38条1項但書）。

　しかし，ある者の行為によって人が死亡した場合，それがわざと（故意）であっても不注意（過失）であっても，いずれも人の生命を侵害する行為であることに変わりはありません。そのため，法益保護の観点からすれば，なぜ故意犯処罰の原則が妥当するのかという疑問が浮かんできます（民法では過失責任が原則であることも思い出しましょう（⇒第10章Ⅱ1(3)））。

　この点については，次のように考えることができるでしょう。すなわち，刑法は犯罪を行おうとする意思に働きかけることで法益保護を図ります。したがって，法益を侵害する／危険にさらすことを目指す故意行為は，刑法の目的に照らして強く抑止する必要があり，また法益保護のために刑法が発するメッセージが直接的に行為者の意思に対して働きかけることができます。わざと人を殺そうとしている人には「それは人の生命を侵害する行為だからやめなさい」というメッセージが機能するといえるでしょう。これに対して，過失行為は法益を侵害／危険にさらすことを目指しているわ

けではないため，直接的なメッセージは機能しません。例えば前方不注意で車を運転している人に対して「それは人の生命を侵害する行為だからやめなさい」というメッセージを発したとしても，そのメッセージは機能しないと思われます。「人の生命を侵害するなと言われても，何の話だろう？」と思われてしまうだけでしょう。したがって，せいぜい，「人を轢いてしまう危険があるから，しっかり前を見なさい」とするメッセージを発することができるのみです。前を見て運転したとしても，適切なハンドル操作等が行われなければ事故は起こりかねませんから，過失犯に対する刑法規範のメッセージは，法益保護のとの関係で間接的にしか機能しないのです。

　このような故意行為と過失行為の構造の違いに照らせば，法益侵害や法益を危険にさらすことを目指す故意行為を原則的な処罰対象とすることが合理的です。そして，故意行為には刑法によるメッセージが上手く機能するため，そのメッセージに反して行われる行為を重く処罰することでより手厚く法益を保護することも正当化されるのです。これに対して，過失行為は「ついうっかり」「不注意で」行われるものですから，いくら重く処罰しても限界があると考えられます。過失犯に対する刑罰が設けられた直後または刑罰が重くなった直後は多くの人が気を張って注意するでしょうが，生涯ずっと気を張り続けられるとは思われません。過失犯を故意犯と同等に重く処罰することには決定的な限界があり，合理的ではないというべきです（199条と210条の法定刑を見比べてください）。

● Ⅵ　犯罪予防のためにはもっと重い処罰が必要？
── 応報の枠内における犯罪予防

　犯罪予防による法益保護という考え方によれば，ともすれば「刑罰は重い方が良い」との考えにつながりかねません。しかし，刑罰を科すということは法益保護がなされているという全体の公的利益のために個人を特別に犠牲にすることを意味しますから，そのような特別の犠牲を強いる根拠が必要です。

　そのため，犯人の処罰は，その人に**責任**がある範囲でのみ認められるのです。犯人が犯罪を行ったことに対して責任を負う限度では，公的利益のための処罰を甘受すべきといえるからです。この責任の程度に応じた刑罰のことを応報刑と呼びます。「**応報**」という言葉のニュアンスから，「1人死亡させたら死刑にすべき」というように，被害それ自体と刑罰の内容を一致させるべきと思ってしまうかもしれません。しかし，それは誤解です。刑法学における応報とは，責任に対応した刑罰という意味で

用いられます。犯罪の予防は，応報（責任）の枠内でのみ追求されるのです（⇒本章Ⅶ 3 ）。

> ■ **コラム 27** 「目には目を，歯には歯を」
>
> この言葉はハンムラビ法典で良く知られており，同害報復を表しています。しかし，同害報復は「目を潰した者は必ず目を潰されなければならない」という趣旨ではないとされています。古代では，部族外からの侵害に対しては部族による復讐闘争が繰り広げられ，どちらかの部族が全滅するまで繰り返されるという弊害がありました。同害報復はそのような被害の拡大を防止する考え方だったのです。

● Ⅶ　刑法自身が守らなければならないルール
── 刑法の基本原則

1　処罰の対象は行為でなければならないとするルール ── 行為主義

　刑法が処罰対象とするのは行為であり，行為だけが処罰対象となります（**行為主義**）。35 条から 41 条を見ると，繰り返し「行為」という言葉が登場し，刑法が行為を対象としていることが分かります。

　行為とは，外界に影響を及ぼしうる外部的なものでなければなりません。なぜなら，外界に何らの影響ももたらさない単なる思想・内心的意思・心情の処罰は法益保護という刑法の目的・機能に照らし，合理的ではないからです。例えば，ある者がいくら人を殺したいと考えていたとしても，それだけでは処罰は許されません。また，一見すると行為を処罰するように見えたとしても，処罰の本当の理由がその者の思想にある場合には，その処罰は行為主義に反します。例えば，踏み絵を拒むキリスト教徒の処罰は，絵を踏まないという行為がきっかけとなってはいますが，行為主義に反して許されません。

　また，行為であるといえるためには，それが行為者の意思によってコントロール可能なものである必要があります。なぜなら，刑法は行為者の意思に働きかけることで法益保護を図ろうとするものであるからです。したがって，絶対的な強制下で無理やり身体を動かされた場合，それは行為ではないため処罰の対象となりません。

2　犯罪と刑罰は予め法律で定めなければならないとするルール
── 罪刑法定主義

(1)　罪刑法定主義の内容と根拠

　罪刑法定主義は近代刑法の重要な基本原則であり，「法律なければ刑罰なし」との

標語で表されます。いかなる行為が犯罪となり，これに対してどのような刑罰が科されるかは，予め国会が法律によって定めていなければならない，とする原則です。

　今でこそ当たり前のことを述べているだけのようにも感じられますが，もしこの原則が存在していなかったらと想像すると，その意義深さが理解できると思います。刑罰の例ではありませんが，理解しやすいと思われるので大学での単位認定を例に取りましょう。必修科目である刑法の講義を受講していたところ，最終回になって突然，担当教員が「今日になって思いついたのですが，これまで1回でも遅刻したり居眠りしたりしたことのある人には罰として単位を与えないことにします」と言い始めたとしたら，どう思うでしょうか。おそらく，誰しもがその理不尽さに激怒するでしょう。もし類似のことを国家権力が刑罰という厳しい制裁を用いて行ったとすれば，その理不尽さや我々への悪影響は計り知れません。我々はいつ処罰されるのかと怯えて暮らすことにならざるをえず，日常生活は破壊されてしまうでしょう。

　このように，罪刑法定主義は個人の自由・人権を保障するのに重要な役割を果たします。それゆえ，憲法上の原則であると考えられています。すなわち，憲法31条は，一見すると手続法（⇒第4章Ⅴ）である刑事訴訟法についてのみ言及しているようにも見えますが，刑事手続を経て実現される実体法（⇒第4章Ⅴ）である刑法についても法律で規定されていなければならないことを要求すると解されており，罪刑法定主義が憲法上の原則であることの根拠条文として挙げられます。また，憲法39条前段と73条6号但書は次に述べる罪刑法定主義から派生する原則を前提としている規定であるため，これらの条文も罪刑法定主義が憲法上の原則であることの根拠とされます。

　このような罪刑法定主義を支える思想として，一般的に，**自由主義**および**民主主義**が挙げられます。罪刑法定主義から派生するいくつかの原則を概観する中で，各思想がいかにして罪刑法定主義を支えているのかもわかるでしょう。

(2)　罪刑法定主義から派生する原則

(i)　遡及処罰の禁止

　憲法39条前段により，その行為を行った当時には犯罪でなかった行為を，後から作った刑罰法規によって処罰することは禁止されます（**遡及処罰の禁止**）。遡及処罰が認められてしまえば，我々の自由・人権が脅かされ，日常生活が破壊されてしまいます。ここには，罪刑法定主義が自由主義的要請に支えられていることが端的に現れています。

(ii)　法 律 主 義

　犯罪と刑罰は法律という形式によって定められていなければならないとするのが，

法律主義です。処罰は国民の自由・権利に重大な影響を及ぼしますから，主権者である国民自らが定めることが要請されます（民主主義的要請）。憲法73条6号但書は法律の委任があれば政令で罰則を設けることができると規定していますが，これは法律主義を前提とする規定です。

(iii) 類推適用の禁止

民事法の世界では類推適用（⇒第3章 II 3(2)）が許されますが，刑法の世界では類推適用は罪刑法定主義に反して許されません。なぜなら，類推適用とは「その事案に適用できる条文がないことを前提に，類似の事案について規定している条文を適用する」ことを意味するため，当該行為に適用できる刑罰法規が存在しないことを前提とするからです。これは，刑罰法規が存在しないところで処罰を認めることから国民の自由・権利を害するので自由主義的要請に反します。また，国民が選挙で選んでいない裁判官・裁判所が法律によらずに刑罰法規を創設するのに等しいため，民主主義的要請にも反します。

ただし，刑罰法規も解釈によって意味内容が明らかにされなければならず，目的論的解釈（当該規定の目的をよりよく達成できるように解釈する方法）も許容され，条文の文言の意味を広げる拡張解釈（⇒第3章 II 3(1)）も許されると考えられています。もっとも，実際には類推解釈と拡張解釈の境目は必ずしも明確ではありません。判例は相当に柔軟に刑罰法規を解釈・適用しています。

3 責任がなければ処罰できないとするルール ── 責任主義

前述のように，犯人の処罰は責任がある限りで許されます。行為者に責任が認められる限度でのみ処罰が許されるとする原則を，**責任主義**と呼びます。

責任とは**非難可能性**を意味しますが，それについては後で触れましょう（⇒本章 VIII 3）。

責任主義により，ある者が法益侵害結果を引き起こしてしまったとしても，その行為を非難できない場合には処罰が否定されます（結果責任の否定）。故意・過失のない行為（38条1項）や責任無能力者の行為（39条1項，41条）の処罰は許されません。また，自分の行為と無関係な他人の行為について連帯責任を負わされることも否定されます（個人的責任）。

責任主義に関しては，特に責任無能力者を処罰することができないことに対して疑問が示されることがあります。この点については後述します（⇒本章 VIII 3(2)）。

■ コラム 28　刑法は最後の手段
　刑法は法益保護のために存在しますが，そのための手段である刑罰は法益侵害を内容と
する厳しい制裁です。そのため，同じ効果が得られるのなら劇薬ではなくより穏当な薬を
飲むのと同じように，刑罰は使わないで済むのならば使うべきではありません。
　また，窃盗が激増したために窃盗罪の法定刑を引き上げたものの，激増の理由は不景気
からの貧困であったという場合を想定してみましょう。このとき，真に取り組むべき課題
は景気対策や社会保障であると思われますが，「重罰化したからもう大丈夫だ」と考えて
しまって，これらの課題に取り組むのが遅れてしまうことになる可能性もあります。
　刑法・刑罰は最後の手段であり，他の方法では不十分であって初めて登場すべきもので
す。これを，**刑法の謙抑性**と呼びます。刑法の謙抑性もまた，刑法の基本原則の１つに数
えうる大切な考え方です。

● VIII　各犯罪に共通する成立要件

　犯罪とは，構成要件に該当し，違法かつ有責な行為と定義されます。①構成要件
該当性，②違法性，③責任の３つが全て揃って初めて犯罪が成立するのです。

1　犯罪成立までのファーストステップ ── 構成要件該当性

⑴　構成要件とは何か

　構成要件とは，各刑罰法規を解釈した結果として得られる，当該犯罪行為の型の
ことをいいます。例えば，殺害方法には刺殺・撲殺・毒殺等々，様々な方法がありま
すが，199 条はこれらの個別の殺害方法を区別せずに，人の生命を人為的に終わらせ
るという点でまとめ上げ（＝類型化し），「人を殺した」という構成要件が形作られて
います。

　構成要件には様々な機能があるとされますが，最も重要なのは**罪刑法定主義的機
能**といえるでしょう。条文を解釈して得られる構成要件に該当しない行為は，いかに
処罰に値すると思われる行為であっても，処罰することは許されません（新たな立法
が必要です）。

　また，**違法性推定機能**も重要です。構成要件は違法な行為を類型化したものです
から，構成要件に該当すれば原則として違法性が肯定されます。したがって，違法性
の存在を改めて積極的に確認する必要はなく，消極的に，例外的に違法性がなかった
とされる事情（違法性阻却事由）が存在するか否かを確認すれば足りるのです。

　構成要件要素には様々なものがありますが，ここではその主要なものに言及したい
と思います。犯罪を形作る要素には客観的なものと主観的なものがあるので，順番に
見ていきましょう。すべての構成要件要素が揃って初めて，当該犯罪の構成要件該当

性が肯定されます。

(2) 外から確認できる要素 —— 客観的構成要件要素

外から見て確認できる要素，言い換えると客観的に発生することが要求される要素のことを客観的構成要件要素と呼びます。実行行為・結果・因果関係が代表的なものです。行為状況等の他の客観的構成要件要素については割愛します。

(i) 実 行 行 為

実行行為とは，刑法が行われることを防ぎたいと考えるところの処罰対象行為のことをいいます。殺人罪では刀を振り下ろす行為などがこれに当たります。トピックのXは，Aのダイヤを手に取り，持ち去っていますが，これはまさに刑法・窃盗罪が防ぎたいと考えるところの行為であり，窃盗罪の典型的な実行行為といえます。

(ii) 結　果

殺人罪では人の死亡結果の発生が要求される犯罪であり，**結果犯**と呼ばれます。窃盗罪も，財物が持ち去られることで持ち主の占有が失われるという結果が発生する，結果犯です。

注意すべきは，ここにいう「結果」には，一定の危険な事態を引き起こしたことも含まれるという点です（**危険犯**）。例えば建造物等以外放火罪（110条）は「公共の危険を生じさせた」ときに成立する（具体的）危険犯です。

(iii) 因 果 関 係

「人を殺した」といえるためには，犯人の行為のせいで人の死亡結果が発生したといえなければなりません。行為と結果の因果関係がなければ，構成要件は充足されないのです。

例えば，XがAを刺したためにAが救急車で運ばれている際に，交通事故に遭って死亡した，という事例を考えましょう。このとき，Xが刺さなければAが交通事故に遭うこともなかったといえます。しかし，交通事故に巻き込まれるリスクは日常生活において誰もが負っているものです。そのリスクによって死亡結果が発生したとしても，この死亡結果を理由にXを処罰すべきではないでしょう。もし交通事故に遭うリスクにさらすことが死亡結果が発生した場合に処罰すべき理由となるのであれば，友人をタクシーに乗せて見送ったところ，その友人が交通事故により死亡したというとき，タクシーに乗せる行為は処罰されるべき行為だということになってしまいます。

刑法は法益侵害の危険性のある行為を処罰し，法益保護を図るものです。そのため，処罰の理由となっている当該行為の危険性が法益侵害結果となって現実化した場合には，因果関係が肯定され，結果を引き起こしたことを理由として重く処罰するこ

とが正当化されるといえます（**危険の現実化**）。Xの刺す行為の危険性に交通事故の危険性まで含まれているとはいえないので，因果関係を肯定することはできないのです。Xは「人を殺そうとした」ので殺人未遂（203条，199条）になったとしても（⇒本章Ⅸ1），「人を殺した」とはいえないために殺人既遂にはなりません。

⑶ 行為者の心の中に関わる要素 —— 主観的構成要件要素

　行為者の心の中，主観面に備わっているべき構成要件要素も存在し，これを主観的構成要件要素と呼びます。故意・過失が代表的なものですが，それ以外の主観的構成要件要素も存在します。

（i） 故　意

　故意犯処罰の原則（⇒本章Ⅴ）から，殺人罪が成立するには殺人罪の故意が必要です。故意とは日常用語では「わざと」といった意味ですが，刑法的に説明すると，故意が認められるには，客観的構成要件要素のすべてを認識している必要がある，ということになります。言い換えると，行為者の認識した事実を映像にしたら客観的構成要件要素のすべてが映し出されているとき，その犯罪の故意が認められます。

　デパートの中で，Xがマネキンを壊そうと思って拳銃を撃ったところ，Xがマネキンだと思っていたものは実は人だったという事例を考えてみましょう。器物損壊罪（261条）の客観的構成要件要素は他人の物を損壊することですから，器物損壊罪の故意を認めるためには客体が他人の物であることを認識している必要があります。殺人罪の客観的構成要件要素は他人を死亡させることですから，殺人罪の故意を認めるには客体が他人であることを認識していることが要求されます。そうすると，先ほどの事例でXの心の中には「デパートのマネキンを壊す」という器物損壊罪の客観的構成要件要素ないし映像が映っているので器物損壊罪の故意を認めることができますが，「他人を死亡させる」という殺人罪の客観的構成要件要素ないし映像は映っていないので殺人罪の故意を認めることはできません。したがって，殺人罪の主観的構成要件要素である殺人の故意を認めることができないので，殺人罪の構成要件該当性を肯定することはできず，Xを殺人罪で処罰することはできません。

　注意すべきは，故意が認められるために**違法性の意識**は不要であるという点です。「自分はいま刑法に違反する行為をしている」と現に意識していなくても故意は認められます。ある人が「殺人は法的に許されている適法行為だ」と本気で思っていたとしても，これによって殺人の故意は否定されません。刑法規範は，まさにこのような考えを持つ人に対して実行行為を控えるようにメッセージを出すことで法益保護を図るのです（⇒本章Ⅷ3⑶も参照）。

(ii) 過 失

前述のように（⇒本章Ⅴ），刑法の世界では故意犯処罰の原則が妥当しますが，「特別の規定」（38条1項但書）があれば過失犯も処罰されます。殺人の故意なく過失によって人を死亡させれば過失致死罪（210条）が成立します。過失もない行為の処罰は，責任主義に反するので許されません。

過失とは注意義務違反を意味しますが，まずは原則的な処罰対象である故意犯を理解し，それと対比させながら過失犯を学ぶべきですから，ここでは過失犯の説明は割愛します。

(iii) その他の主観的構成要件

故意・過失以外の主観的要件が要求される犯罪もあります。例えば通貨偽造罪（148条1項）は，故意だけでなく「行使の目的」が必要です。

2 犯罪成立までのセカンドステップ —— 違法性

(1) 例外的な違法性阻却

構成要件は違法な行為を類型化したものですから，構成要件に該当すれば，例外的に違法でないといえる事情がない限り，違法性が肯定されます（構成要件の違法性推定機能）。この例外的な事情を**違法性阻却事由**と呼びます。

違法性阻却事由には，①正当行為，②緊急行為，③自己決定権に基づく違法性阻却事由があります。具体的には，①法令行為・正当業務行為（35条），②正当防衛（36条1項）と緊急避難（37条1項本文），③被害者の同意が挙げられます。

ここでは，代表的な違法性阻却事由である正当防衛についてのみ言及しましょう。

(2) 正 当 防 衛

人に怪我をさせる行為は傷害罪（204条）の構成要件に該当します。しかし，相手が自分を殺そうとしてきたことから自分の身を守るために反撃して怪我をさせた場合，これを犯罪として処罰すべきではありません。正当防衛（36条1項）という言葉を知っている読者も多いでしょう。

近代国家においては，私人が自ら実力行使をすることは原則として禁じられ，暴力的な作用は国家に独占されます（**自力救済の禁止**）。しかし，国家による保護・救済を求める暇がない場合にも侵害を甘受せよと要求してしまうと，個人の権利が著しく害されてしまいます。そこで，いわれのない違法（「不正」）な侵害が間近に迫っている（「急迫」）場合に，例外的に私人自ら権利を防衛するための実力行使が許されるのです。

もっとも，そのような例外的な実力行使は権利の防衛のために必要な限度で認めれば足りるはずです。「やむを得ずにした行為」であることが要求されるのはそのためです。ただし，不正な侵害者より正当な利益を有する者が優先すべきですから（「正は不正に譲歩する必要はない」），侵害から逃げることは原則として要求されません。侵害に立ち向かえることを前提に，反撃手段として必要な限度であったかどうかが判断されるのです。

3　犯罪成立までのサードステップ ── 責任

(1)　責任の中身

　責任のない行為を処罰することは許されません（**責任主義**）。刑罰とは，行為者に対して違法行為に出たことに対する責任を問うものです。そして，責任を問うためには，違法行為に出ないことが期待できたこと（適法行為の期待可能性）が前提となると考えられます。

　このように，責任とは，期待可能性を前提に，違法行為へ出たことに対する**非難可能性**のことをいいます。非難可能性が認められる行為の処罰だからこそ，行為者・一般人は「あれは犯罪であってやってはいけない行為だったのか」と気づくことができ，将来の法益保護に役立つといえると考えられます。

　現在では，責任が肯定されるためには，責任能力（39条，41条）・違法性の意識の可能性（38条3項但書参照）・適法行為の期待可能性の3つの要素が必要であるとされています。

(2)　責 任 能 力

　責任能力がない行為を処罰することはできません（39条1項）。責任能力がないこと，つまり責任無能力のことを39条1項は「心神喪失」と表現しています。

　責任無能力とは，精神の障害により，行為の違法性を認識する能力またはその認識に従って行動を制御する能力が欠如することをいいます。例えば，統合失調症にかかり，「隣人を殺さなければ悪魔に殺される」という妄想に支配されているときなどです。この場合，病気の影響で「殺人は犯罪だからやめておこう」という意識を働かせて殺人行為を思い留まる能力が欠如しています。そのため，責任非難をすることができず，刑罰を科すことはできません。

　これについて，一般の人から，人の生命が侵害されている以上は行為者を処罰すべきであるとの反応が示されることがあるでしょう。そして，その反応自体は十分に理解しうるところです。しかし，法益保護という全体の公的利益のために刑罰によって

個人を犠牲にすることの正当化のためには，責任が必要というべきです。また，統合失調症で責任無能力の行為者を処罰したとしても，将来において同様の症状の人が殺人に出ることを防ぐことはできないでしょう。悪魔に殺されるという妄想に支配されている人に「それは殺人罪になるからやめてくれ」というメッセージをいくら発したとしても，それが機能するとは思われないのです。法益の保護という刑法の目的・機能に照らしても，責任無能力者の行為の処罰は正当化できないというべきです。

> ### ■ コラム 29　責任無能力者に対する強制的な治療
> 　責任無能力者の行為の不処罰に疑問が持たれる原因として，責任無能力者は人を殺害したとしても放ったらかしにされると思われてしまっていることが挙げられるかもしれません。
> 　しかし，殺人等の一定の重大な他害行為を行った責任無能力者に対しては，強制的な治療が施される可能性があります（心神喪失等の状態で重大な他害行為を行った者の医療及び観察等に関する法律）。処罰が許されないことは，必ずしも，国家による責任無能力者の放置を意味するのではありません。ただし，これは治療の必要性に対応するものであって，非難を伴う刑罰を科すこととは性質が異なっています。

(3)　違法性の意識の可能性

　人々が当該行為は刑罰法規によって禁止されていると意識できないとき，言い換えれば，当該行為が違法でないと考えてしまったのも仕方がないといえる理由があるとき，違法行為に出たことを非難することはできません。こうして，**違法性の意識の可能性**は責任が肯定されるための一要素と考えられます。前述したように（⇒本章Ⅷ1(3)(i)）行為者が現実に「これは違法な行為である」と意識している必要はありません。しかし，「行為者は違法な行為であると思っていなかったが，気を付ければ違法な行為であると気づくことができた」ことは必要です。

　38条3項但書は違法性を意識することが不可能ではなかったとしても困難だった場合に刑を減軽することを認めていると考えられますが，さらに進んで，違法性の意識の可能性がない場合には，責任が否定されて不可罰となると考えられています。

　違法性の意識の可能性が否定される，違法でないと考えてしまったとしても仕方がないといえる場合として重要なのは，公的機関に問い合わせをした場合です。例えば，紙幣に似たサービス券を配布しようと思ったXさんが警察署に行って「このサービス券を配ろうと思うのですが，通貨偽造罪（148条1項）にならないでしょうか」と問い合わせたところ，警察署の担当者からきちんと「問題ないです」と回答された場合が考えられます。このとき，そのサービス券が通貨偽造罪に該当するような

第 12 章　刑　法

191

ものだったとしても，Xさんが「このサービス券の作成は通貨偽造罪に反する違法な行為ではない」と考えてしまったとしても仕方がないというべきです。したがって，違法性の意識の可能性が否定され，Xさんの責任は否定されるため，通貨偽造罪は成立しないと考えられます。

⑷　適法行為の期待可能性

　これまで説明したすべての犯罪成立要件が充たされるとしても，適法行為に出るまたは違法行為に出ないことが期待できなかったといえる特別の場合，責任非難はできません（**適法行為の期待可能性**）。

　証拠隠滅罪（104条）は「他人の刑事事件に関する証拠」だけが客体であって自己の刑事事件に関する証拠を隠滅しても成立しません。自分の犯罪の証拠を隠滅してしまうのは誰しも行ってしまうことであると考えられるため，隠滅しないことが期待できないことが考慮されたと考えられています。さらに進んで，このような明文がなかったとしても，期待可能性がなければ責任が否定されることが一般に承認されています。

● Ⅸ　犯罪の成立範囲を広げる ── 未遂犯と共犯

1　完成前に成立する犯罪 ── 未遂犯

　犯罪の原則的な形態は，構成要件が完全に実現した既遂犯です。しかし，法益保護という観点からは，既遂犯だけを処罰するのでは不十分な場合があります。例えば，他人の財布を盗もうとポケットの中に手を入れたものの財布を掴むことに失敗した場合，これを放置したのでは財産の保護にとって不十分であると考えられます。そこで，既遂に至る前に，すなわち犯罪を実現しようと実行行為に及んだものの既遂には至らなかった場合（**未遂犯**）もまた例外的に処罰されるのです（44条）。

　未遂犯は「犯罪の実行に着手し」たときに成立します（43条本文）。刑法は法益保護のために処罰対象行為を類型化して構成要件の形で規定しているため，構成要件実現の客観的危険性が認められる時点が実行の着手時期，すなわち未遂犯の成立時期と考えられます。

　 トピック の事例では窃盗罪が問題となりますが，これは財産（厳密には財物の占有および所有権）を保護しています。したがって，盗む客体を物色している時点に至れば，いつ狙いの品が見つかって持ち去られるか分からない状態に至っていますから，窃盗の実行の着手があった（窃盗未遂罪が成立する）といえます。

2　複数人が関わる犯罪 ── 共犯

　犯罪現象は，犯人が１人の場合だけではありません。複数人が犯罪に関与する場合（これを**共犯**と呼びます）もしばしばあります。刑法の規定する共犯の形態は，①共同正犯（60条），②教唆犯（61条），③幇助犯（62条）の３つです。

　①は２人以上が協力して犯罪を実行した場合です。例えば，強盗のため，１人が暴行をして，１人が財物を奪う，といった例が挙げられます。暴行をして財物を奪う行為は強盗罪（236条）に該当しますが，共同正犯となる場合，暴行しかしていない者も財物を奪ったことについても責任を問われ，強盗罪が成立します。暴行しかしていないから暴行罪（208条）に留まるのではありません。

　②は人を唆して犯罪を決意させて犯罪が実行された場合です。人を殺す気がなかった者に殺人をするように唆して決意させ，その者が殺人を実行したといった例が挙げられます。

　③は他人の犯罪を手伝った場合です。殺人をしようとする者に拳銃を渡すといった例が挙げられます。

　責任主義からは，他人の犯罪について連帯責任を負わせることは許されません。共犯は，自己の行為が犯罪実現（法益侵害・法益を危険にさらすこと）との関係で因果的な寄与を果たしたことを理由に処罰されると考えられています。共犯の処罰根拠は，犯人が１人で犯罪を実現した場合とパラレルに考えられているのです。

● Ｘ　発展的なことを考えてみよう ── 危険運転致死傷罪

┌─**発展トピック**─

　Ａさんは，高速道路のパーキングエリアでＸさんの駐車方法が他の車の進行の妨げになることから，Ｘさんに注意をして，パーキングエリアを出発しました。Ｘさんはこれに腹を立て，Ａさんの車を追跡して止まらせ，Ａさんに謝罪させることにしました。そして，Ｘさんは時速80kmで走行するＡさんの車を追い越し，Ａさんの進路の前方に割り込んで，急ブレーキを踏みました。Ａさんは前を走るＸさんの車が急接近してきたことに驚き，ハンドルを急いで右に切りました。これによってＡさんの車はバランスを崩し，高速道路の壁に激突してＡさんおよび同乗していた娘のＢさんおよびＣさんが死亡しました。

　最近，悪質なあおり運転の問題が話題になっており，令和２年にもあおり運転に対

する罰則が強化されました（道路交通法の一部を改正する法律（令和2年度法律第42号））。そして，あおり運転に関連する刑罰法規としては，「自動車の運転により人を死傷させる行為等の処罰に関する法律」2条に規定されている危険運転致死傷罪が（も）重要です。かつては極めて危険な運転による交通事故も業務上過失致死傷罪（211条）等で処罰されており，どれほど悪質で凄惨な結果を招いたとしても当時の法定刑の上限が5年の懲役であることから刑罰が軽すぎるという批判が高まり，危険運転致死傷罪が新しく作られるに至りました。

　しかし，生じた凄惨な結果にばかり目を奪われて，刑法の目的を無視したり刑法にできること以上の期待を向けたりしてはならないでしょう。さもなければ不合理な処罰が横行しますし，その期待は必ずや裏切られるからです。これまでに説明した刑法の基本的な考え方を踏まえて，危険運転致死傷罪による重い処罰がどのように正当化できるか（あるいはできないか）を考えてみて下さい。筆者の考えるところは次のとおりですが，まずは自分の頭で考えることが大切です。

　刑法は法益保護のためにあるため，法益侵害の危険性の高い行為をより強く抑止することが合理的です。その観点から本法2条に規定される各類型を見ると，人の生命・身体を侵害する危険性が非常に高い運転行為だけが実行行為として規定されていることが理解できます。

　また，行為者が各危険運転行為を行っていることを分かっていれば「人の生命・身体に対する危険性の高い運転行為であるから差し控えなさい」という法益を危険にさらす行為を行う意思に対する直接的なメッセージが有効に機能します。

　そして，このような危険運転致死傷罪が着目した危険性が人の死傷結果として現実化した場合，その結果発生を理由に重い処罰を肯定することができるでしょう。

　このように，法益保護という刑法の目的と刑法による法益保護の方法に照らして，危険運転行為を重く処罰することは正当化できます。危険運転致死傷罪は，生じた結果の凄惨さばかりを重視して重く処罰するものではありません。

　仮に，「Xは誤って急ブレーキを踏んでX車をA車に急接近させ，Aは咄嗟にハンドルを切ったものの，A車のコントロールを失って壁にぶつかった。これによりAは大怪我し，A車内にいたAの娘2名は死亡した」という事件・事故が起きた場合，その凄惨な結果に着目してXを重く処罰すべきと考える人がいるかもしれません。しかし，この場合，危険運転行為の故意がないために危険運転致死傷罪の成立を肯定することはできず，過失運転致死傷罪（本法5条）の成立が肯定されるにすぎません。刑法にできるのは，意思に働きかけて行為をコントロールすることで法益保護を図るこ

とです。したがって，結果にのみ目を奪われて，過失行為に故意犯である危険運転致死傷罪と同等の重い処罰で臨んでも，不注意で犯される過失行為の抑止には限界があることから，法益保護機能に照らして合理的とはいえないと考えられます。

◆ もっと学ぼう

　法律は他の法律と関連し合っているため，まずは刑事法全体を概観してから各分野を勉強するべきだと思われます。そこで，刑法・刑事訴訟法・刑事政策という刑事法全体を概観する格好の入門書である井田良『基礎から学ぶ刑事法〔第6版補訂版〕』（有斐閣，2022年）をお薦めします。

　刑法を使って事件を解決することに焦点を当てたものとしては，辰井聡子=和田俊憲『刑法ガイドマップ（総論）』（信山社，2019年）がお薦めです。初学者が学説の理論的対立に深入りすると挫折してしまうかもしれないので，理論的説明は最小限となっている点も良いと思います。

　本格的な刑法の体系書としては，井田良『講義刑法学・総論〔第2版〕』（有斐閣，2018年）をお薦めします。

◆第 13 章◆
商法・会社法

┌─ トピック ─

A株式会社は衣料の製造販売事業を展開する取締役会設置会社であり，その代表取締役はBです。Bは，大学時代にA社を1人で創業した人物であり，マスコミでも有名な経営者です。学生CはBに憧れて，A社の株式を買いました。A社は，Bのリーダーシップのもと，順調に利益をあげています。

ある日，A社保有の工場および土地がBへ売却され，登記もB名義に変更されていたことが明らかになりました。この一連の出来事は，B以外のA社取締役らが何の事情も知らない間に行われていたため，大騒ぎになりました。Bは，会見で，確かに自身の独断で売買と登記名義を変更したことは認めました。しかし，その理由については，A社の更なる事業拡大のために緊急で現金調達が必要となったところ，取締役会の開催が間に合わなかったため，取り急ぎ独断でA社保有の不動産を自分に売却したことにして，その代金としてBがポケットマネーを出して，会社のための現金調達に用立てたのだと主張しました。

騒動後，ポケットマネーを拠出してでもA社の事業に邁進するBの機転と社長像は，一部から絶賛を浴びています。また，ニュースで会見を見ていたCは，「さすがB社長！」と思うと同時に，騒動後から下落しているA社株価やBのワンマン経営ぶりは危険なのではないかと気になっています。

現代において，経済社会は，市民社会から企業社会へと変化発展しています。皆さんは生活用品を購入するとき，スーパーやコンビニに行くことでしょう。店内の商品は，各メーカーが原材料を仕入れ，製造，販売，出荷して，店頭に並び，消費者の皆さんの手元にわたります。商品をネットで購入するときに利用するネットサイトを運営しているのも，自宅まで商品を運搬してくれるのも，企業です。日常を少し振り

返ってみただけでも，私たちの生活は，企業とその活動とともに成り立っていることがわかります。

　このような企業と企業活動について，法はどのような規律を有しているでしょうか。本章では，企業に関する法のなかでも，中心的な法律である「商法」と「会社法」について学びましょう。

● I　商法の世界

1　民法から商法へ

　まずは，六法で商法を開いて，民法と比較しながら，商法の特徴を考えてみましょう。

　私法の体系においては，民法が基本法として，一般的な私人相互間の私的生活関係を規律しています（⇒第4章III参照）。規律対象の主体は，自然人および法人です。また，対象となる行為や取引は，原則的には，対等な当事者が自由な意思にもとづいて法律関係を結ぶことを前提に，取引形態も1回かぎりのことから想定しています。

　これに対して，商法の世界，冒頭の トピック を，例えば登場主体という観点でみてみると，登場人物は，「Aさん」「Bさん」という単純な1人の私的な立ち位置の自然人ではありません。会社という組織，その組織の中で「取締役」「代表取締役」という肩書・役割をもっている人，会社の株式を購入した人（「株主」）など，組織及びその組織をめぐる様々な利害関係人（Stakeholder：ステークホルダー）が登場してきます。商法は，「商事」，すなわち営利を目的とした行為（商行為）とその行為を業として行う人たち（商人）を適用範囲として，それらに特有の法的関係を規律する法です（商法1条）。商法は，民法を一般法として，営利を目的とした人や活動に関する特別法という位置づけになります（⇒第4章IV参照）。

2　商法の適用範囲 ── 商人・商行為

　それでは，商法の適用範囲を画する「商行為」と「商人」とは何か，みていきましょう。

(1)　商 行 為

　まず，「商行為」とは，利益を生じさせる商法所定の行為類型をさします。基本的な商行為として，1回限りで行っただけでも商行為とされる行為類型（絶対的商行為，商法501条各号）と繰り返し実行することで商行為とされる行為類型（営業的商行為，

商法 502 条各号) の 2 つがあります。商行為の典型例には，安く仕入れて高く売る行為 (**投機購買**，商法 501 条 1 号) や高く売っておいて安く仕入れる行為 (**投機売却**，同条 2 号) があげられます。仕入れ価格と売却価格との間に差額として利益が生まれることが予定される行為です。

(2) 商 人

そして，自分の名前で商行為を営利目的で反復継続して行う人を「**商人**」と呼びます (商法 4 条)。わが国においては，人は経済的自由を有し，自由に職業選択をして営利活動をおこなうことができます。誰でもが，自らの意思と選択で，商行為をすることができ，商人になることができます。その昔，中世にみられたように商法が階級法とされたり (商人というような或る身分や階級が先に存在して，その身分・階級のみを当該法の適用対象とすること)，17〜19 世紀頃の東インド会社等にみられるような国王からの勅許や特許によって企業が特権的に特別な場合にしか組織できなかったりというようなことはないのです。

民法が自由な市民の意思や活動を尊重し促進するように，商法は，営利活動をすると選択した市民とその活動に適用され，これを支えます。

なお，日常用語で「商『人』」というと，自然人だけをさすかのように見えますが，「商人」には自然人も法人も含まれることには注意しましょう。

(3) 商法と民法との相違

商行為と商人にみられるような「営利」性という商法の性質は，原則となる民法の規定から，商法の規定に変化を生じさせます。

例えば，民事売買 (民法が適用される原則的な売買契約) と商事売買 (商法が適用される売買，例えば，商人間で締結される売買契約) をみてみましょう。売買契約から利益をあげようとすると，薄利多売という言葉があるように，当事者は売買契約を反復継続して繰り返すことが見込まれます。そして，多数の取引をこなすために，取引内容は定型・同一画一となることが多く，各取引が迅速・確実・簡易に終結できるような仕組みが必要になります。その結果，確定期売買 (売買の性質又は当事者の意思表示により，特定の日時又は一定の期間内に履行をしなければ契約をした目的を達することができない売買) について，民法では，不履行になった場合であっても，解除をするためには，少なくとも解除の意思表示は必要ですが (民法 542 条 1 項 4 号)，商法が適用される商人間でなされる確定期売買が不履行になった場合は，解除の意思表示すら必要なく自動的に解除となり (商法 525 条)，商人はすぐに次の取引活動に移ることができます (⇒第 4 章Ⅳ 2 参照)。

また，商人は営利活動のプロであることから，民法が適用される通常の自然人や法人とは異なる取扱も予定されます。例えば，**保証契約**においても，**民事保証**（民法が適用される原則的な保証契約，⇒第9章Ⅶ参照）では，当該契約が普通保証契約となるか連帯保証契約となるかは保証契約の当事者である債権者と保証人の意思（保証契約の内容）によって決定されます。しかし，**商事保証**（債務が主たる債務者の商行為によって生じたものであるときなど商法が適用される保証契約）では，営利をうみだすために保証を利用するのであれば，確実に債務履行をさせるべきという観点から，自動的に連帯保証になる場合があります（商法511条2項参照）。その他，商人同士であれば，いわゆる仕入れ先・お得意先など，継続的な取引関係や既に信頼関係が構築されている場合も多いため，簡易迅速性を優先して，民法が予定する原則的な手続が省略されたり要件が緩和されたりすることもあります。

　このように，商法は，自由な営利活動をおこなう人と活動について，その性質に適した規定をおくことで，経済活動を促進するための法分野ともいえます。

3　商法から会社法へ

　では，商法の世界をより詳しく，会社法とのつながりをみてみましょう。

(1)　企 業 形 態

　ところで，経済活動の主体として「企業」という用語があります。**企業**とは，現代の資本主義経済において財貨やサービスを企業採算的見地から継続的・計画的・大量に生産・分配ないし供給する組織体のことです。法律学の観点から整理すれば，企業はいろいろな形式で存在しており，その仕組みは，設立方法・出資者の性質・目的・運営組織などから多岐にわたります。

　例えば，出資者が国や公共団体であるか否かなどによる公企業と私企業の別，企業自身の目的が営利目的か非営利目的かによる営利企業と非営利企業の別があります。非営利企業の代表例としては農業協同組合のような構成員同士の相互扶助を目的とする組合があげられます。さらに，出資や運営を個人で行うか複数人で行うかによる個人企業と共同企業の別，企業に法人格があるか否かによる法人企業と非法人企業の別

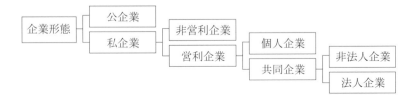

もあります。非法人企業の代表例としては，民法上の組合（民法 667 条〜）や匿名組合（商法 535 条〜）などがあります。

いずれにしても，どの法形式の企業も，商行為をしたり，あるいは，その商行為を企業の名前で反復継続して実施すれば商人となり，商法の適用があります。

(2) 会社と商法

このなかで，会社は，会社法に従って設立される企業形態の 1 つであり，多くは私企業・営利企業・共同企業・法人企業という性質を有します。

会社がおこなう事業内容は，会社の根本規則ともいわれる定款の「目的」という項目に記載されます。一方で，商行為は，商法上 17 類型しかなく（絶対的商行為 4 類型（商法 501 条）＋営業的商行為 13 類型（商法 502 条）），各会社で自由になされる事業が商行為に該当しないことは大いにあり得ます。しかし，法は，「会社」という営利活動することを前提とした組織を作って活動するならば，その行為は商行為と言うべきという逆転の考えにより，会社が事業としてする行為は商行為とすると規定することで（会社法 5 条），事業内容にかかわらずすべての会社が商法の適用をうけることを導いています。

例えば，貸金業（自分の余剰資金を反復継続して貸し付けして利息でもうける業態）は，商法上の商行為に該当しません。このため，本来であれば，貸金業を反復継続して行っても商人にもならず，商法の適用を受けません。しかし，よく CM でもみるような消費者金融など，貸金業者の多くは，会社を設立して，その事業として貸金業を行っています。このような場合は，会社法 5 条により，その会社が行う貸金業は商行為となり，これを反復継続して実施する当該会社は商人ということになるのです（商法 4 条 1 項）。会社は，商法適用の対象の中心的な存在といえるでしょう。

(3) 会社法の位置づけ

会社法は，その組織と活動（行為）を規律することにより，会社をめぐる利害関係人の私的な利害を調整する法律です。私人の中でも会社という組織および会社が関係する法律関係について規定しているという点からは，民法や商法の特別法と考えられます。

ただ，会社法が利害関係人をどの範囲で調整や保護の対象とするかは，検討する必要があります。会社の利害関係人（**ステークホルダー**）としては，出資者，取引の相手方，会社債権者，従業員，消費者，会社所在地の周辺地域住民など，多様な立場が考えられます。

これらのなかで，例えば，労働者としての従業員の利害については労働法（労働基

準法・労働組合法・労働関係調整法・労働契約法など）の対象となりますし，消費者の利害については消費者法（割賦販売法・特定商取引法・消費者契約法・製造物責任法など）の対象となります（⇒第4章Ⅲ4，Ⅳ2参照）。会社をめぐる利害関係人でも，どのような視点にたつかによって，様々な法分野が各目的に従って規律を定め，相作用して，会社の利害関係人の調整を規律しています。

近年，会社の社会的責任論（Corporate Social Responsibility）やコーポレートガバナンス・コード（Corporate Governance Code，東京証券取引所と金融庁が定めた自主規制・ソフトロー）にみられるように，特に大規模な会社の経営においては，多くの利害関係人の利益保護の図るべきとの要請はあります。しかし，利害が複雑に絡み合う会社経営において，利害関係人に関するすべてを会社法のみで規律することは現実的ではありません。また，上記のような従業員保護や消費者保護など，社会法的な経済的弱者保護の観点を会社法に持ち込めば，混乱を生じさせてしまう可能性には注意しなければなりません。

それでは，いよいよ，会社法の世界をみてみましょう。

● Ⅱ　会社法の世界へ ── 会社の性質と種類

会社法が規律する「会社」とは，一体，どのような内容を有した組織なのでしょうか。現行法上，「会社」の実質的な定義はありません（2条1号参照）。ただ，平成17年改正前商法の定義規定にみられたように（旧商法52条1項参照），会社は，営利社団法人であると理解されてきました。

1　営 利 性

まず，会社は，それ自身が事業により利益をあげるという営利意思を有する存在です（**営利性**）。この「営利」という言葉は，商法においては単純に利益を獲得することをさしましたが，会社の性質としての営利性が同一の意義かは見解が分かれています。会社自身に営利目的があれば足りるという見解のほか，見返りなしに営利組織へ出資をする者が多いとは考えにくいことから，会社が対外的活動によって利益を獲得する目的を有するだけでは足りず，その利益を会社内部で分配することまで要すると解する見解があります。両見解は，会社の内部にいるメンバーが，会社に対してどのようなことを要求できるかということに影響を与える場合があるので，考えてみましょう（株主の権利，⇒本章Ⅲ3(3)，会社法105条1・2項，109条2項参照）。

2 社団性

　次に，会社は，その事業によって利益を獲得しようという特定かつ共通の目的をもつ人の集まりでもあります（**社団性**）。人の集まりのことを「**社団**」，その集まってきた社団の構成員を「**社員**」といいます。皆さんの中でアルバイトをしている人は，アルバイト先の企業に就職をしている従業員のことを「社員さん（正社員さん）」と呼ぶことがあると思います。しかし，この日常用語の社員と，会社法上の「社員」とは，全く意味が異なるので，注意してください。

　社団は人の集まりですから，その性質によって構成員になるための要件は異なるでしょう。演劇サークルであれば演劇好きということがサークルという社団の社員になるための条件かもしれません。これに対して，営利社団においては営利目的の達成のために元手となる資金が重要であることから，会社の社員とは，会社の資金調達に貢献している出資者をさすことになります（法人・自然人を問いません）。

3 法人格

　さらに，会社は，会社法の所定手続を経て設立され，その法的効果として**法人格**を取得します（会社法3条）。法人格を取得することにより，会社自らが独立した権利義務の主体として，自然人と同じように，契約などについての意思を表示したり活動したりすることができます（⇒第9章I参照）。

4 会社の種類 —— 持分会社と株式会社

　「会社」とひとことに言っても，このような営利社団法人である会社は，会社法上，実は4種類もあります。その種類は，大きくは**株式会社**と**持分会社**にわかれ，さらに持分会社のなかで**合名会社・合資会社・合同会社**にわかれます（会社法2条1項，575条1項参照）。

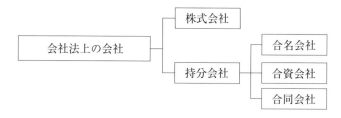

　これら4種類の会社は，何が違うのでしょうか。その区別基準は，会社の債務に対して，会社の社員がどのような責任を負うかという点にあります。例えば，A会社がBさんから200万円の借入をして返済期日が到来したにも関わらずA会社には財産が

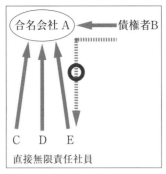

合名会社 A ← 債権者B

C　D　E
直接無限責任社員

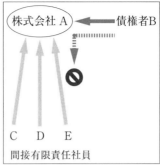

株式会社 A ← 債権者B

C　D　E
間接有限責任社員

全くなく返済ができない場面を想定しましょう。

　4種類のうち，合名会社は，**直接無限責任**社員という性質の社員のみで構成されています。合名会社が負った債務を合名会社自身で返済できなかった場合，合名会社の債権者は，社員に対して社員のプライベートな財産から，直接，債権額を満たすまでは無限に責任を負わせることができます。会社債権者BはA合名会社の社員のうち誰かが200万円の財産をもっていてくれれば回収できます。これに対して，株式会社は，後述するように，**間接有限責任**という性質の社員のみで構成されています。各社員は，株式会社の債務に対しては，社員になった当初に出資した範囲で且つ会社財産を通じて間接的に負担すればよいだけで，株式会社が債務を返済できなくなったとしても，新たに自身のプライベート財産を犠牲にする必要はありません。A会社が株式会社だった場合，A株式会社に財産が残っていない以上，会社債権者Bは200万円を全く回収できずに終わるということになります。

　どの会社も法人格を有しているため（会社法3条），本来は，会社と社員とは別個独立の人格として扱われるはずです。会社が借入で負った債務も，当然，会社自身が返済すべきです。

　しかし，持分会社は，会社の法人格や独立性を厳格に考えず，会社と社員を一体視する方向性にあります。会社の背後にいる社員（出資者）の財産と会社の財産を，事実上，分離しないのです。その反面，持分会社においては，社員が会社の債務をプライベート財産から返済しなければいけないリスクを解消するため，社員自らが会社の運営に携わることができる仕組みを確保しています（**所有と経営の一致**）。誰が会社に出資して社員として存在するかが非常に重要で，人的要素が強い会社といえます。

　これに対して，株式会社は，会社の法人格がもっとも厳格に守られており，会社と社員とは，人格的にも財産的にも完全に分離されています。このため，会社が債務不

履行に陥っても，社員は最初に出資した額以上のプライベート財産を拠出しなければいけないシチュエーションはでてきません。出資という側面からは，出資者がもっとも安心して出資できる会社形態は株式会社といえるでしょう。また，会社債権者からみれば，債権が回収できる当てはあくまでも会社財産だけですから，どんな資産状況の社員がいるかという人的要素ではなく，会社財産という物的要素が非常に重要な会社といえます。

　以下では，会社のなかでも，もっとも資本主義経済に適応しているとされる株式会社を中心に勉強してみましょう。

● Ⅲ　株式会社のお金は，どこから？ ── 株式会社の設立と資金調達

　もし，皆さんが起業を考えていて，会社を設立して，事業を展開していこうとするときに，何が必要でしょうか。平成17年会社法により最低資本金制度が廃止され資本金0円の会社まで設立可能になった影響などもあるのか，最近は巷に「ベンチャー」「アントレプレナー」「青年実業家」など，夢ふくらむような玉虫色の言葉が溢れています。しかし，自分が思い描くように自由でありながら適法適正に会社を運営していくためには，どのような法律知識を知っていればよいでしょうか。ここでは，会社の設立およびこれに不可欠な資金調達をみてみましょう。

1　株式会社の第一歩 ── 発起人と設立行為

　まず，株式会社を設立しようとして，事業を企画し，設立に必要ないろいろな法的手続を実行していく人のことを，**発起人**とよびます。会社の設立行為は，この発起人を中心に（ないし発起人だけで），複数の人たちが，共同事業をしていこうという意思が集まってなされる法律行為（法律行為のうちの**合同行為**，⇒第9章Ⅱ参照）です。みんなで「こんな事業する会社をつくろう！」という意思で集まり，その意思通りの法的効果として，営利社団法人という性質の会社が生み出されるのです。

　発起人だけで設立する場合を**発起設立**，発起人のほかにも出資者を募って設立する場合を**募集設立**といいます（会社法25条1項）。募集設立は設立に関与する人数が多く，また発起人とその他という会社設立への関与や理解度が異なる人々が関与するため，慎重な調整が必要になり，手続が複雑になります。

　株式会社は，会社法の規定に従って手続を経れば，誰でも自由に設立することができます（**準則主義**）。発起人は，定款作成をはじめとする法定手続をこなしていきま

す。**定款**とは，実質的には，会社の組織・活動における重要事項を定めた根本規則であり，形式的には，その規則を記載した書面（又は情報を記録した電子ファイル）のことをさします。例えば，上記の商行為であげた会社の事業内容（目的）のほか，会社の正式名称（商号），本店の所在地などが記載されています（会社法27条以下参照）。定款は，会社を設立する意思表示があらわれる会社の憲法のようなものです。このため，定款に不備があった場合や発起人が定款規定のとおりに設立行為を実行しなかった場合，会社設立の意思にキズがあると考えられます。その結果，場合によっては，**設立無効の訴え**の対象となり（会社法828条1項1号，同条2項1号参照），会社設立そのものが無効とされることがあり得るので，気をつける必要があります。会社をつくろうとする過程でも，集まった人たちの意思が重要であり，契約のような他の法律行為における意思の欠缺や意思表示の瑕疵と共通類似の問題が生じ得ることには，是非，注意してみましょう（⇒法律行為については，第9章II・IV参照）。

冒頭の トピック では，Bが，発起人として，設立行為の瑕疵など設立無効の原因になるようなトラブルなく手順を踏み，発起設立によりA社を設立したといえそうです。

2　株式会社の資金調達 ── 自己資本・株式

では，株式会社の資金調達はどのようにするのでしょうか。

一般に，資本には2通りのものがあります。返さなくていい会社自身のお金（**自己資本・出資者資本**）と，いつかは返さなければいけない他人のお金（**他人資本・債権者資本**）です。他人資本の例は，借入金（金融機関等からの金銭消費貸借契約による借入）や**社債**（会社法で規定される金銭消費貸借契約類似のもの，会社法676条以下参照）です。他人資本は，一時的に会社の資金が増えて事業にも利用することはできますが，多くの場合は利息もつき，元本を含め期日が来たら貸主（債権者）に返さなければいけません。これに対して，自己資本は，会社自身のお金となるため，他人資本と異なり，返済する必要はなく，心置きなく使えます。

そこで，法は，株式会社が事業開始および事業拡大等の必要に応じて資金調達をする場合，会社の財産を自己資本で構築できる仕組みをつくっています。また，資金量についても，大規模な事業展開も可能とするべく，大量の資金調達ができるように，社会に散在する遊休資本を，たとえ個々人が提供する資本が零細であっても，不特定多数人から容易に効率よく結集するための法制度を構築しています（他人からお金を融通してもらう場合に，1,000万円を気軽に出してくれる人は少ないかもしれませんが，より

少額な 1,000 円だったら出してくれる人が多い気がしませんか？）。このような会社の資金調達を可能とする法的仕組みが「株式」です。

3　株　式

(1)　株式と株主の権利

そもそも「株式」とは何でしょうか。学生の皆さんからすれば，株式を持っていたら「その会社の業績がよい場合は配当がもらえて，業績が悪い場合はもらえない」とか，株式の配当は会社の事業業績に影響され，株主自らはどうすることもできず，だからこそ株式の購入は「投資」と呼ばれるような一種の賭けであるというような認識が一般的かもしれません。しかし，かかる捉え方は，少々表面的です。

「**株式**」とは，均等に細分化された（割合的）構成単位の形をとる株式会社の社員の地位（株主権）をさします。そして，株式を有する者を**株主**とよびます。

株式という形で株主権が均一に細分化され小額小口化されていることにより，後述のとおり，会社が株式引受契約の対象としての株式を売却するとき，単価を低額にすることができ，一般公衆の零細な遊休資本を集約することが可能になります。また，株主権が均等に単位化されていることにより，株式を有する者（株主）と会社との法律関係について，各出資者を持株数に応じて取り扱うことを可能として，簡便な事務処理にも資するように設計されています。

(2)　株式引受契約

具体的に会社がどのように株式を使って資金調達をするのかといえば，**株式引受契約**という契約を利用します。会社は，市場で会社への出資者を募り，出資者との間で株式引受契約を締結します。この株式引受契約の締結が，出資者側からみて俗に「株を買う」といわれる行為です。株式引受契約は，株式を商品とする会社と出資者との間の売買契約のようなイメージです。

出資者側は，株式を発行してもらう対価（株式引受価格）を支払い（いわゆる出資・投資），引換えに株式を取得します。会社側は，出資者に株式引受価格を払い込んでもらい会社の自己資本を構築してもらう代わりに，株式を出資者に発行します。そして，以後，株式を有する者を会社の構成員たる社員（株主）として扱い，その地位に基づく諸権利を行使させる義務を負います。

このように，株式会社は，株式引受契約を通じて，出資者に構成員の地位たる株式を発行して，いわば購入してもらうことで，会社の資金を集めていきます。

⑶ 株主の権利

　では，株式は，出資者に購入してもらえるほど魅力的なものなのでしょうか。出資者が株式を有するに至ると，会社の社員である株主たる地位を手に入れることができます。そして，この社員の地位に基づいて，株主は，副次的に，講学上の自益権・共益権とよばれるいろいろな権利を有することになります（会社法105条参照）。

　自益権とは，経済的な利益を株主個人へ付与するように求める権利をさします。例えば，株式会社が事業からあげた利益を株主へ還元することを要求できる**剰余金配当請求権**（いわゆる「配当」）があります。また，**共益権**とは，株主が会社運営に参画したり運営監督したりできる権利のことをさします。例えば，会社の運営について株主の意見を表明するための株主総会における**議決権**（投票権）などがあげられます。株式の本質は，まさに会社という社団における社員の地位であり，会社の実質的な所有者という立場を示す点にあります。

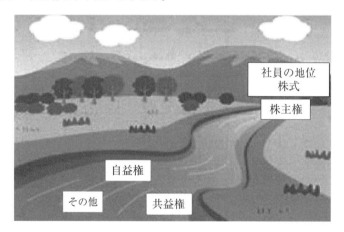

⑷ 株主平等の原則

　さらに，会社は，株主としての地位に基づく法律関係については，株主をその持株数に応じて比例的に平等に扱わなければなりません。この原則を**株主平等の原則**といいます（会社法109条1項参照）。より具体的な例でいえば，剰余金の配当は，その持株数に応じてなされます（会社法454条3項）。1株式につき10円の剰余金配当請求権が生じるとすれば，10株式をもっていれば100円の剰余金配当請求ができることになります。また株主総会という株主全員が集まって会社の重要事項について決定する会議体において意思表示するための議決権も，株主平等の原則をより具体化した**一株一議決権の原則**から（会社法308条），1株式をもっている株主の議決権数は1

議決権ですが，10株式をもっていれば10議決権を有することになります。わが国の公職選挙において個人が尊重され，1人につき1票というように，頭数で多数決が決まる状態（**頭数多数決・普通選挙**）とは異なり，会社においては，会社の資金にたくさん貢献している人の意見が重視されます（**資本多数決**）。

　このような株主平等の原則がとられる理由は，株式会社が営利社団であることから，その目的を達成するための資金調達への貢献度が重視され，それこそが営利社会の平等・衡平といえる点にあります。出資者は，出資をすればするほど，多くの株式を購入でき，その株式という地位に基づいて持株数に応じて会社に対する権利を貰えることになるのです。反対に，1株式であっても出資をしていればそれに応じた権利がもらえるという点では，小額しか出資していない株主でも保護されるという側面もあります。

　株式は，会社が一般公衆・社会から資金を調達するためのツールであり，同時に，会社の構成員としての地位を示すものであり，会社と会社の社員（株主）との法律関係を規律するためのものです。

(5) 会社の資金と株主のその後
—— 財産分離，間接有限責任，出資返還禁止の原則，株式譲渡

　さて，こうして集約された会社資金は，出資者個人の財産から分離され，会社自身の資金となります（**財産分離・自己資本**）。会社は，この資金を自由に使っていいし，使い果たしたとしても出資者（株主）に返済する必要はありません。

　株主からみれば，会社の財産と株主の財産は別個のものですから，会社のお財布が焦げ付いても一切の責任を負わないですむことになります。会社の債務弁済のために，株主は新たな拠出金を出すなど，個人財産を犠牲にしなくてよいのです。ただ，株主が株式引受契約を締結するなど会社の構成員となるときに会社へ出資した株式の対価（**株式引受価格**）は会社自身の資金となり株主へは戻ってこないため，その限度では責任は負うことになります（会社法104条）。さらに，会社の債権者は，債権回収にあたって株式に対して株式引受価格分を会社の財産を通じた間接的な取立てしかできず，株主へ直接その債務返済を請求することはできません。このような会社の債務に対する株主の責任を**間接有限責任**といいます。

　では，出資者は，会社の社員の地位が不要になった場合，会社に対して，株式を返還するから出資金を返還してほしいと要求することができるでしょうか。これを認めると，会社資金が目減りしますから，会社は困ります。また，会社債権者にとっても，債権の引当てにできる財産は会社財産だけですから，会社財産の流出は困りま

す。このため，株主は，会社に対して，一旦払い込んだ資金の返還を要求することは
できません（**出資返還禁止の原則**）。では，一旦，株主となったならば，ずっと株式を
もっていなければならないのでしょうか。この場合，株主は新たに社員の地位の購入
を希望する会社以外の第三者を探して，その第三者と自由に株式譲渡契約を締結する
ことができます（**株式譲渡自由の原則**，会社法 127 条）。そして，旧株主から株式を譲
り受けた第三者が，新たに株主となるわけです（俗に「株を買う」という場合は，出資
者と会社との株式引受契約のみならず，旧株主から株式を譲り受ける株式譲渡契約のことも
さすといえます）。これにより，会社は構築した会社財産を維持できる一方，株主は第
三者から会社に支払った株式対価分の資金を回収して（**投下資本の回収**），いつでも会
社の社員の地位を離脱できるので，安心して出資ができます。

このように，株式会社は，発起人にもとめられる手続を含む設立行為にくわえ，株
式・株主の権利・株主平等の原則・間接有限責任等の出資者に出資をしやすくする法
制度を利用しながら資本集約のうえ会社財産を構築して，経済活動に適した存在とし
て生み出されていきます。

● IV　会社は，どうやって動くの？
── 機関，業務執行機関，監査機関，責任

では，株式会社が実際に活動していくためには，どのような仕組みが必要でしょう
か。以下では，株式会社が活動するための組織をみていきましょう。

1　機　関

会社は，法人であり，自然人と異なり肉体をもたない観念的な存在です。このた
め，会社が，「会社としての」意思を決定したり，決定されたことを実行したりする
ためには，なんらかの組織を形成しておかなければなりません。そこで，自然人にお
ける脳や手足といった器官（organ）になぞらえて，会社法は会社の内部に「機関」
という組織を設置することにより，自然人と同様に会社が活動することを可能にしま
した。

「**機関**」とは，一定の自然人または合議体が決めた意思決定や行為を，それすなわ
ち会社の意思決定や行為と評価する内部の組織のことです。そして，法は，会社の運
営に必要な役割を各機関に分担させ，相互に抑制チェックする体制をつくります。こ
れにより，特定の機関に権限が集中することを回避させ，適法かつ適切な会社運営の

実現を目指しています。株主総会・取締役・取締役会・監査役・監査役会などは，いずれも機関の具体例です。

　ここでは，伝統的な機関構造を念頭に，代表的な機関例とその役割をみていきましょう。

2　株主総会 ── 所有と経営の分離，会社の実質的な所有者の合議体

　まず，株式会社には株主総会という機関があります。**株主総会**は，株式会社の構成員（出資者）たる株主の全員によって構成され，会社の意思を決定する合議制の会議体であり，どの株式会社にも強制設置される必要的機関です。

　「所有あるところに支配あり」という法格言にみられるように，所有物を使用・収益・処分をする権利を有するのが所有者であるとすれば，本来的には，会社は，会社の実質的な所有者たる社員（株主）によって運営されていくはずです。

　しかし，株主は，零細な遊休資本の提供者にすぎないことから経営知識がなく，また間接有限責任しか負わないがゆえに経営へのインセンティブもないことが多いと考えられます。また，株式会社は零細資本を多数集約していることから，株主の人数は多数にのぼり，様々な場所に在住するうえ，その構成は絶えず変動することが予定されています（株主の多数・分散・流動化）。さらに，株式会社においては，企業規模の拡大が予定され，その経営は高度に専門的かつ技術的になることが予想されます。これらから，株主たち自らが全員で集って会社の経営について決定したり，行動したりすることは，現実的に可能ではなく，合理的でもありません。

　そこで，法は，営利をもとめる株主の合理的意思を考慮して，会社の経営を，原則として，経営の専門家たる業務執行機関に任せることを前提としています（第三者機関制）。この現象を「**所有と経営の分離**」とよびます。

　そして，株主は，定時・臨時に開催される会議体の機関である株主総会の構成員として，持株数に応じて株主総会における議決権を投じて，株主総会決議という形で会社の意思を形成・決定していきます。株主総会の権限の範囲（つまり，株主総会の議題となる事項）は，業務執行機関の構造によって異なりますが（会社法295条1・2項参照），どのような場合でも，役員の選任権限（会社法329条）のように，会社の基本的重要事項に関する決定権限は株主総会に残されています。また，株主総会は他の機関が不適切なことをした場合の監督是正も行っていきます。

3　業務執行機関 —— 取締役・取締役会，経営の専門家

(1)　業務執行機関

次に，業務執行にかかわる機関をみてみましょう。**業務執行**とは，会社の目的たる事業を遂行するために直接・間接に必要な事務を処理することをさします（日常用語では，経営というものかもしれません）。会社は，その事業に関連して，商品の売買や店舗の賃借のような法律行為もするだろうし（⇒法律行為については第9章II・IV参照），宣伝広告のような事実行為もするでしょう。所有と経営の分離の帰結として，会社の業務執行は，株主総会で選任される取締役を中心に構成される業務執行機関に委ねられます。そして，業務執行機関は，事業に必要な行為について，決定と実行をしていくのです。

具体的な業務執行機関の名称例としては，取締役・取締役会などがあげられます。業務執行機関は，その会社の機関の構造全体により，取締役という自然人がなることもあるし（**取締役会非設置会社**），3人以上の取締役が取締役会という合議体で構成することもあります（**取締役会設置会社**）。

(2)　代 表 機 関

また，会社が対外的な行為をなすためにも，いずれかの機関がこれを担わなければなりません。対外的に「会社がなした行為」と評価される行為を会社代表行為といい，これを担う機関を**代表機関**とよびます。取締役会設置会社においては，取締役会で選定された代表取締役が代表機関となります（会社法362条3項）。

代表取締役が有する代表権限は，会社の業務に関する一切の裁判上または裁判外行為に及びます（会社法349条4・5項）。例えば，代表取締役が代表権限にもとづき，会社の訴訟行為をしたり会社の名前において売買契約における意思表示をしたりした場合，会社自らが訴訟や売買契約の意思表示をしたことになるのです。

冒頭の トピック では，BがA社取締役会で選定された代表取締役であり，A社の代表機関という位置づけになります。

(3)　業務執行権限と代表権限

ただ，代表権限が包括的かつ不可制限的な権限であることから，代表行為と内部的な意思決定が食い違ってしまった場合などに，その代表取締役の行為をどのように評価すべきかは問題となります。

例えば，取締役会設置会社において，会社が多額の借財をしようとする場合には取締役会決議を必要とするところ（会社法362条4項2号），取締役会がなんらの決議もしていないのに代表取締役が独断で銀行から多額の借金をしてきてしまった場合，そ

の金銭消費貸借契約は有効かという問題が発生するわけです（**代表取締役の専断的行為の効力**）。業務執行権限と代表権限の優劣についてはさまざまな考え方があり得ますが，業務執行機関の決定を要すると規定しておくことで保護すべき会社の利益と，代表取締役の権限や内部的に有効な決議に基づいてなされたものと信頼して取引に入った第三者の利益とを比較考量して決すべきという方向性で解決が見出されています。ここからすれば，もし，代表権限の範囲内であれば，当該契約は原則として有効になるものの，相手方（銀行）が取締役会決議の必要性とその欠缺について悪意であるならば，その悪意の相手方に対しては無効を主張できるという考え方が成り立ち得ます。

4　監査機関 ── 監査役

　さて，次に，監査機関をみてみましょう。株主は経営の素人であることから，業務執行を自ら行うのが困難であるのと同様に，経営が適切に行われているかを監督することにも困難が伴います。このため，会社には専門的な経営監督機関が必要となり，監査役を中心とする監査機関が，業務執行に対する**監査**（監督（事前のコントロール）と検査（事後のチェック））を担います。その監査対象は，原則として，取締役の職務執行であり，広く業務全般と会計に及びます。監査役は，会社の経営が適正になされることを確保し，ときには是正を促すため，事業報告の要請，業務や財産状況の調査，問題が生じた場合は各機関への報告や訴訟の担当などもします。また，グループ企業のように複数の会社が結合している場合は，会社を相互に利用した不正隠しなども懸念されます。このため，グループ全体の経営についても適正を図るため，親会社の監査役が子会社に対して監督をすることもあります。

　なお，会社法において，適切な監査権限の所在と範囲の策定は，従前からの大きな課題です。例えば，伝統的な取締役会設置会社においては，取締役会が有する監督権限（会社法362条2項2号）と監査機関の監査権限とが重複していたり，監査機関の選解任は事実上取締役会に委ねられていることから監査機能が機能不全になっているなど，監査をめぐる諸問題が指摘されてきました。これを解決するため，法は，**指名委員会等設置会社**や**監査等委員会設置会社**など新しい機関構造を新設するなど，**モニタリングモデル**に基づいて監督機能と業務執行機能の厳格な分離を実現し，自己監督・自己監査をなるべく減少させたり，監査機関の独立性を強化するなど，経営の適正性を確保しようとする動きをみせています。現在の会社法においては，経営のより適法適正さを確保するために**コーポレートガバナンス（企業統治）**の観点から，監

査機関の整除が模索されています。

5　適正な企業活動のために ── 役員等（取締役）の責任

機関設計は，各機関を相互に監視・監督するなど，その設計自体により，会社の適法適正な活動の実現をめざしています。では，そのほかに，会社の運営が適法・適正になされるために，どのような手段が考えられるでしょうか。再度，取締役と会社との関係から考えてみましょう。

⑴　取締役と会社との関係

取締役は，株主総会によって**選任**されます（会社法 329 条）。株主たちが経営を任せるにふさわしいのは誰かを，自ら判断するのです。株主総会で選任された者は，会社との間で任用契約を締結して，会社から業務執行を任され，取締役の地位に就任します。取締役と会社との関係は，**委任**に準じて考えられます（会社法 330 条⇒委任は典型契約の１つです。第 9 章Ⅵ参照）。これに伴い，取締役は，業務を執行するにあたって，善管注意義務（会社法 330 条，民法 644 条）や忠実義務（会社法 355 条）を尽くさなければいけません。**善管注意義務**とは，一定の職業人としての通常の注意能力を有する者が，その場合の事情に応じて当然なすべきと考えられる注意の程度をさします。また，**忠実義務**とは，法令・定款の定めおよび株主総会の決議を遵守し，会社のために忠実にその職務を遂行する義務をさします。取締役は当該状況下における事実認識・意思決定過程に不注意がなければよく（**経営判断の原則**），経営について広い裁量の幅が認められています。

一方，取締役は，その職務上，会社の中枢にあり，さまざまな会社の情報や秘密に接しており，その行動は多くの利害関係人に影響を与えます。そこで，法は，特に，取締役がその地位を利用して自己や第三者を利する行動を抑制するため，取締役が会社の利益を犠牲にしやすいと考えられる行動類型について，事前に株主総会（ないし取締役会）の承認を要する旨を定めています（会社法 356 条，365 条）。具体的には，そのような危険性がある行為の１つ目は，**競業行為**であり，会社と同種の事業を取締役がプライベートで実施する場合などです。例えば，パン事業を展開する株式会社の取締役が，個人でパン屋を開店する場合が該当します。２つ目は，**利益相反取引**であり，会社と取締役が当事者となって取引をする場合（**直接取引**）や取締役の債務を会社が保証する場合（**間接取引**）などです。いずれも，取締役の行為がなければ，会社により多くの利益が生み出された可能性や，会社の利益を犠牲にして取締役が利益を懐に入れている危険性があります。これらを防止するために，法は，取締役が競業

行為や利益相反取引を行うときは，事前の会社側の承認を必要としています。

冒頭の トピック においては，Bは自身が代表取締役を務めるA社との間で不動産の売買契約を締結しており，事前に取締役会の承認をうけなければいけない利益相反取引（直接取引）に該当する可能性があります。承認をうけずにBがなした直接取引の効力はどうなるでしょうか。考え方は多数ありますが，条文上は，A社とBとの間では原則として無効（無権代理無効）としつつ（会社法356条2項参照），事後の会社による当該取引に対する追認を認め，有効とできる余地があります。ただ，取引の対象物がBから善意の第三者にわたってしまったときのように，取引の安全や第三者の保護を図る必要がある場合は取引の無効が主張できないなど，関係者とのバランスを考慮すべき場面にも気を付ける必要があるでしょう。

(2) 対会社責任と株主代表訴訟

取締役は，会社との間で任用契約を締結し，その内容として会社から任された任務である業務執行を履行する義務をおっています。このため，もし取締役が放漫経営をするなど任務を怠ったこと（任務懈怠）によって会社に損害が発生した場合，民法上の債務不履行と同様に（⇒第9章Ⅲ参照），取締役は会社に対して損害賠償責任を負うことになります（**取締役の対会社責任**，会社法423条参照）。

この取締役の対会社責任は，本来，損害（被害）を被った被害者たる会社自身が加害者である取締役に対して訴訟を提起して責任を追及するべきです。取締役の任用契約の相手方が会社自身であることからも，取締役の対会社責任の追及者は会社自身となるはずです。しかし，取締役に対して訴訟を提起するという決断と事務処理を誰がするかといったら，実際は，会社の機関が行います。そうすると，事実上，加害者たる取締役の同僚や部下が，その提訴作業をすることになり，仲間が仲間を訴えるという構図になり，提訴を見送ったりする手心が加えられるリスクがあります。このような提訴懈怠を防止し，会社の損害回復を実効ならしめ，会社の実質的な所有者である株主に監督是正をさせるという側面から，会社法は，取締役の対会社責任を会社が追及しないときは，株主が会社に代わって訴訟を追行することができる**株主代表訴訟**を用意しています（会社法847条以下参照）。また，平成26年改正においては，親子会社などグループ企業における取締役の任務懈怠を是正して責任を全うさせるため，一定の場合には，最終完全親会社等の株主によって子会社取締役の責任を追及できる制度（**特定責任の追及の訴え（多重代表訴訟）**）も新設しています（会社法847条の3参照）。

冒頭の トピック において，Bが法令に違反して利益相反取引（直接取引）を行って

いたことにより，会社に損害が出てしまった場合，BはA社に対して損害賠償をしなければならないことになります（しかも，Bのような利益相反取引をした取締役本人について，法は，任務懈怠を推定する規定までおいており，かかる行為をした取締役の対会社責任は要件が充足されやすくなっています（会社法423条3項参照））。また，Cは，株主という立場から，一定の場合には株主代表訴訟を提訴するができそうにみえます。

(3) 対第三者責任

一方，取締役と会社以外の第三者との間には，直接的な法律関係は存在しません。取締役が任務を怠ったこと（任務懈怠）により第三者に損害が発生した場合，どのような解決方法が考えられるでしょうか。本来であれば，損害を被った第三者は，民法上の不法行為（民法709条，⇒第10章参照）などによって責任を追及するしかありません。しかし，株式会社は法人であり，その行為の社会的影響は大きいところ，会社の行為は広範な職務と権限を有する取締役に大きく依拠しており，第三者保護のためには，取締役は直接第三者へ責任を負うべきと考えられます。このため，法は，取締役の任務懈怠によって第三者に損害が発生した場合，取締役は第三者に対しても損害賠償責任を負う旨を定めています（取締役の**対第三者責任**・会社法429条）。

冒頭の トピック について，株主Cは，Bの起こした騒動によって自身の有する株式の価値が下落して自分の財産に損害が出たとして，対第三者責任を主張できるでしょうか。自分なりに429条の要件を検討してみましょう。

商法や会社法は，企業の組織・活動をめぐる関係を調整することによって，資本主義社会における経済活動に資する組織を形成させ，それらの組織による自由かつ適正な経済活動を促進する行為法を構築して，現代社会にいきる人たちと社会の発展に寄与する法分野といえるでしょう。

● V 発展的なことを考えてみよう
―― 敵対的買収と防衛策・せっかく株式を買ったのに…

┌─ 発展トピック ─

A株式会社は調味料の製造販売事業を目的とする取締役会設置会社であり，順調な業績をあげていました。投資家Bは，A社が優良企業であるわりに株価が安いことに目をつけ，A社に投資して一儲けしようと考え，A社の株式を市場で買い始めました。

これに対して，A社の現経営陣は，Bの社会的評価がよくないことが気にな

り，BがA社の支配権を握らないように対策を2つたてることにしました。

第一の対策内容は，第三者割当でCに新株を発行することでした。また，第二の対策は，株主割当で全株主に対して1株につき3個の新株予約権を発行したうえで，新株予約権の行使条件には，B以外の株主には1個の新株予約権につき1個の新株を割当てるが，Bに対しては新株予約権を行使しても新株ではなく時価相当額の金銭を交付するという条件を付することでした。この新株予約権の発行と行使条件の内容は，取締役会ではなく，わざわざ株主総会の決議で賛否を問うことが決定され，株主総会でB以外の株主の圧倒的多数の賛成を得て可決されたものでした。

Bは，A社の支配権獲得がうまくいかず，また他の株主との取扱に差別的なものを感じて，A社に対して不満をもっています。会社法上，どのようなことが問題になり，解決方法はあるでしょうか。

本事例は，**敵対的買収**と**防衛策**に関する問題です。**敵対的買収**とは，ある者が，買収対象会社の経営陣の同意を得ることなく対象会社の株式を買い，株主としての経営支配権を獲得しようとすることをさします。これに対して，対象会社の現経営陣が「買収者が会社にとって好ましくない」などの理由から，新株発行や新株予約権発行などの制度をつかって，買収者による経営支配権の獲得を防止する防衛策をとることがあります。このような場合，買収者からしてみれば，「せっかく沢山の株式を買ったのに…なんで…株式の意味ってなに…」と不満がでてきて，買収者と会社との間で紛争が生じることがあります。有名な参考事例としては，ブルドックソース事件やニッポン放送事件があげられます。

まず，前提となる制度を少し紹介しましょう。株式会社の資金調達の方法には，株式の発行（**新株発行**）のほか，新株予約権の発行があります。**新株予約権**とは，これを有する新株予約権者が，株式会社に対して行使することにより当該会社の株式の交付を受けることができる権利です（会社法2条21号）。新株および新株予約権の発行は，会社の新たな社員の拡大という側面よりも，資金調達という事務処理の側面が重視され，その発行判断は一定の範囲で業務執行機関に委ねられているものです（**授権資本制度**）。

新株発行でも新株予約権でも，著しく不公正な方法によって発行され，株主が不利益を受けるおそれがある場合などは，その発行の差止請求ができます（会社法210条，247条）。発展トピックのような買収防衛のためにとられた発行も，不公正発行か否かの検討が必要になります。

新株発行も新株予約権も，その発行方法は，新しく引き受ける者が誰かによって，**株主割当**（新株や新株予約権を既存株主にその持株比率に応じて割り当てる方法）・**公募**（既存株主を含め広く市場からの希望者に割り当てる方法）・**第三者割当**（特定の第三者にのみ割り当てる方法）と３つに大きく分かれます。これらを比較すると，第三者割当が最も既存株主の持株比率の低下をもたらし，既存株主に会社支配権の希薄化という不利益を被らせます。このため，第三者割当による発行は，他の発行方法に比べて慎重かつ厳格な手続が要求されており，特に第三者に有利な払込価格で発行する場合は株主総会の特別決議を経ることまで課せられます（会社法 199 条 2 項，238 条 3 項参照）。

　支配権争奪が生じている場合にこれを背景としてなされる第三者割当は，不公正発行にあたるでしょうか。従来から，新株発行の場合は，発行の主要な目的が，資金調達にあるか支配権争奪にあるかが判断基準とされてきました（**主要目的ルール**）。一方で，新株予約権の場合，新株予約権が行使された時点で資金調達になるのであって，発行時点では資金調達とならないことが多いため，新株発行と同様の主要目的ルールは基準として採用できないのではないかという疑問が呈されており，裁判例・判例の積み重ねがなされてきているところです。

　特に，近年は，株主全体の利益の保護という観点から，経営支配権の維持・確保を主要な目的とする新株予約権の発行であっても正当化する特段の事情がある場合には，例外的に，不公正発行に該当しないとした事案もあります。そのようなことが許される特段の事情の例としては，買収者がグリーンメーラー・焦土目的などの濫用的目的を有する場合があげられ，議論になっています。

　また，新株予約権の株主割当の場合であって，一見，第三者割当ほど既存株主に不利益が生じないようにみえても，その行使条件が差別的なものである場合は，平等原則の観点から，不公正発行ではないかということも問題になるでしょう。最近の事例では，会社の企業価値が毀損され，会社の利益ひいては株主の共同の利益が害されるような場合には，相当性を欠くものでない限り平等原則の趣旨に反するものではないし，その判断は株主自身によって判断されるべきとして，差別的行使条件を株主総会の圧倒的賛成で可決されている場合には発行差止を認めない事案もあります。

　株式会社における資金調達の方法，株式をかう株主の立場，株主と経営陣との関係，株主同士の関係などをもとに，会社法が解決すべき利害関係を整理してみると勉強になるでしょう。

◆ もっと学ぼう ─────────────────

　本章を読んで，商法・会社法をもっと学びたいと思った方へ，会社法を勉強する場合には，まず，①宮島司『会社法』（弘文堂，2020 年）をお薦めします。会社法は，条文数が多く，初学者にとっては知識偏重型に陥ってしまいがちな法律です。しかし，①は，会社法を単なる法技術としてではなく基礎の法律行為から紐解き，行間に基幹的な法的思考を織り込み，さらに重要な判例や深淵な問いも交えながら，体系的にアドバンストまで理解できる最新の基本書です。

　また，商法を勉強しようとする場合には，②近藤光男『商法総則・商行為法〔第 8 版〕』（有斐閣，2019 年），③北居功・高田晴仁編著『民法とつながる商法総則・商行為法〔第 2 版〕』（商事法務，2018 年）などをお薦めします。いずれも，民法から商法へのつながりや商法における発展的な問題についてまで深く考えさせられる本です。

◆第 14 章◆
民事訴訟法

　令和元年の 11 月のはじめに，レストランを経営している友人のＹさんがＸさんを訪ねてきました。Ｙさんが言うには，これまでに購入した肉の代金の支払いが滞っており，業者から，「これまでの売掛代金 100 万円を，今年の 11 月 20 日までに支払わなければ，もうあんたには肉は売らない。」といわれたそうです。Ｙさんは，クリスマスパーティーの予約が何件も入っており，もしその肉が供給されなければレストランはやっていけないので，何とか 100 万円貸してくれないかと頼みました。そこで，Ｘさんは，長年の友人であるＹさんの頼みでもあるので，無利息で 100 万円を貸すことにし，令和元年 11 月 15 日に，Ｙさんの銀行口座に 100 万円を振り込みました。そして，同日，Ｙさんは，Ｘさんの友情に感謝すると共に，借りたお金は半年後の令和 2 年 5 月 14 日までには必ず返すと約束しました。ところが，Ｙさんが，弁済期が過ぎても一向に返す気配をみせないので，Ｘさんは 7 月初めにＹさんを訪ね，弁済期が過ぎているので貸した 100 万円を返してほしいと頼みました。それに対してＹさんは，言を左右にして返そうとしないばかりか，あげくの果てに，自分はそもそもＸさんからそんなお金なんか借りていないと言い出す始末でした。

　Ｘさんは，何とか話し合いで穏便に解決したいと思い，Ｙさんのところに行ったのに，このような態度では話し合いによって解決するのは無理だと感じ，訴訟によって解決するしかないと決心しました。そして，令和 2 年 7 月 20 日に，Ｘさんは，Ｙさんを被告として，100 万円の貸金返還請求訴訟を甲簡易裁判所に提起しました。

● Ⅰ　民事訴訟法とはどのような法律だろうか

　民事訴訟とは，財産をめぐる紛争（この土地は誰のものか，貸したお金を返せ，契約が切れたので賃貸家屋から出ていけ，交通事故の損害賠償を払え等）や，家族をめぐる紛争（離婚，親子関係の存否，遺産分割等）といった，私たち市民の間に生じる紛争を解決する制度です。トピックでは，ＸさんはＹさんを相手取って訴訟を提起していますが，これは，貸したお金の返還を求める訴訟ですから，民事訴訟です。このような民事訴訟を規律する法律が民事訴訟法です。

　民事訴訟法とは，まず，平成 8 年法律第 109 号として成立した民事訴訟法典（これは六法全書に「民事訴訟法」として載っています）のことをいいます。これを，**形式的意義における民事訴訟法**といいます。それに対して，民事訴訟法典を含め，憲法（32 条・82 条等），民事訴訟規則，裁判所法，弁護士法，人事訴訟法，行政事件訴訟法，破産法，民事再生法などといった，民事訴訟手続を規律する法規の全体を意味することもあり，これを**実質的意義における民事訴訟法**といいます。民事訴訟法は，私人間の紛争を解決するための法規であるという点では，民法や商法などと同じ**民事法**に属します。しかし，市民間の法律関係を直接規律する民法や商法のような**私法**とは異なり，国家機関たる裁判所が国民に対して裁判権を行使する方法やその限界を定めるものですから，**公法**に属することになります（⇒第 4 章Ⅲ）。

● Ⅱ　民事訴訟による紛争の解決を学ぼう ── 法的解決

1　民事訴訟による紛争解決とはどういうことだろうか

　民事訴訟法が規律する民事訴訟とは，一般的に，法的な紛争解決の制度であるといわれています。そこで，法的な紛争解決とはどのようなことをいうのかということが問題になりますが，それは，原告が訴えによって主張している権利ないし法律関係の存否を裁判所が判断してなされる解決であるといえます。すなわち，トピックでいいますと，ＸさんはＹさんに対して貸還返還請求権（貸金債権）という権利があると主張していますから，本当にこの権利がＸさんにあるか否かを判断することによって紛争を解決するわけです。しかし，貸金返還請求権というものは，人の目には見えませんし触ってみることもできません。では，その存否は，どのようにして判断するのでしょうか。そこで，民事訴訟では，民法（⇒第 9 章〜第 11 章）や商法（⇒第 13 章）などのいわゆる**実体法**（民事実体法）を手がかりとして（⇒第 4 章Ⅴ），権利等がある

か否かを判断することにしています。

　通常，実体法は，「○○したら△△になる」という形で規定されています。このうち，○○に当たる部分を**法律要件事実**（単に要件事実ということもあります），△△に当たる部分を**法律効果**といいます。そのうち法律効果は，権利が発生したり消滅すると書かれていますが（民法 415 条・473 条等），場合によって，単に「その効力を生じる」としか書かれていない場合もあります（民法 555 条・587 条等）。なお，法律要件事実（○○に当たる部分）を直接基礎づける具体的な事実を**主要事実**といいます。そこで，民事訴訟では，この主要事実の存否をめぐって争いが展開されることになります。すなわち，主要事実は具体的な事実ですから，それがあるかないかは証拠によって明らかにすることができます。もし，主要事実があるということになれば，○○に当たる法律要件事実があることになり，その結果，△△に当たる法律効果も生じていることになります。そこにおいてはじめて権利が発生したとか消滅したとかいえるわけです。これに関連して，第 3 章も読んでおいてください。

2　トピックにおける法的解決

　話が少し抽象的になりましたので，以上のような関係をトピックを基にして具体的にみてみましょう。まず，この紛争で問題となるのは，民法 587 条です。この条文を見ますと，①種類，品質及び数量の同じ物をもって「返還することを約して」，②相手方から金銭その他の物を「受け取ること」によって，③「その効力を生じる」と書いてあります。すなわち，法律要件事実は，①種類や品質等の同じものをもって「返還することを約束したこと」と，②金銭その他の物を「受け取ること」です。そして，③の「その効力を生じる」というのが法律効果です。ここでは，法律効果としては，単に，その効力を生じるとしか書いてありませんが，貸金契約が成立すれば，当然に貸金返還請求権が発生しますから，ここでいう「その効力を生じる」とは，「貸金返還請求権が発生する」ということであることが分かります。

　そこで，①と②に該当する具体的な事実があれば，③の効果が発生するわけですから，X さんとしては，それらの事実があることを証拠によって明らかにする必要があります。①に該当する具体的な事実（主要事実ⓐ）としては，例えば，Y さんが，X さんに，令和元年 11 月 15 日に，借りたお金は半年後にきちんと返しますと言ったり，その旨を書いた契約書に署名したということ等があげられます。また，②に該当する具体的な事実（主要事実ⓑ）とは，X さんが令和元年 11 月 15 日に Y さんに 100 万円を実際に手渡したとか，同日に，X さんが Y さんの銀行口座に 100 万円を振り込

んだといった事実です。そうして，Xさんが，ⓐとⓑの事実の存在を証拠によって証明することができれば，法律要件事実である，①と②があったことになりますから，③の法律効果として，貸金返還請求権が発生することになります。そこで，裁判所は，Yさんに対して，Xさんに借りた100万円を返すように命じ，これによって，この紛争は解決します。このような解決方法が法的な紛争の解決です。

● Ⅲ　民事訴訟手続の流れを学ぼう

　それでは，具体的な民事訴訟手続の流れを追っていきながら，民事訴訟法がどのような規律をしているかを見ていきましょう。

1　紛争の発生

　民事訴訟は，トピックのように，お金を貸したけれど返してくれないといった私たちの日常生活から生じる紛争を解決する制度ですから，このような紛争がなければ，そもそも民事訴訟は始まりません。

2　訴えの提起 ── 訴状の提出

　しかし，たとえ紛争が生じても，その紛争は，市民が自由に処分することができる利益，すなわち私権をめぐるものですから，紛争を訴訟によって解決するか否かは紛争当事者の自由です。したがって，紛争当事者が，紛争を訴訟によらないで解決したいと考える場合には，国家が無理やり民事訴訟による解決を強いることはできません。これを，**訴えなければ裁判なしの原則**といいます。

　当事者が訴訟を開始する場合には，紛争の解決を求める者（原告）が，相手方（被告）と間で，何について（訴訟物），どんな判決（給付・確認・形成）を求めるのかということを書いた書面を裁判所に提出します（民事訴訟法（以下，「民訴」）133条）。これを**訴えの提起**といい，この書面を**訴状**といいます。訴状が裁判所に提出されますと，それは，法律が定める一定の方式によって相手方に送られますが（民訴138条・98条～113条），これを**送達**といいます。訴状を送達する際には，通常，口頭弁論期日に出席するように求める呼出状も一緒に送られます。

　訴状が被告に届くと，被告は，原告の主張につき認めるか認めないかを明らかにしたうえで，自己の見解を述べる書面を，原告に送ります（民事訴訟規則83条・47条4項）。この書面を**答弁書**といいます。

3 第1回口頭弁論

その後，第1回口頭弁論が開かれ，当事者双方が出席した上で，原告は，訴状に基づいて，請求の内容や主張を述べます。それに対して，被告は，答弁書に基づいて，訴状に対する答弁のほか，自己の主張を述べます。ここで，お互いの主張の内容が分かることになります。

4 争点・証拠の整理

お互いの主張の内容が明らかになった時点で，裁判所は，当該紛争で本当に調べるべき争点は何か，また，それを明らかにするにはどのような証拠を調べなければならないか，ということを，裁判官と原告・被告とで話し合った上で決めます。これを，「争点および証拠の整理手続」といいますが（民訴164条〜178条），これには，当事者が膝をつき合わせて，和やかな雰囲気の中で，忌憚のない意見を出し合うことが必要ですので，原則として非公開で行われます。

5 集中証拠調べ

争点および証拠の整理手続で整理した争点につき，集中的に証拠調べが行われ（民訴182条，民事訴訟規則101条），事実の有無を確定します。なお，裁判所は，争点整理の段階から，いつでも，当事者に和解を勧告することができます（民訴89条）。和解が成立すれば，その内容は調書に記載しますが，その記載は，確定判決と同一の効力を持ち，訴訟は終了します（民訴267条）。和解が成立しませんと，そのまま訴訟手続が続行されます。

6 弁論終結

訴訟が裁判をするのに熟したときは，裁判所は弁論を終結して判決を言い渡します（民訴243条）。判決は，原告の請求に対して裁判所の最終的な判断を述べる行為ですから，厳格な様式が要求されています。すなわち，判決は，原則として，公開の法廷での言渡しによって効力を生じますが（憲法82条1項，民訴250条），その言渡しは，一定の事項を書いた判決原本に基づいてしなければなりません（民訴252条・253条）。また，判決は当事者双方に送達しなければなりません（民訴255条）。

7 不服申立て

以上を第1審手続といいますが，その判決に不服のある当事者は，**控訴**を提起して，上級審である第2審の裁判所に，原判決の取消しと事件の再審理を求めることができます。第2審の判決にさらに不服がある当事者は，**上告**によって，第3審の裁

判所に，従来の裁判の取消しと事件の再審理を求めることができます（三審制。第2章Ⅵ）。なお，特殊の不服申立ての手段として**再審**があります。再審は，いったん確定した判決の取消しと事件の再審理を求める手続ですから，確定した判決が簡単に覆るようなことがあれば法的安定性を欠くことになります。したがって，再審事由は一定の手続や裁判資料に重大な瑕疵がある場合に限定されている（民訴338条）ほか，再審の訴えの提起期間も制限されています（民訴342条）。

● Ⅳ　民事訴訟手続の諸原則について学ぼう

　民事訴訟手続には，いくつもの大切な原則がありますが，以下では，それらのうち，特に重要な処分権主義と，弁論主義について見ていきましょう。

1　処分権主義とはどのような原則だろうか

(1)　処分権主義の内容

　民事訴訟は，市民が処分することができる利益，すなわち私権についての争いを解決する制度ですから，紛争を解決する場合でも，訴訟によるか否かは当事者の自由です（⇒第2章Ⅳ）。また，訴えを提起するにしても，何について審理・判断してもらうかも当事者が決めればいいことです。さらに，訴えの提起によって民事訴訟が開始したとしても，その途中で当事者間で話合いがつき，紛争が解決したような場合には，それ以上訴訟を続ける必要はないでしょう。このように，当事者は，①訴訟を開始するか否かを決し，②裁判所の審理・判断の対象や範囲を決め，③開始された訴訟を判決によらないで終了させることができるという権限を有します。このような3つの内容からなる原則を**処分権主義**といいます。

(2)　訴訟の開始についての処分権主義

　訴訟は，原告が，一定の事項を記載した書面，すなわち訴状を裁判所に提出することにより開始します（民訴133条）。したがって トピック において，何らかの理由でXさんとYさんとの間で話合いができたために，Xさんが訴状を裁判所に提出しなければ，訴訟は始まりません。

(3)　審理・判断の対象・範囲についての処分権主義

　民事訴訟に処分権主義が妥当する結果，審理・判断の対象となる権利関係（これを**訴訟物**といいます）は，訴えを提起する原告が特定しなければなりません。例えば トピック において，XさんはYさんに対する100万円の貸金債権があると主張してい

ますから，訴訟物は，「100万円の貸金債権の存否」ということになります。この場合，裁判所は，Xさんが特定した訴訟物以外については審理・判断することはできません（民訴246条）。したがって，証拠調べの結果，たとえXさんはYさんに200万円貸していたということが分かったとしても，Xさんが特定した訴訟物は100万円の貸金債権ですから，裁判所は，「YはXに200万円支払え」という判決をすることはできません。

　また，私法上の権利は，権利者がどれだけ行使しようと，またどのように行使しようと自由ですから，ここにも処分権主義が働きます。例えば，Xさんが100万円の貸金債権のうちとりあえず10万円だけ請求する訴えを提起しようとすれば，それは可能です。しかし，その訴訟でXさんが勝訴し，その判決が確定した場合，後から残りの90万円の支払いを求める訴えを提起することができるか否かは問題です。処分権主義の原則を重視すれば，これは当然認められるということになりますが，他方で，何度も応訴を余儀なくされる可能性のあるYさんの立場も考えなければなりません。そこで，判例や多くの学説は，最初の訴訟の時に，Xさんが，100万円の債権のうちとりあえず10万円だけ請求しますよということを明示していれば，後から90万円を請求することは適法であると解しています。なぜならば，最初に一部であることが明示されていれば，後から90万円を請求されても，Yさんはそれを予測することができますので不意打ちにはならないからです。それに対しては，訴訟の1回性を強調して，もし一部請求をするならば，あとは請求の拡張によって対処すべきであり，残部請求は一切認められないとする見解も有力に主張されています。

(4)　訴訟の終了についての処分権主義

　いったん訴訟が開始しても，当事者の意思によって，判決に至る前に訴訟をやめることもできます。当事者が，紛争は解決したと納得できれば，かならずしも裁判によって紛争を解決する必要はないからです。このようなものには，訴えを提起しなかったことにする**訴えの取下げ**（民訴261・262条），原告が請求に理由がないことを自ら認める**請求の放棄**，被告が原告の請求には理由があると認める**請求の認諾**，原告と被告が訴訟手続の中で，紛争をやめる合意をする**訴訟上の和解**といったものがあります（民訴267条）。

2　弁論主義とはどのような原則だろうか

(1)　弁論主義をひと言でいうと

　裁判所が裁判をする場合，当該事件に関して正しい事実関係（⇒第3章Ⅰ）を知る

必要があります。まちがった事実関係が認定されていると，それに法を適用しても正しい判断はできないからです。そして，民事訴訟では，どのような事実関係があるかということは，当事者が主張すべきものとされています。また，当事者が主張する事実に争いがある場合には，何が正しい事実関係かということは，証拠によって判断することになりますが，この証拠の提出も，当事者の権限であり責任であるとされています。なぜならば，民事訴訟では，当事者の処分可能な利益，すなわち私権が争われますから，それを基礎づける事実の存否は当事者の主張によるのが合理的だからです。また，その事実につき争いがあった場合には，当事者がそれを証拠によって明らかにするのが妥当だからです。さらに，裁判所にとっても，そのような扱いをすることは，裁判の公平性を保つためにも必要です。例えば，裁判所がへたに事実関係を積極的に調査しますと，国民から，裁判所が一方当事者に味方しているといったあらぬ疑いをかけられ，ひいては裁判制度に対する信頼性が揺らぐおそれがあるからです。このように，事実や証拠（これらを裁判資料といいます）の提出を，当事者の権能でありかつ責任とするという原則を**弁論主義**といいます。

(2) 弁論主義はどのような内容からなっているのだろうか

弁論主義は，通常，以下の3つの原則からなるといわれています。まず第1は，裁判所は，当事者の主張しない事実を判決の基礎にしてはならないという原則です（第1テーゼ）。第2は，当事者間に争いのない事実（自白された事実といいます）については，そのまま判決の基礎にしなければならないという原則です（第2テーゼ）。そして，第3は，当事者間に争いのある事実を証拠によって認定する場合には，必ず当事者が申し出た証拠によってしなければならないという原則です（第3テーゼ）。

これらの原則を トピック に基づいてみていきましょう。もし，Xさんが提起した訴えにおいて裁判所が証拠を調べた結果，XさんはYさんにたしかに100万円貸しており，Yさんはまだそのお金を返してないということが分かったとしましょう。しかしそれと同時に，この貸金契約は弁済期から既に10年以上経過していることも分かったとしましょう。この場合，裁判所は，消滅時効（民法166条1項2号）の成立を認定して，Xさんの請求を排斥してもいいでしょうか。答えは「ノー」です。すなわち，弁論主義の第1テーゼがありますので，裁判所はたとえ証拠調べから分かったとしても，当事者（この場合，XさんからでもYさんからでもいいのですが）が主張していない，消滅時効の完成という権利を消滅させる事実を基礎にしてXさんを敗訴させることはできないのです。

また トピック において，Xさんが，令和元年11月15日に100万円をYさんの銀

行口座に振り込んだと主張したとしましょう。それに対して，Ｙさんが「その通り」と言ったとすると，弁論主義の第2テーゼによって，裁判所は，その事実にたとえ疑問を持ったとしても，ＸさんがＹさんに100万円を渡したという事実を前提として，審理・判断をしなければなりません。しかし，その上で，Ｙさんは，たしかに100万円は受け取ったが，それは借りたのではなくてもらったのだとか，100万円は借りたがすでに返したといったような主張をすることはできます。その場合，裁判所としては，その新たな主張が正しいかどうかは，当事者が提出する証拠によって調べることになります（証拠調べ）。そして，証拠調べの結果，贈与（もらった）があったとか，弁済（返した）があった等が明らかになれば，裁判所は，Ｘさんの請求を排斥することになります。

　さらに，弁論主義の第3テーゼがありますから，ＸさんとＹさんとの間で，そもそも貸金契約が締結されたか否かについて争いがあるような場合，その事実関係があるか否かは，当事者が持ち出した証拠によってのみ判断されなければなりません。したがって，例えば，ＸさんとＹさんが喫茶店で，100万円を貸す契約をして，ＸさんがＹさんに100万円を実際に渡しているところを，たまたま担当裁判官が見ていたとしても，そのことを証拠として，貸金契約は有効に成立したと認定をすることはできないのです。もし，これが許されるならば，誰も検証することができない裁判官の私知を利用することを認めることになり，裁判の公正性が疑われることになるでしょう。

● Ｖ　証拠について学ぼう

1　証拠と証明

(1)　証拠という言葉の意味を学ぼう

　民事裁判は，具体的な事実に法を適用して紛争を解決する制度です。したがって，事実の存否につき争いがある場合には，証拠によって，その存否が確定されなければなりません。このように，**証拠**とは，一般的には，事実の認定のために用いられる客観的な資料のことをいいます。それには，文書の内容だとか，証人の証言内容などがあります。

(2)　証明という言葉の意味を学ぼう

　証拠という言葉と似たものに，**証明**という言葉があります。証明という言葉には2つの意味があり，1つは，争いのある事実の存否について，「裁判官に確信を抱かせるためになされる当事者の活動」を意味します。第2に，この言葉は，「裁判官が

事実の存否につき確信を抱いた状態」を指して用いられることもあります。例えば，Xは，貸金契約の存在を証明しようと努力した，という場合には，前者の意味ですし，裁判官は，貸金契約の存在につき証明があったと考えている，という場合には，後者の意味で使われています。

2　証明責任とは何だろうか

(1)　証明責任の意味を学ぼう

　事実の存否につき争いがある場合には，裁判官は，口頭弁論の全趣旨および証拠調べの結果を斟酌して，自由な心証によって，事実についての主張を真実と認めるか否かを判断します（民訴247条）。これを**自由心証主義**といいます。しかし，当事者の懸命な証明活動にもかかわらず，証拠が，裁判官を納得させるのには十分でなかったり，裁判官が，自由心証主義を駆使して，主張されている事実があるか否かを判断しようとしても，どうしても分からない場合があります。裁判は，神ではない人間がやることですから，このような状態が生じるのは，ある意味ではやむをえないことです。このような状態を**真偽不明**または**ノン・リケット**（non liquet）といいます。

　しかし，真偽不明だからといって，裁判官が，「私には判断できませんので，お互いの話合いで解決して下さい。」などといえば，最終的な解決を求めて民事訴訟を追行してきた両当事者の期待を裏切ることになります。だからといって，裁判官が，「エイ，ヤー」とサイコロを振って一方当事者を勝たせるというようなこともできません。そこで，そのような場合に備えて，あらかじめ一定のルールを定めておき，実際に真偽不明が生じた場合には，そのルールに従って勝ち負けを決めることにしておけば，勝訴した当事者はもちろんですが，敗訴した当事者も，ある程度その結果に納得がいくわけです。このルールの適用の結果当事者が被る不利益のことを**証明責任**といいます。

(2)　証明責任の分配のルールを学ぼう

　それでは，証明責任のルールとはどのようなものなのでしょうか。通説といわれる，**法律要件分類説**によりますと，民法等の実体法の規定を，①権利の発生を定める権利根拠規定，②権利根拠規定に基づいて生じるはずの法律効果の発生を妨げる旨を規定する権利障害規定，③いったん発生した権利の消滅を定める権利消滅規定，という3つに分類します。そして，自己に有利な法律効果の発生を主張する者が，当該法規の法律要件事実に該当する具体的な事実（主要事実）について証明責任を負うとします。すなわち，ある主要事実が真偽不明になった場合，当該法規の法律要件事実

も真偽不明になり，その法規は適用することができません。よって，当該法規が適用されない結果，当事者の一方が被る不利益が**証明責任**です。

　例えば トピック で説明しますと，Ｘさんは，貸金債権の発生という法律効果を主張していますが，そのような効果を導く法規は民法587条です。これは，貸金債権が発生することを定めていますから権利根拠規定です。したがって，この規定はＸさんに有利ですから，Ｘさんは，その法律要件事実に当たる，①Ｙが返還の約束をしたという事実と，②ＸがＹに実際に100万円を渡した，と評価できる具体的な事実を証明すべきです。しかし，結果として，それらの事実のうちの一つないし両方が真偽不明になった場合には，当該事実を主要事実とする金銭消費貸借契約の規定は適用されませんから，裁判所としては貸金返還請求権の発生を認定することができず，Ｘさんは敗訴することになります。したがって，この場合，Ｘさんは，「Ｙさんが返還の約束をしたという事実」と，「ＸさんがＹさんに100万円を渡したという事実」に該当する具体的な事実につき証明責任を負っているといいます。それに対して，Ｙさんとしては，仮に，Ｘさんが，①②の両方の事実を証明した場合でも，自分はすでに借りたお金は返したので，もはや返還すべき義務はない，と主張することはできます。すなわち，Ｙさんは，弁済によってその債権は消滅したという権利消滅規定（民法473条）を自己に有利に主張することはできます。この場合，弁済したという事実が真偽不明になると，弁済の規定が適用されない結果，Ｙさんは敗訴しますので，弁済したという事実について，Ｙさんが証明責任を負っているということになります。このように，ある事実については，かならず，当事者のうちの一方のみが証明責任を負うのであって，ある事実の存在につきＡが，その不存在についてはＢが証明責任を負うということはありません。そうしておかなければ，真偽不明が生じたときに勝敗がつかないからです。

● Ⅵ　判決による終了について学ぼう

1　終局判決，判決の確定とは何だろうか

　わが国の民事訴訟においては，すでに説明しましたように処分分権主義がとられていますので，訴訟が開始しても，裁判で解決する必要は必ずしもありません（⇒本章Ⅳ1(4)）。しかし，訴えが提起された場合，それは判決を求める行為ですから（⇒本章Ⅲ2・6），裁判所は，判決によってそれに応えるのが原則です。そして，係属中の事件の全部または一部について，当事者の主張に対して当該審級の審理を完結する裁

判を**終局判決**といいます。

　なお，判決は，確定しなければその効力は生じません。判決がいつ確定するかといいますと，まず第1に，不服申立てが許されない判決の場合には，判決の言渡しと同時に確定します。例えば，最高裁判所より上級の裁判所はありませんから，最高裁判所の判決が出れば，その時に確定します。第2に，不服申立てが認められているときは，不服申立期間を徒過することによって判決は確定します。例えば，上訴期間（民訴285条・313条）や異議申立期間（民訴357条・378条1項）を徒過すれば，判決は確定します（民訴116条1項）。第3は，当事者が不服申立権を放棄したとき（民訴284条・313条・358条・378条2項）は，判決の言渡しと同時に確定します。

2　判決が確定するとどのような効力が生じるだろうか

　判決が確定しますと様々な効力が生じますが，その中では，既判力，執行力，形成力が重要です。以下，それぞれについて説明しましょう。

（1）既判力

1）既判力とはどのような効力だろうか

　民事訴訟は，権利関係や法律関係の存否を判断して紛争を解決する制度です。したがって，その解決結果である終局判決が確定したときは，当事者は，そこで判断された権利関係を争うことができず（不可争），また，裁判所も，確定した判決に反する判決をすることはできない（不可反）としておかなければ，紛争はいつまでたっても解決しません。このような，確定判決が有する，不可争・不可反の効力を**既判力**といいます。トピックでいいますと，「YはXに金100万円を支払え。」という判決が確定しますと，XさんにはYさんに対する100万円の貸金債権が存在するという判断がなされたことになり，これにつき不可争・不可反の効力が生じます。したがって，例えばYさんが，この判決は，裁判所が間違って判断したものであり，本当は貸金債務など負担していないと主張して，Xさんを被告として貸金債務不存在確認の訴えを提起することはできません。また，判決の結果を受けてXさんに支払った100万円はXさんの不当利得（民703条）であるとして，YさんがXさんに対して100万円の不当利得返還請求の訴えを提起しても，裁判所は貸金債権の存在を前提に判決しなければなりませんから，請求は棄却されます。また，裁判所も，後に，実はXさんの貸金債権は存在しなかったという判決をすることも許されません。

2）既判力の基準時（標準時）とは何だろうか

　既判力は，終局判決で確定された権利関係の存否の判断についての不可争・不可反

の効力ですが，権利関係というものは時間の経過とともに常に変動する可能性があります。そこで，既判力で確定された権利関係は，いつの時点でのものであるかということを明らかにしておく必要があります。この時点を，**既判力の基準時**（または標準時）といいます。訴訟当事者は，事実審の口頭弁論が終結するまで，主張や証拠（裁判資料）を提出することができ，裁判所もこの時点までに出された裁判資料を検討・評価して判決を下しますので，判決で宣言された権利関係の存否もこの時点でのものであると解するのが合理的です。したがって，既判力の基準時は，（事実審の）口頭弁論終結時であると解されています。

　確定判決の既判力によって，基準時における権利関係の存否が確定されますから，基準時以前にあった事実を持ち出して，基準時時点での権利関係を争うことはできません。これを**既判力の遮断効**といいます。例えば トピック でいいますと，Ｙさんは，本当は弁済していたのに，それを証明するための証拠（例えば領収書）が見つからなかったために敗訴判決を受け，それが確定したとしましょう。その後，Ｘさんが発行した本物の領収書が出てきて，それによって本当は弁済があったということを証明することができるとしても，既判力の遮断効が働く結果，Ｙさんは，前訴判決の基準時においてＸさんはＹさんに対し貸金債権を有している，という権利関係を争うことはできません。それに対して，基準時後にＹさんが弁済した場合には，ＹさんはＸさんに対して貸金債務は負っていないと主張することはできますし，裁判所もそのような判断をすることも差し支えありません。

3）既判力の客観的範囲とは何だろうか

　既判力の及ぶ範囲については，法は，「主文に包含するものに限り」既判力を生じると規定しています（民訴114条1項）。しかし，判決主文は，「被告は原告に金100万円を支払え。」といったようにごく簡単にしか書かれませんので，その主文が何を意味するかは，判決理由を見なければ分かりません。そして，判決理由には，裁判所が，当事者が審理・判断の対象とした訴訟物に対して，どのような思考過程をたどって判決に至ったのかということが書いてあります。したがって，この「主文に包含するものに限り」既判力を生じるという意味は，既判力は，当事者が審理・判断の対象としたもの，すなわち，「訴訟物」についての判断にしか及ばないということを意味することになります。これを**既判力の客観的範囲**といいます。別の言葉で言いますと，既判力は，訴訟物になっていない権利関係についての判断（理由中の判断）には及ばないということです。

　ところで， トピック の訴訟において，Ｙさんが，「自分はＸさんに対して100万円

の代金債権をもっているから，その債権でもって，Xさんの訴求債権（100万円の貸金債権）と相殺する。」と言ったとしましょう。裁判所が審理した結果，XさんはYさんに100万円の貸金債権をもっているが，それと同時に，YさんもXさんに対して100万円の代金債権をもっていることが分かったとしましょう。この場合，相殺によって両債権は対当額で消滅しますから（民法505条1項），裁判所は，Xさんの請求を棄却する判決を下すことになります。その結果，訴訟物であるXさんの貸金債権はないということが既判力で確定します。それに対して，相殺によって，Yさんの代金債権も消滅しますが，この債権は訴訟物とはなっていませんから，原則論からいうと，その消滅について既判力は生じません。そうすると，Yさんは，相殺の主張によって，Xさんの請求権を消滅させて勝訴したにもかかわらず，自分の債権の不存在には既判力が生じていませんので，YさんはXさんに対して，後から再度100万円の代金支払請求訴訟を提起することができることになります。しかし，これでは不公平です。そこで，法は，このような相殺の場合には，理由中の判断ではありますが，相殺をもって対抗した額についても既判力が及ぶと規定しています（民訴114条2項）。したがって，Yさんは，このような代金支払請求訴訟を提起することはできません。

4）既判力の主観的範囲とは何だろうか

既判力が及ぶ関係人の範囲を**既判力の主観的範囲**といいますが，法は，既判力は，原則として当事者間にしか及ばないと規定しています（民訴115条1項1号）。これを**既判力の相対効**といいます。なぜなら，当事者によって提出された裁判資料を基に判決がなされますから，裁判資料の提出の機会を得た者だけに判決の効力を及ぼすのが合理的だからです。ただ，一定の場合には，紛争を抜本的に解決するために，例外として，第三者にも既判力が及ぶものとされています。そのような者として，第1に，当事者が他人のために原告または被告となった場合のその他人です（同項2号）。第2は，口頭弁論終結後に権利関係ないし法律関係を承継した者です（同項3号）。そして第3は，請求の目的物の所持人です（同項4号）。

(2) 執 行 力

とくに給付判決の効力として，**執行力**があります。これは，執行機関に対して，判決の内容に適合した状態の実現を求める地位を当事者に付与する効力です。例えばトピックでXさんが全面勝訴しますと，Yさんがそれを任意に履行しなければなりませんが，Yさんが履行しない場合は，Xさんは，執行裁判所に確定判決を提示して，Yさんの財産を差し押さえてもらい，それを強制的に換価し，その売上金の中から，100万円を支払ってもらうことができます。

(3) 形 成 力

形成力とは，形成判決の確定により，判決内容どおりに新たな法律関係の発生や従来の法律関係の変更・消滅を生じさせる効力をいいます。例えば，XさんがYさんを被告として提起した離婚訴訟において，「原告と被告とを離婚する。」という判決を得た場合には，その判決が確定すると同時に，XさんとYさんとは離婚したという法律関係が生じます。

● Ⅶ　発展的なことを考えてみよう ── 口頭弁論終結後の承継人

発展トピック

> Yさんは，Xさんから土地を賃借し，その上に建物を建てて暮らしていましたが，Xさんは，Yさんが賃料を支払わないので契約を解除したとして，建物収去土地明渡しを求める訴えを提起しました。ところが，口頭弁論が終結した後，Yさんは，その建物をZさんに賃貸しました。その後，「YはXに対して，建物を収去して本件土地を明け渡せ。」という判決が出て，その判決は確定しました。この判決の既判力はZさんにも及ぶでしょうか。また，YさんがZさんに，当該建物を賃貸したのが，訴訟の係属中だった場合はどうでしょうか。

　既判力は，原則として当事者間にしか及びませんが（民訴115条1項1号），例外として，口頭弁論終結後の承継人には及びます（同条1項3号）。そこで，Xさんが受けた「Yは当該建物を収去して土地を明け渡せ。」という判決の既判力がZさんにも及ぶかということが問題になります。たしかに，Zさんは，口頭弁論終結後にYさんから当該建物を賃借しています。その結果，ZさんはXさんの土地を占有していることにはなります。しかし他方で，判決の内容は，「建物を収去して，土地を明け渡せ。」ということですから，その建物はZさんのものではなく，Yさんのものですから，Zさんが勝手にその建物を収去する（壊して更地にする）ことはできません。また，Zさんは，Xさんとは土地の賃貸借契約を締結していませんので，XさんがYさんとの土地の賃貸借契約を解除しても，その効力はZさんには及ばないはずです。さらにいえば，判決の内容は，土地を明け渡せということですが，Zさんは，Yさんから建物を借りているのであって，土地を借りているわけではありません。このように考えてきますと，XさんのYさんに対する判決の効力はZさんには及ばないと考えることも不可能ではありません。

そこで，この問題をどう考えるかですが，判例・多数説は，いずれも，Ｚさんは口頭弁論終結後の承継人にあたると解していますが，その理由付けは異なります。近時の有力説によれば，Ｚさんは，ＸＹ間の訴訟物となった権利関係（土地の明渡義務）を承継したわけではないが，「紛争の主体たる地位」を承継したのだから，民事訴訟法115条1項3号の適用があり，ＸＹ間の既判力が拡張されてもやむをえないのだといいます。すなわち，Ｚさんは，結局のところ，Ｙさんの建物を賃借してそこに住んでいることによって，Ｘさんの土地を無断で占有しているのと同じことになります。したがって，ＸＹ間と同じように，ＸＺ間にも，当該土地の占有権限をめぐる紛争があると考えられるからです。それに対して，近時，Ｚさんにも判決の効力は及ぶけれども，その理由は，第三者の実体法上の地位と当事者のそれとの間に「依存関係」があるからだ，と説明する見解も有力に唱えられています。これによれば，Ｚさんは，直接，Ｙさんの土地明渡義務を承継したわけではありませんが，土地の明渡義務の対象である土地の上の建物をＹさんから賃借したことで，Ｚさんの法的地位は，Ｘさんに対して土地明渡義務を負っているＹさんの権利関係から派生したものとして，既判力が拡張される，と説明されます。

　後半の問題では，ＹさんがＺさんに建物を賃貸したのは訴訟の係属中です。したがって，これは口頭弁論終結「前」のことですから，民事訴訟法115条1項3号の適用はありません。この場合，Ｘさんとしては，民事訴訟法50条1項によって，Ｚさんを当事者として訴訟に引っ張り込んで，権利関係を争うことができます。また，Ｚさんとしても，民事訴訟法51条によって，当該訴訟に自ら参加して，Ｘさんに対し，自らの土地占有の正当性を主張することができます。このような制度を**訴訟承継**といい，前者の場合を**引受承継**，後者の場合を**参加承継**といいます。

◆ もっと学ぼう ────────────────────────

　民事訴訟は，ほとんどの人が体験したことのない世界での出来事です。したがって，民事訴訟法の勉強をするに当たっても，民事訴訟とはどのようなものであり，それはどのようにして進行するのかということを一応頭に入れておかないと，民訴法は，まさに「眠素法」になってしまいます。その意味では，福永有利・井上治典（中島弘雅・安西明子補訂）『アクチュアル民事の訴訟〔補訂版〕』（有斐閣，2016年）がお勧めです。この本は，医療過誤事件を題材に，民事訴訟に至る前の段階から，訴訟の終結までを，ドキュメンタリータッチで分かりやすく説明されており，民事訴訟の概略が自然に頭に入ってきます。これで，一応民事訴訟とはどのようなものか，ということが理解できた人は，本格的に民事訴訟法の理論を勉強してもらいたいと思います。その点，三上威彦『〈概説〉民事訴訟法』（信山社，2019年）

は，基本的な概念から応用的な点まで分かりやすく説かれており，学部の学生が民事訴訟法の勉強する上では，必要かつ十分な内容を持っています。そして，民事訴訟法に興味が出てきて，さらに深く勉強したいと思う人は，新堂幸司『新民事訴訟法〔第 6 版〕』(弘文堂，2019 年)，伊藤眞『民事訴訟法〔第 7 版〕』(有斐閣，2020 年)，中野貞一郎＝松浦馨＝鈴木正裕『新民事訴訟法〔第 3 版〕』(有斐閣，2018 年) をぜひとも読んでください。これらはどれも定評のある体系書ですが，それぞれ，700 頁から 1000 頁にも及ぶ大著ですから，最初はかなりとっつきにくいかも知れませんが，必死で食らいついていくと，それだけ大きな収穫を与えてくれること間違いなしの本です。

◆第 15 章◆
刑事訴訟法

┌─ トピック ─┐

　警察官のPさんは，某日深夜，Aさんから「路上で喧嘩が起きて，片方の人が相手をナイフで刺して逃げました」との通報を受け，現場に急行しました。しかし，犯人は立ち去った後でした。PさんはAさんから事情を聴いたところ，「喧嘩の理由は分からないけど，叫び声が聞こえたのでそちらを見たら，片方の人が体当たりのようなことをしていました。相手はお腹を押さえてその場に倒れ，体当たりをした人は逃げていきました。犯人の身長は170センチ前後で，茶色のジャンパーを着ていました」との説明を受けました。被害者の男性はその場で死亡したため，殺人事件として捜査が開始されました。

　Pさんは，数日後，犯行現場から数キロメートルほど離れた地点にある飲食店の店長であるBさんに聞き込み調査を行ったところ，「たまにお店に来るXさんが，『やっちまった。喧嘩で刺しちまった』と何度もつぶやいていました」との話を聞くことができました。これにより，Xさんがこの事件の被疑者として浮上しました。

● Ⅰ　刑事訴訟法を学ぼう

　犯罪に対して刑罰が科されなければ，多くの人が刑法のルールを守らなくなってしまうと思われます。したがって，実際に刑罰を科すことが必要となります。そのための手続である刑事手続について定めたのが刑事訴訟法です。

　刑事手続はとりわけ適正なものであることが要請されます（憲法31条）。なぜなら，刑罰は私人が勝手に行えば犯罪となるような人権侵害の程度が高いものであり，また手続の過程で行われる各種の処分それ自体が人権侵害の可能性を伴うからです（逮

捕・勾留に相当することを私人が勝手に行えば逮捕・監禁罪（刑法 220 条）が成立するでしょう）。そこで，刑事訴訟法は様々なルールを設けており，その中には犯人と疑われている者に各種の権利を認める規定もあります。刑事手続に関しては，ともすれば「犯人の人権など守る必要がない」といった反応が示されることもありうると思われますが，本章では，なぜそのような権利が認められているかなど，刑事訴訟法の基本的な考え方について説明したいと思います。

● II　刑事訴訟法に書かれていること

　刑事訴訟法とは，具体的事件に刑法等の実体法（⇒第 4 章 V）を適用して特定人に刑罰を科すことができるかを判断するための手続について定めた手続法（⇒第 4 章 V）です。

　刑罰を科すためには，本当にその人が犯罪を行ったといえるのかを確認することが不可欠です。そのため，刑事訴訟法（以下，本章で刑事訴訟法の条文を引用するときには単に条文の番号のみを掲げます）1 条は「**事案の真相を明らかに**」することを要請しています。刑事訴訟法は，真相の解明のために行うことができる各種の処分ないし手続について定めているのです。

　ところで，犯罪に対して怒りを覚えることは誰もが持ちうる自然な感情といえるのではないでしょうか。そのため，犯罪に対して刑罰を科すという事柄の性質上，真相の解明ばかりが追求されるおそれがあるといえます。しかし，真相の解明のために刑事手続の過程で行われる逮捕等の処分は，犯人と疑われる者の基本的な権利・自由を大きく制約するものです。したがって，刑事手続は**適正な手続**でなければならず，憲法 31 条にいう「法律の定める手続」とは適正な手続を意味します。刑訴法 1 条には「公共の福祉の維持と個人の基本的人権の保障とを全うしつつ」と書かれていますが，これは，刑罰法令の「適正」な適用実現という言葉とあいまって，刑事手続が正義・公正にかなっていて権利・自由の不当な侵害・制約にならないようにすべきとする根本的なルールを明らかにしています。刑訴法には，手続の適正さが担保されるための各種の規定が置かれているのです。

● III　刑事手続の基本的な制度設計 —— 当事者主義

　刑事手続は具体的な事件に刑法等の実体法を適用して刑罰権を実現するための手続

ですから，当該事件で何が起こったのか，事案の真相を明らかにする必要があります。正確な事実認定が行われることが要請されるのです。

そのために我が国の刑訴法はどのような制度設計をしているかというと，**当事者主義**と呼ばれる制度設計になっています。手続遂行の主導権は裁判所ではなく当事者が持つ方式です。刑事手続は，事実を認定し判決をする裁判所と，検察官・被告人という当事者の活動によって進行します（弁護人は被告人の補助者として活動します）。裁判を裁判所・検察官・被告人の三者からなる構造で捉えるのです。

当事者主義の表れとして，次のような制度になっています。①刑事裁判における審理・判決の対象は原則として検察官の設定する公訴事実ないし訴因（256条2項・3項）です。また，②公判手続の中心をなす証拠調べを請求する権限は，原則として当事者である検察官・被告人（そして被告人を援助する弁護人）にあります（298条1項）。

このような制度設計は，正確な事実認定にも資すると考えられます。なぜなら，当事者は自己に有利な証拠を得るために最大限の努力をすると考えられますし，裁判所は訴訟を主体的に追行する役割から解放されて公平な第三者として証拠を的確に評価することが可能となるからです。

もっとも，このような理想が実現するためには，公判手続における両当事者の訴訟法上の権限が対等であることを要します。また，両当事者が多様な証拠を精査し，主張・立証すべき事実を整理し，その事実を証明するための証拠を選び，事実認定者である裁判所に提示すべき法律上・事実上の主張を組み立てるなどして，公判手続を入念に準備することが必要となります（⇒本章Ⅷ2も参照）。

■ コラム 30　刑事手続で明らかにされるべき「事案の真相」

「裁判の場で事件や犯人についてあらゆることを明らかにしてほしい」との期待が抱かれるかもしれません。裁判の場は公開・公正な場と考えられることから，そのような期待が抱かれることにも納得いくものがあるように思われます。

しかし，刑罰権の実現という刑事手続の目的に照らし，刑事裁判で解明されるべき「事案の真相」とは，犯罪の成立要件（構成要件該当性・違法性・責任）を成す具体的事実および量刑判断にとって重要な事実に関係するものに限られます。刑事手続で何もかもを明らかにすることは刑事手続の役割を逸脱しているというべきです。刑事手続にそれを期待することはできないというべきでしょう。

● Ⅳ　刑事手続の流れ

刑事手続は段階を踏んで進行していくものですから，今自分が勉強しているのは手

続のどの段階にあるのかを念頭に置くべきです。そこで，刑事手続の流れの基本的な部分を概観しましょう。

◆ 刑事手続の流れ

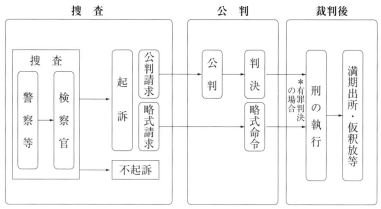

＊被疑者が少年（20才未満）である場合には，一旦事件は家庭裁判所に送致されますが，家庭裁判所において刑事処分が相当（刑罰を科すのが相当）であると判断された事件は，再び検察庁に事件が戻され，この場合，原則として起訴されることとなります。それ以外の事件については，家庭裁判所で保護観察や少年院送致などの処分が決められます。

（出典：法務省「検察庁と刑事手続の流れ」〔http://www.moj.go.jp/keiji1/keiji_keiji11-1.html，2020年9月12日最終閲覧〕）

　以下では，原則的な刑事手続の流れに従い，①捜査手続，②公訴提起（起訴），③公判手続の3つを概観しましょう。①は事件が裁判所に持ち込まれる前の段階，②は裁判所に持ち込まれる際の段階，③は裁判所に持ち込まれた後の段階ということができます。犯人と疑われる者の呼称は①では被疑者，②③では被告人と変化し，保障される権利も異なります。

● V　犯人を捜し，証拠を集める ── 捜査

1　捜査で行うこと
捜査とは，捜査機関が犯罪が発生したと考えるときに，公訴の提起・遂行のため，①犯人と疑われる者を発見・掌握し，②証拠を収集・確保する行為をいいます。

2　捜査をする機関
　捜査を担当する国家機関は司法警察職員・検察官・検察事務官です。捜査手続は検

察官による公訴提起と公判手続の遂行を目的とするものですから検察官も捜査機関ですが，第1次的な捜査機関は警察官です（189条1項）。当面，司法警察職員とは警察官を指すと理解しておけば足りるでしょう。検察官と警察官の関係ですが，警察官が検察官を補佐するというわけではなく，両者は相互協力の関係にあります（192条）。ただし，公訴提起・公判手続遂行は検察官が行うため，検察官に指示・指揮権が認められます（193条）。

3 強制捜査と任意捜査

　捜査の手法には様々なものがありますが，197条1項但書が規定するように，**強制捜査**（強制処分を用いた捜査）は「この法律に特別の定のある場合でなければ」行うことができません（**強制処分法定主義**）。刑訴法に規定される強制捜査の例としては，逮捕（199条）・勾留（207条1項，60条1項），捜索・差押え（218条1項・2項）等が挙げられます。これらは強制的に身柄を拘束したり財産を持ち去ったりする処分ですから，対象者の重要な権利・利益の侵害・制約を伴います。したがって，原則として予め裁判官の発する令状に基づいて行われる必要があります（**令状主義**，憲法33条・35条）。

　強制捜査は法律に特別の定めがなければ行うことができませんが，刑訴法に規定されていない新たな捜査手法が個人の権利・利益を大きく侵害・制約することがあります（最近話題になったのはGPS捜査です）。そこで，相手方の明示的・黙示的な意思に反して，令状主義等の厳格な要件・手続によって保護する必要があるほどの重要な権利・利益に対する実質的な侵害・制約を伴う捜査手法は，強制捜査であると考えられています。

　このような強制捜査は必要がなければ用いられるべきではありません。したがって，「捜査は，なるべく**任意捜査**の方法によって行わなければならない」（犯罪捜査規範99条）とされています。任意捜査に関して，刑訴法には一般的な根拠規定（197条1項本文）のほかに若干の規定（例えば198条・223条）が置かれているのみであり，令状も必要ありません。任意捜査の手法が限定されたり裁判官の令状が必要とされたりすると，捜査過程で生ずる多様な状況に臨機応変に対応することができなくなるからです。冒頭の トピック において警察官PさんがAさんたちから事情を聞いているのは任意捜査といえますが，聞き込みのために逐一裁判官から令状が必要となってしまえば捜査は滞ってしまいます。聞き込みに際して令状を要求すべき理由があるともいえないでしょう。

注意が必要なのは，ここにいう「任意」とは「強制捜査に当たらない」ことを意味しているという点です。任意捜査も犯罪捜査である以上は対象者が完全な「任意」で協力してくれる場合はあまり考えられません。例えば，警察官から職務質問（後述4⑴）をされた際，完全な「任意」で自発的に協力するというよりも，むしろ仕方なく応じるという場合の方が多いのではないでしょうか。

　ただし，強制捜査に当たらなければ何をしても良いのかというと，勿論そうではありません。任意捜査も対象者の法益を侵害する可能性があるので，任意捜査を行うべき必要性と任意捜査による法益侵害性との間にバランスが取れていなければ違法な捜査と評価されます（197条1項本文も「〔捜査〕の目的を達するため必要な取調」をすることができると規定しています）。「やりすぎ」な任意捜査は違法と評価されるのです。

4　捜査を始めるきっかけ

　捜査は「犯罪があると思料するとき」に行われますが（189条2項），そのきっかけを捜査の端緒といいます。告訴（230条以下）・告発（239条）・自首（245条，刑法42条）等，捜査の端緒も様々ですが，ここでは職務質問と所持品検査に言及しましょう。

⑴　職務質問

　「警察官は，異常な挙動その他周囲の事情から合理的に判断して何らかの犯罪を犯し，若しくは犯そうとしていると疑うに足りる相当な理由のある者又は既に行われた犯罪について，若しくは犯罪が行われようとしていることについて知つていると認められる者を停止させて質問することができる」とされており（警察官職務執行法2条1項），これを職務質問と呼びます。職務質問は任意で行われるものですが，ここにいう任意とは強制にわたらないという意味です（同条3項参照）。したがって，質問の必要性や採られた手段の法益侵害性の程度等に照らして相当といえる場合，例えば逃げ出そうとする者の肩に手をかけて対象者を引き留めるなども適法な職務質問の一環として許されます。「肩に手をかけられたから任意でなく無理やりに違法な職務質問をされた」とは直ちにはなりません。

⑵　所持品検査

　職務質問をしている際に，対象者の持ち物について質問したり外側から見たりすることは当然許されます。また，同意を得てカバン等の中身を見ることも法益侵害がないので許されます。しかし，同意なしに，鍵付きカバンの鍵にドライバーを差し込んでこじ開けたり，ジャケットの内ポケットに手を入れて所持品を取り出したりする行為は，一般にプライバシー侵害の程度が高く，捜索（これは令状がなければ許されない

強制捜査の1つです）に類するので，違法な所持品検査となることが多いでしょう。

5　被疑者の身柄拘束

犯罪捜査の際に，被疑者の逃亡や罪証隠滅行為を防止しつつ捜査を継続することが必要となる場合があります。そこで，被疑者の身柄を拘束する強制処分である逮捕・勾留がなされます。逮捕・勾留という言葉はニュース等で聞いたことのある人が多いのではないでしょうか。冒頭の トピック で問題となっているのは殺人事件です。殺人罪（刑法199条）は死刑まで科されうる重い犯罪ですから，被疑者として疑われた人は逃亡する可能性が相当に高いといえるでしょう。そのような場合には，逮捕・勾留が選択肢に入ってきます。

逮捕・勾留は人の身体・行動の自由という極めて重要な基本権を侵害・制約するものですから，正当な理由のない身柄拘束を防ぐために，身柄拘束の理由と必要性を，捜査から中立の立場にある裁判官が審査することとされています。裁判官が関与することで，不当な身柄拘束を防止しつつ，身柄拘束の正当化が図られているのです。

⑴　逮　捕

「逮捕」とは，被疑者の身体の自由を剥奪し，引き続き短時間拘束の状態を続ける強制処分です。逮捕状を得て行われる通常逮捕（199条），逮捕後に逮捕状を得る緊急逮捕（210条），逮捕状なしに行われる現行犯逮捕・準現行犯逮捕（212条，213条）があります。最大で72時間の身柄拘束が認められます（203条1項，204条1項，205条1項・2項）。

逮捕は，被疑者の逃亡と罪証の隠滅を防ぐ必要がある場合に認められます（刑事訴訟規則143条の3）。身柄拘束中に被疑者の取調べもなされますが，逮捕は取調べのための強制処分ではありません。

通常逮捕の理由は「被疑者が罪を犯したことを疑うに足りる相当な理由があるとき」に肯定されます（199条1項）。緊急逮捕の場合，裁判官の事前の審査を経ないので要件が加重されています（210条1項）。

現行犯逮捕は憲法33条も明示的に許容する令状主義の例外で，裁判官の審査が予定されていません。現行犯の要件に該当すれば，裁判官の審査を経るまでもなく，身柄拘束の正当な理由が明白で，不当な権利侵害の危険が乏しいからです。

逮捕後は，被疑者に犯罪事実の要旨を告げ，弁護人を選任できる旨を告げたうえ，被疑者に弁解の機会を与えなければなりません（203条1項，211条，216条）（⇒本章Ⅴ6⑵も参照）。

(2) 勾 留

「勾留」とは，被疑者の身体を拘束する裁判およびその執行をいいます（207条1項，60条）。勾留は，逮捕された被疑者について，検察官の請求により，裁判官が行う強制処分です。最大で20日間の身柄拘束が認められます（208条）。207条1項は分かりづらい条文ですが，当面は「被疑者の勾留に関しては裁判官が判断し，被告人の勾留に関する規定が被疑者の勾留にも準用される」と理解しておけば足りるでしょう。

勾留の理由も「相当な理由」と規定されていて逮捕と同じ文言ですが，より高度の嫌疑が必要と考えられています。なぜなら，逮捕段階より捜査が進展しており，拘束期間が長く，直接被疑者の陳述を聴いたうえで判断するからです。

勾留の必要性は，定まった住居がないこと，被疑者が罪証を隠滅すると疑う相当な理由があること，被疑者が逃亡しまたは逃亡すると疑うに足りる相当な理由があること，のいずれか1つが必要です（207条1項，60条1項）。

勾留は逮捕よりも長期間の身体拘束を認めるものですから，逮捕に比して手続も厳格です。裁判官による勾留質問（207条1項，61条）や公開の法廷での勾留理由開示（207条1項，82条以下）等の逮捕段階にはない手続が定められています。

■ コラム *31*　最初から勾留を認めるべき？

　勾留は逮捕された被疑者に対して認められる処分です（逮捕が勾留の前になければならないので逮捕前置主義といわれます）。ここで，「合計の身柄拘束の期間は短くなるのだから，逮捕を経ずに最初から勾留を認めても良いのでは？」と疑問に思った読者がいるかもしれません。

　確かに，個別の事例における拘束期間だけを見ればそのように言えるかもしれません。しかし，刑訴法は，裁判官によるチェックの機会にも着目して，逮捕前置主義を採用したと考えられています。すなわち，逮捕前置主義を採れば，逮捕と勾留の各段階で裁判官によるチェックに服することとなります。身柄拘束の必要性等をチェックする機会を増やすことにより，不必要な身柄拘束をなるべく減らそうとする制度設計がなされているのです。逮捕だけで済んで勾留までは進まず，結果として短い身柄拘束期間で済む，ということが期待されるのです。

6　言葉による証拠の収集・保全と被疑者の権利

犯行の現場に残された凶器等の物的証拠は重要ですが，人が見聞きしたことを言葉で表現してもらうことによる**供述証拠**も同様に重要です。日常会話で「証拠を出せ！」と言うときには物的証拠だけが想定されているようにも思われますが，刑訴法上，供述証拠も立派な証拠の1つです。

供述証拠のうち，被疑者・被告人の供述，とりわけ自白は重要といえるでしょう。

ここでは，被疑者の供述証拠の収集に関連する被疑者の重要な権利について言及します。なお，以下の権利は起訴されて被告人となった者にも同様に（より手厚く）保障されていますが，ここでは被疑者についてのみ言及します。

(1) 黙秘権の保障（198条2項）

自白（自己の犯罪事実の全部または主要部分を認める供述）は，故意・過失等の主観的構成要件要素の立証に重要であり，贈収賄等の被害者なき犯罪の立証に重要です。また指紋・DNA鑑定等の科学的捜査手法の発展にもかかわらず自白で補充すべき部分は残ります（犯人の同一性（本当にその人が犯人か）など）。「自白は証拠の女王」とも称されるほど，重要性が高いのです。だからこそ，捜査機関は自白の獲得に熱が入ります。刑事裁判・量刑において反省の有無が考慮されることも相まって（そしてそれが直ちに不当であるとはいえません），「被疑者は本当のことを話すべきだ」と考えてしまうのも無理からぬところがあります。

したがって，捜査機関は何とか自白を獲得しようと努力し，結果として自白獲得の過程は権利侵害が生じやすいものとなってしまうのです。

そこで，権利侵害が起きやすい状況を中和し，公権力の人格的領域への不当な介入（自白させるために被疑者を殴るなどは最たる例でしょう）を防止する必要があります。憲法38条1項は「自己に不利益な供述を強要されない」権利（自己負罪拒否特権）を認めますが，刑訴法198条2項はさらに進んで，供述自体を拒絶し沈黙する権利（**黙秘権**）を保障しています。

ともすると我々は「やってもいない罪を認めるはずがないから黙秘権は不要である」と考えてしまいがちですが，そうではありません。逮捕・勾留されて外界から遮断された密室で，何日も何日も自白するよう（強く）求められれば，「早くここから逃げ出したい」と考えて無実の罪を認めてしまうことは決して珍しくないのです。沈黙することを権利として認めることは，無実の罪を認めてしまうことを防ぐのに役立つといえるでしょう。このように，黙秘権の保障は，被疑者の権利が侵害されることを防ぐだけでなく，事案の真相の解明（1条参照）にも資するといえます。

(2) 弁護人の援助を受ける権利

被疑者に黙秘権等の各種の権利を保障したとしても，多くの被疑者は刑事手続に明るい人ではないでしょう。そのため，法律には権利があると書かれていても，被疑者単独ではその権利を実際に行使することは難しい場合が多いといえます。そこで，権利保障が無意味にならないように，法律の専門家である弁護人による援助を受ける権利も保障する必要が生じます。

弁護人の援助を受けるには弁護人を選任しなければなりませんから，被疑者には**弁護人選任権**が認められます。憲法34条前段は身柄を拘束された被疑者の弁護人選任権を認めますが，刑訴法30条1項はさらに進んで，身柄を拘束されていない被疑者にも弁護人選任権を認めています。また，資力に乏しいために弁護人を選任できない場合，実質的に弁護人選任権を行使する機会が保障されているとはいえないため，勾留（が請求）された被疑者には**被疑者国選弁護制度**が設けられています（37条の2）。

そして，弁護人を選任できたとしても，実際に助言を受けるなどの機会が得られなければ意味がありません。そのため，身柄拘束を受けている被疑者は，弁護人または弁護人となろうとする者と立会人なくして接見し，または書類もしくは物の授受をする権利（**接見交通権**）が保障されます（39条1項）。

■ コラム 32　無罪判決は許せない？

複数人の生命が絶たれる重大な交通事故が起こり，ある者が逮捕・起訴されたものの，無罪判決が出たとしましょう。このとき，逮捕のニュースに接した時点で「この者（犯人）を厳罰に処すべきだ」と考え，無罪判決と聞いて「処罰されずに野放しなんて許せない」と反応する人がいるのではないでしょうか。

もっとも，このような反応が可能であるためには，いくつかの前提が必要だと思われます。すなわち，①逮捕された者は確実に真犯人である，②自分が誤って逮捕されることはない，③自分が罪を犯すことはない，という3つの前提です。

しかし，①逮捕の時点はいまだ捜査の途中にすぎず，被逮捕者が確実に真犯人であるという保証はどこにもありません。②誤って真犯人でない自分が逮捕されてしまう可能性は決して否定できません。満員電車で痴漢に間違われないかと心配になる人は少なくないでしょう。また，③過失犯は「不注意で，ついうっかり」犯してしまうものですから，誰しもが犯しうるものです。故意犯でさえも，例えば不景気のために生活に喘いで食べ物を盗んでしまうといったように，いつ何時自分が犯してしまうか分かりません。

このように，これら①～③の前提がすべて揃うことはないと思われます。我々が刑事手続の流れに乗せられる可能性は，常に存在しているのです。実は，証拠に基づいて公正中立な裁判所が有罪判決を下したとしても，再審（435条以下）で有罪判決が覆された多くの事件があるように，その者が「真犯人」であるかは分かりません。

刑事司法制度は薄氷を踏むような危ういものであり，「もし自分が罪を犯してしまったとしても，罪を犯したと疑われたとしても，納得しうる制度か」という視点が不可欠です。被疑者・被告人の権利保障が不十分な手続の許容は，（いつ刑事手続の流れに乗るか分からない）我々の権利・自由の不当な侵害の許容を意味します。被疑者・被告人の権利保障は必要であり，国選弁護制度を設ける理由も十分にあるといえます。その結果として無罪判決が下されたとしても，直ちにそれが正義に反するとはいえないでしょう。適正な手続によらず，「真犯人」でない可能性を払拭できない者の処罰で溜飲を下げるほうが，よほど不正義というべきです。

7　様々な捜査手法

先ほど強制捜査と任意捜査について触れましたが，ここでは，捜査機関が行う一部の捜査手法，すなわち捜索・差押え・検証（218条1項），鑑定の嘱託（223条1項）についてごく簡単に言及しましょう。

捜索・差押えは，証拠物を探して強制的に収集する（持ち去る）強制処分です。トピックの事例に関し，Xさんの家から被害者の血液が付着したナイフや茶色のジャンパーが出てきたとすれば，それはXさんが犯人であることの有力な証拠となるでしょう。

検証は物・場所・身体の存在および状態を五感の作用により認識する処分をいいます。例えば犯行現場の状態を写真に撮るなどが検証の具体例として挙げられます。検証も強制処分の一種ですが，例えばその場所の監理者から同意を得て任意処分として行われる場合には実況見分と呼ばれます。

鑑定は，特別の知識経験に属する法則またはその法則を具体的事実に適用して得た判断の報告のことをいいます。例えば，統合失調症で責任無能力（⇒第12章VII 3およびVIII 3(1)(2)）が疑われる場合に，精神科医に統合失調症の有無とその影響について精神鑑定を依頼する場合が挙げられます。鑑定の嘱託自体は任意処分ですが，鑑定を実施するためには強制力を必要とする場合があります（精神鑑定のために病院に留め置くなど）。その場合には裁判官の許可を得る必要があります（224条，225条）。

なお，コンピューターの普及により捜査上必要な情報が紙媒体等の有体物でなくデータ（電磁的記録）として保存されていることが増加しました。それに対応する法改正もなされています（218条2項等）。

● VI　裁判所に訴えを起こす ── 公訴提起（起訴）

検察官は，警察から送致された事件（246条）や自ら認知した事件について必要な捜査を行い（191条1項），当該事件の処理を決めます。被疑者に刑罰を科すべきと考える場合には裁判所に**公訴提起（起訴）**をします。

1　国家訴追主義・起訴独占主義と起訴便宜主義

起訴は，国家機関である検察官が行い（**国家訴追主義**），そして検察官だけが行います（**起訴独占主義**）（247条）。被害者等の私人は行えません（例外として262条以下および検察審査会法41条の9以下）。刑罰は私的な復讐ではなく公的利益のために科される

ものであることが（⇒第12章Ⅲ1参照），公益の代表者である検察官（検察庁法4条）だけが起訴権限を持つとされていることに表れているといえます。

　読者のなかには，犯罪が行われた場合には必ず起訴されて刑罰が科されると考える人もいるかもしれません。しかし，有罪判決を得られる見込みが十分にある場合であっても，「犯人の性格，年齢及び境遇，犯罪の軽重及び情状並びに犯罪後の情況により訴追を必要としないときは，公訴を提起しないことができる」（248条）と定められています（**起訴便宜主義**）。これを起訴猶予処分といいます。例えば，事案が軽微であって処罰の必要性はそれほど高くなく，また，手続の過程における検察官等による訓戒が十分になされ，身元引受人が今後の適切な監督を約束しているなどしていて再犯の可能性も乏しいと考えられる場合，応報・予防という刑罰を科す根拠に照らし，敢えて起訴するほどの必要性が認められないことは十分に考えられるでしょう。起訴便宜主義により，検察庁・裁判所が重要事件に集中することができるようになり，人的資源を効率的に配分することができるだけでなく，被疑者が「被告人」「前科者」という社会的なスティグマ（烙印）を押されることが回避され，更生の機会が与えられるのです。また，自分が刑事裁判の被告人として裁判の場に立つことを想像すれば直ちに理解できるように，刑事手続に関わることそれ自体が一般人には相当な負担となると思われます。起訴便宜主義によって早い段階で刑事手続の流れから解放すること自体にも，メリットが認められるのです。

2　起訴状一本主義

　起訴は，256条2項に定められた事項を記載した起訴状という書面を提出して行います（256条1項，記載事項については⇒本章Ⅶも参照）。この起訴状には，「裁判官に事件につき予断を生ぜしめる虞^{おそれ}のある書類その他の物を添附し，又はその内容を引用してはならない」（256条6項）とされています（**起訴状一本主義**）。

　かつては起訴の際に捜査書類や証拠物が裁判所に提出され，裁判官が予めそれを閲覧し，事件の全貌を一応把握してから公判に臨むというやり方が採られていました。この場合，捜査機関側の提出資料ばかりに触れるわけですから，被告人が有罪であるとの一方的な心証（有罪の予断）を抱いて審理を開始していた可能性が否定できません。これに対して，現行刑訴法は起訴状一本主義を採用しました。裁判所は予断なく審理に臨み，また裁判所は事件の全貌を把握しているわけではないことから，当事者の主導による訴訟追行がなされることで裁判所は中立な判断者の立場にあることとなります（⇒本章Ⅲ）。

● Ⅶ　刑事裁判では何について審判するか — 審判の対象

　刑事裁判における審判の対象は「**公訴事実**」であり，それは検察官が起訴状に記載するものです（256 条 2 項 2 号）。検察官はこの公訴事実を「**訴因**」をもって明示します。訴因とは，検察官が裁判所に対して審判を求める「罪となるべき事実」の具体的な主張を指し，「できる限り日時，場所及び方法を以て」特定されることが要求されます（256 条 3 項）。例えば，殺人罪で記載される公訴事実ないし訴因は次のようなものです。「被告人は，A（当時 62 歳）に雇われ，東京都江東区○○ 5 丁目 2 番 4 号所在の同人方に住み込んでいた者であるところ，被告人が通行人にば声を浴びせたのを上記 A から叱責されたことから口論となって激高し，同人を殺害しようととっさに決意し，平成○○年 3 月 8 日午後 7 時ころ，同人方 6 畳間の押入れの中から刃体の長さ約 13 センチメートルのくり小刀を持ち出して携え，同所において，左手で同人の襟首をつかんで引き寄せながら，右手に持っていた同くり小刀で同人の左胸部を突き刺し，同人がその場から逃げ出すや，追跡して同人方前路上でこれに追いつき，同所において，同くり小刀で同人の左背部を更に突き刺し，よって同人を心臓刺切創等に基づく失血により即死させて殺害したものである」（末永秀夫ほか『犯罪事実記載の実務　刑法犯〔7 訂版〕』（実務法規，2018 年）323-324 頁を参考にしました）。

　検察官は，この具体的な事実の主張を公判手続において証拠によって証明し，被告人（および弁護人）はこれに対して防禦・反証します。裁判所が検察官の主張していない訴因外の事実について判決をすることはできません（378 条 3 号後段）。

　ただし，訴訟が進むにつれて，当初検察官が予想したのとは異なる事実が明らかになることもありえます。例えば，傷害致死罪（刑法 205 条）で起訴したのに被告人に殺意が認められて殺人罪（刑法 199 条）が成立すると思われるに至った場合です。このとき，検察官は訴因変更を行うことができ（312 条 1 項），殺人罪での処罰を求めることができます。

● Ⅷ　法廷での手続 — 公判手続

　起訴されると，裁判所は当該事件につき審理・判決をすることができるようになります。審理は公開された公判廷に訴訟関係人が出席して行われますが，その出席して訴訟活動を行うべき時を**公判期日**と呼びます。公判期日に行われる手続を**公判手続**と呼びます。公判手続の主たる関与者は，裁判所，検察官，被告人・弁護人です。

1　公判手続の基本的なルール

(1)　裁判の公開

　被告人は「公開裁判を受ける権利」が保障され（憲法37条1項），公判期日の審理（と判決）は「公開法廷でこれを行ふ」（憲法82条1項）とされています。これは，裁判が秘密裡に行われることを防ぎ，司法の公正を担保するための原則です。

(2)　口頭主義・直接主義

　口頭主義は，当事者の主張・立証等の公判期日における手続は口頭で行うべきとする原則です（43条1項等）。これにより，当事者の主張・立証が効率的となり，裁判所がより直接的に情報を得られるようになります。また，口頭でやり取りされることにより，傍聴人にも被告人にも何が行われているのかが明らかになり，裁判の公開の趣旨がより実質的なものとなります。

　直接主義は，事実認定者たる裁判所と証拠に関する原則です。裁判所が証拠を自ら直接取り調べること，証拠の代用物を利用してはならないことを要請する原則です（⇒本章Ⅸ3(2)も参照）。代用物を用いないことで，より正確な事実認定ないし事案解明が可能となるといえます。

(3)　迅速な裁判

　紛争・事案の解決を図るのが訴訟ですから，迅速であることが要求されます。特に刑事訴訟では被告人が身柄拘束されることがある（60条）などの様々な不利益が生ずる可能性があるため，迅速な裁判を受ける権利が憲法上も保障されています（憲法37条1項）。

2　公判の準備

　当事者主義（⇒本章Ⅲ）のもとで公判手続が迅速かつ充実して実施されるには，事前に十分な準備がなされている必要があります。次の段落で言及する公判前整理手続に付されていない場合であっても，訴訟関係人は十分に準備をすることが要請されます（刑訴規則178条の2以下）。特に，審理は検察官と被告人・弁護人とで意見が食い違う争点となる部分に集中すべきですから，争点を明らかにしておくことが重要といえます。

　公判前整理手続とは，「充実した公判の審理を継続的，計画的かつ迅速に行うために必要がある」場合に行われます（316条の2第1項）。特に裁判員裁判では，一般国民への過度の負担を避け，迅速で分かりやすい審理を実現するため（裁判員法51条），綿密な計画を立て，争点を整理することが要請されます。例えば，殺人罪で起訴され

た場合に，被告人が犯人であるかが争われるのか，犯人であることは争わないが殺意があったことが争われるのかで，公判期日で重点を置くべき場所は異なってくるはずで，準備すべきことも異なってくるはずです。また，公判前整理手続に関しては，被告人側の防禦権の実質的保障という観点から，被告人・弁護人側に一定の証拠が開示される制度が設けられた点は特筆すべきでしょう（316条の14以下）。一私人にすぎない被告人・弁護人と国の捜査機関とでは証拠の収集能力に大きな差があります。証拠開示制度は証拠に関して対等な関係を築くことに役立つといえます。

3　公判期日の手続

　詳細は割愛せざるをえませんが，公判期日における手続は，起訴された人と法廷に被告人として立っている人が人違いでないかを確かめ，起訴状の朗読等が行われた後，証拠調べ手続と訴訟関係人の意見陳述（論告・弁論）を経て終結し，判決の宣告がなされます。

● IX　証拠に関するルール ── 証拠法

　証拠に基づく正確な事実認定は，刑罰を適切に科すために必要不可欠の前提です。ここでは証拠に関するルールである証拠法を概観しましょう。

1　証拠に関する基本的なルール

(1)　証拠裁判主義

　「事実の認定は，証拠による」（317条）。現在の感覚からすれば当たり前のことを述べているようにも思えますが，この**証拠裁判主義**は，歴史的には，証拠によらない裁判（例えば占いによる裁判）を否定し，自白以外の証拠に基づく有罪認定を許容することを宣言するところに，その意義があります。自白がなくとも有罪認定できることで，自白獲得のための制度である拷問の禁止につながりました。

　そして，317条以下の証拠に関する規律が整備されている現行法においては，証拠裁判主義は，**証拠能力**（証拠として用いることのできる資格）があり，適式の証拠調べを経た証拠によらなければならない，という趣旨をも含むと解されています。

(2)　自由心証主義

　318条は「証拠の証明力は，裁判官の自由な判断に委ねる」と定めています（**自由心証主義**）。自白がなければ有罪にできない，一定の証拠があれば有罪にできる，という法則を採用しないことを意味します。勿論，ここにいう「自由な判断」は恣意的

な判断を許す趣旨ではなく，合理的で事後的に検証可能な判断過程であることを当然の前提としています。

自由心証主義の例外は，自白だけでは有罪にできず自白以外の補強証拠が必要とされていることです（319条2項）。自白偏重を避け誤判を防ぐ，あるいは架空の事実によって人が処罰されることを防ぐ趣旨と考えられます。

2 どこまで証明すべきか，誰が証明すべきか
——証明の水準と挙証責任

検察官は公訴事実に掲げた事実を立証しようとしますが，それは「合理的な疑いを容れない程度」に証明されることを要します。これは高度な証明の水準を要求するものですが，健全な社会常識に照らしてその疑いに合理性がないと一般的に判断されるときは，有罪認定できるとする趣旨です。例えば，検察官は被告人が有罪であるとの証拠を十分提出したものの，被告人が「宇宙人が突然現れて被害者を殺害し，消えていった」と述べたとしましょう。宇宙人が存在する可能性がゼロであると断言はできないでしょうが，その疑いは健全な社会常識に照らすと合理性がないと考えられます。したがって，合理的な疑いを容れない程度に証明されたと考えられるので，有罪認定をすることができるといえます。

証拠調べを尽くしても当該事実の存否が明らかにならなかったとき，存否いずれかに決しなければ裁判をすることはできません。事実の存否が判明しなかった場合に不利益な認定を受ける地位を**挙証責任**（証明責任，立証責任）と呼びますが，これはすべて検察官が負っています。したがって，ある事実の存否に合理的疑いが残るときは被告人に有利なように判断され（「**疑わしきは被告人の利益に**」），被告人側は検察官の証明が成功していないことを示せば足ります。例えば，殺意があったかもしれないしなかったかもしれないというとき，殺意はなかったものとして扱われ，殺人罪で有罪とされることはありません。

3 供述証拠に関するルール

特定の事実の存否に関する言語による表現である供述は，公判期日において被告人が被告人質問（311条2項・3項）に答えた場合や被告人以外の者が証人尋問（304条）の際に証言した場合に，裁判の証拠として用いられるのが原則です。ここでは被告人の供述のうち自白に関する自白法則と，被告人以外の者の供述に関する伝聞法則について言及します。

⑴ 自白法則

被告人には黙秘権が認められますが（311条1項），被告人が供述した場合にはそれも証拠たりえます（刑訴規則197条1項）。被告人の供述のうち自白（自己の犯罪事実の全部または主要部分を認める供述）について，憲法38条2項は拷問等による自白の証拠能力を否定し，刑訴法319条1項はさらに「その他任意になされたものでない疑のある自白」の証拠能力を否定しています。このような自白の証拠能力に関するルールを**自白法則**と呼びます。

拷問等による自白が排除される理由は，たとえその自白が真実を語っているとしても，人身に対する違法な侵害を防止して供述の自由を確保する点に求められます。

自白の任意性に疑いのある自白が排除される理由は，虚偽自白による誤った事実認定の危険を排除する点に求められます。任意性に疑いがある場合として挙げられるのは，例えば検察官が自白をすれば起訴猶予にすると約束して行わせた自白です。検察官の起訴裁量の大きさ（⇒本章Ⅵ1）からすれば，検察官から取調べを受けるという今現在の苦痛から逃れたいがために虚偽の自白をしてしまう人がいることは想像に難くありません（これに関連する最近の重要な改正は350条の2以下に導入された合意及び協議の手続です）。

自白法則が存在し，自白の証拠能力が否定されることにより，翻って不当な自白獲得が抑制されるといえます。

最近，自白法則と関連する重要な改正があり，301条の2に一定の事件につき**取調べの録音・録画制度**が導入されました。これは，取調べの適正の確保および任意性の的確な立証の担保を目的としています。

⑵ 伝聞法則と伝聞例外

公判期日における供述に代えて供述を記載した書面や，公判期日外における他の者の供述を内容とする供述は，原則として証拠とすることができません（320条1項，**伝聞法則**）。前者の例として，トピックのXさんが殺人罪で起訴されている場合に，Aさんが警察署で「私は喧嘩をしていた男が被害者を包丁で刺すのを見ました」という供述をし，それを警察官が録取して書面が作成された場合の書面が挙げられます。後者の例として，Aさんが公判期日で「私はBさんが『Xさんが被害者を包丁で刺すのを見た』と言っているのを聞きました」と証言する場合が挙げられます。

これらが原則として証拠とできないのは，公判期日における供述と異なり，①真実を述べる旨の宣誓（154条）や偽証罪（刑法169条）による処罰の警告がなく，②事実認定者である裁判所が供述態度等を直接観察することができず，③供述による不利益

を受ける当事者から反対尋問（刑訴規則199条の4）によるチェックを受ける機会がないからです。供述証拠は，知覚⇒記憶⇒叙述の過程を経るものです。それぞれの段階で，見間違い・聞き間違い，記憶違い，言い間違い等の誤りの危険性が存在しますから，正しい事実認定のためには③のチェックが非常に重要です。

　もっとも，321条以下に**伝聞例外**として伝聞証拠を証拠として用いることができる場合が規定されています。それらは，伝聞証拠を証拠とする必要性が高く，また反対尋問等による供述の信用性のチェックに代替する信用性の情況的保障があることから，例外として定められているといえます。

4　違法収集証拠排除法則

　捜査に対するルールには様々なものがありますが，時にはこのルールに違反した違法な捜査がなされてしまいます。このような違法収集証拠であってもすべて裁判の場で用いることができるのであれば，捜査に対するルールの実効性や適正手続（憲法31条）の要請は有名無実なものとなってしまいかねません。

　そこで，捜査に重大な違法性があり，証拠として許容することが将来の違法な捜査の抑制の見地からして相当でない場合には，当該証拠の証拠能力は否定されると考えられています。自白法則・伝聞法則の根拠には誤った事実認定を避けることが挙げられますが，**違法収集証拠排除法則**は，証拠の信用性には問題がなかったとしても，将来の違法捜査の抑制という政策的理由から証拠能力が否定されるのです。

■ **コラム33　「あの人は悪い人だから犯人のはず」？－悪性格・類似行為の立証**
　日常生活では「あの人は手癖が悪いからあの人が盗んだに違いない」と言われることがあるかもしれません。ここでは，過去に窃盗罪を犯したことを理由に現在問題となっている窃盗事件について（も）犯人であると推認しているといえます。
　しかし，このような悪性格・類似行為の立証は許されていません。なぜなら，過去に窃盗罪を犯した人は再度窃盗罪を犯すとはいえませんし，過去の窃盗の経験が今回問題となっているその事件の犯人であることを推認させるとはいえない（別人が犯人の可能性は否定されない）からです。また，悪性格・類似行為の立証は事実認定者に対して予断・偏見を生じさせて合理的な推論および他の証拠の評価を誤らせる危険もあるからです。

● X　裁　判

　裁判については第2章に説明がありますので，ここでは若干の言及に留めたいと思います。

　起訴がなされることで公判手続が始まりますが，公判手続を終わらせる裁判を公判

の裁判と呼びます。これには「有罪」「無罪」「管轄違い」「公訴棄却」「免訴」があります（329条以下）。

裁判に対して不服がある場合，上訴（351条以下）をして当該裁判について争うことができます。控訴（372条以下）と上告（405条以下），抗告（419条以下）があります。

裁判に対して上訴で争うことができなくなった場合，裁判が**確定**します。裁判が確定すると，同一当事者間の刑事手続との関係で裁判の内容について争うことができなくなります（**内容的確定力**）。また，有罪判決が確定すれば「同一の犯罪について，重ねて刑事上の責任を問われない」（憲法39条後段）こととなり，無罪判決についても「既に無罪とされた行為については，刑事上の責任を問われない」（憲法39条前段）とされています。

ここで特に言及しておきたいのが，**再審**（435条以下）についてです。例えば，有罪判決の決定的証拠となった目撃者の証言があり，これに依拠した有罪判決が確定したものの，後からその証言は全くの嘘であったと判明したとします。このとき，たとえ有罪判決が確定した後であっても，被告人に刑罰を科したままにすることは，著しく正義に反し，司法に対する信頼を根本的に揺るがせることとなります。そこで，再審によって例外的に救済する手続が定められているのです。詳細は割愛せざるをえませんが，死刑判決ですら，再審で覆されて無罪とされた例が存在します。有罪判決が下されたからといって，その被告人が本当にその犯罪を行ったのか，言い渡された刑罰に値するほどの犯罪であったのかは，実は誰にも分かりません。この恐ろしさは常に意識する必要があります。

● XI　国民が関わる刑事訴訟 ── 裁判員裁判

2009年5月，国民が刑事裁判に参加する裁判員制度が施行されました（⇒第5章コラム11「法の担い手としての一般市民 ── 裁判員」も参照）。現在の刑事訴訟法が出来てから，最も大きな変化であるといえます。刑事裁判のプロではない国民が参加することから，審理を迅速で分かりやすいものとすることが求められ（裁判員法51条），これまで書面審査が中心で公判手続が疎かにされがちであった刑事裁判に変化がもたらされ，口頭主義・直接主義が実践されるようになってきていると評されています。

裁判員制度に関しては，ともすれば裁判員となる国民の負担にばかり目が向けられかねません。しかし，裁判員制度には積極的なプラスの側面が多くあることも認識す

べきでしょう。すなわち，刑事訴訟は刑罰権の行使に関わるものですが，何を犯罪とし，どのような刑罰を科すかは，その国の価値観・文化を反映するものです。そのような刑罰権の行使が国民の感覚とあまりに乖離してしまうと，刑事司法制度そのものに対する不信を招く危険性があります。また，国民は刑事手続を自分には関係のない他人事であると考えてしまいがちだと思われますが，国民に刑罰の意義や恐ろしさを理解させ，主権者として国家権力の行使の在り方に自覚的になってもらえることが期待されます。

● XII　発展的な問題を考えてみよう —— 犯人性の認定

発展トピック

　某日午後 7 時頃，警察官の P さんが勤務中，A さんから「うちの店に強盗が来ました。すぐに来てください」との通報が入った。P さんは A さんのお店に急行しました。そこで，腕から血を流している A さんから話を聞いたところ，「サングラスとマスクで顔を隠した男が急にナイフを突きつけてきて，『金を出せ』と脅してきました。相手のナイフを奪おうとしたとき，腕を切られたので，怖くなって男の命令に従うことにしました。レジのお金はあまりなかったので，その男は私の高級腕時計を奪って逃げていきました。抵抗したときに相手の指をひねってやったので，突き指くらいの怪我はさせられたかもしれません」と説明されました。

　P さんが強盗致傷事件として捜査を開始した数日後，A さんのお店から数キロメートル離れた場所に位置するスナックを営む B さんから，「昨日，常連の X さんが『良い時計が手に入ったんだ』と言って高級時計を自慢していました。奪われた腕時計と同じ腕時計だと思います」との話を聞くことができ，X さんが被疑者として浮上しました。

　この事案で，X さんは強盗致傷事件の犯人といえるでしょうか。いえないとしたらどのような理由でいえないのか，またどのような事情が付け加われば犯人といえるでしょうか。裁判員裁判において裁判員は「事実の認定」を裁判官と共に行うとされていますから（裁判員法 6 条 1 項 1 号），犯人性の判断は法律のプロではない一般国民にも要請されています。ぜひとも，まずは自分の頭で考えてみてください。

　まず，「同じ腕時計」の意味を考えましょう。仮に被害品が世界に 1 つしか生産されていない商品であったとすれば，X さんは A さんの腕時計を奪った犯人といえる方

向にかなり近づくといえます（「近づく」と表現したのは，例えば本当の強盗犯人から譲り受けただけでXさん自身が奪ったのではない可能性もありうるからです）。被害品の腕時計に固有のシリアルナンバーが刻印されていた場合も同様のことがいえそうです。しかし，相当程度の数が生産されている商品の場合には，たとえ「○○社の××という腕時計」という点では被害品と一致しているとしても，直ちに「Xさんが持っている腕時計は被害品である」と断定することはできません。Aさんから盗む以外にも，正規の方法で購入するなど強盗とは無関係に当該腕時計を所持している可能性も十分に考えられるからです。ここでは，流通の程度や入手の容易さも関係してくるといえそうです。

また，発展トピック では通報の数日後にBさんからの情報を得ています。もしこれが事件発生直後，Aさんのお店の目の前でXさんが被害品と同じブランド・型の腕時計を所持していたなら，Xさんが犯人であるとより強く推認されるといえそうです。しかし，時間が経つほど，Aさんから奪う以外の方法で入手することができる可能性が高まり，Xさんが犯人であると推認する力は弱まると考えられます。

他にも関係すると思われる事情は多岐にわたるでしょう。また，「事実は小説よりも奇なり」といわれるように，現実の事件は千差万別で何が起こるかわかりません。「疑われているんだからこの人が犯人に違いない」などといった偏見・思い込みをなくして，合理的な理由を提示できるかを常に考える必要があるといえます。

◆ もっと学ぼう

第12章で記載したのと同じ理由で，井田良『基礎から学ぶ刑事法〔第6版補訂版〕』（有斐閣，2022年）で刑事法全体の概観をすることをまずはお勧めします。

刑事訴訟法に特化した書籍としては緑大輔『刑事訴訟法入門〔第2版〕』（日本評論社，2017年）が，短い事例・学生の会話・（本格的な文献等の）資料が示されたうえで解説が書かれており，これから刑事訴訟法を本格的に学ぶのに適切だと思います。

また，三井誠＝酒巻匡『入門刑事手続法〔第8版〕』（有斐閣，2020年）もお薦めです。特にCHAPTER 9「書式でみる刑事手続」は逮捕状や起訴状といった刑事手続で登場する様々な書式が記載されており，実際の捜査や裁判等でどのようなことが記載された書面が用いられているのかを具体的に知ることができます。

索 引

〈編著者〉

三上威彦

〈執筆者・担当章〉 ＊掲載順

三上威彦	武蔵野大学法学部教授	第2章，第14章
横大道聡	慶應義塾大学大学院法務研究科 (法科大学院)教授	第1章，第3章， 第5章(荒木と共著)， 第6章，第7章，第8章
金尾悠香	武蔵野大学法学部准教授	第4章，第13章
荒木泰貴	武蔵野大学法学部准教授	第5章(横大道と共著)， 第12章，第15章
金安妮	武蔵野大学法学部准教授	第9章，第10章，第11章

法を学ぼう

2020(令和2)年10月30日　第1版第1刷発行
2022(令和4)年9月30日　第1版第2刷発行

編著者　三上威彦
発行者　今井　貴
発行所　株式会社　信山社

〒113-0033 東京都文京区本郷6-2-9-102
Tel 03-3818-1019 Fax 03-3818-0344
info@shinzansha.co.jp
出版契約No. 2020-8622-9-01021　Printed in Japan

©編著者・著者, 2020　印刷・製本／亜細亜印刷・渋谷文泉閣
ISBN978-4-7972-8622-9 C3332 分類321.000-c010
p284 012-010-002 〈禁無断複写〉

JCOPY 〈(社)出版者著作権管理機構　委託出版物〉
本書の無断複写は著作権法上での例外を除き禁じられています。複写される場合は，
その都度事前に，(社)出版者著作権管理機構(電話 03-5244-5088，FAX03-5244-5089,
e-mail:info@jcopy.or.jp)の許諾を得てください。

法学六法

池田真朗・宮島司・安冨潔
三上威彦・三木浩一・小山剛
北澤安紀 編集代表

■好評の超薄型・超軽量の六法■

三上 威彦 著

〈概説〉民事訴訟法
〈概説〉倒産法
倒 産 法

信山社